REINHARD HOFMANN

Das Verbot parteipolitischer Betätigung im Betrieb

Schriften zum Sozial- und Arbeitsrecht

Band 73

Das Verbot parteipolitischer Betätigung im Betrieb

Von

Dr. Reinhard Hofmann

Wissenschaftlicher Mitarbeiter
an der Universität Heidelberg

DUNCKER & HUMBLOT / BERLIN

CIP-Kurztitelaufnahme der Deutschen Bibliothek

Hofmann, Reinhard:
Das Verbot parteipolitischer Betätigung im Betrieb /
von Reinhard Hofmann. — Berlin: Duncker und Humblot, 1984.
(Schriften zum Sozial- und Arbeitsrecht; Bd. 73)
ISBN 3-428-05690-6
NE: GT

Gedruckt 1984 bei Buchdruckerei A. Sayffaerth - E. L. Krohn, Berlin 61
Printed in Germany

ISBN 3-428-05690-6

Meinen Eltern

für ihre stetige Fürsorge

sowie

dem Andenken

an Frau Meta Rau

(15. 9. 1899 - 3. 8. 1983)

Vorwort

Die Arbeit hat im Sommersemester 1984 der Juristischen Fakultät der Universität Heidelberg als Dissertation vorgelegen. Sie entstand während meiner Zeit als wissenschaftlicher Mitarbeiter am Lehrstuhl für Bürgerliches Recht, Arbeits- und Sozialversicherungsrecht von August 1982 bis Juni 1984.

Ohne den Rat und die Hilfe anderer hätte die Arbeit so nicht entstehen können, und es ist mir ein aufrichtiges Bedürfnis, dafür an dieser Stelle Dank zu sagen. Mein Dank gilt zuförderst meinem akademischen Lehrer, Herrn Prof. Dr. Gerrick v. Hoyningen-Huene. Seine stringente methodische Anleitung, die mir stets Vorbild war, ermöglichte es mir, das Thema recht schnell zu bearbeiten. Herzlich danken möchte ich weiter dem Koreferenten, Herrn Prof. Dr. Karlheinz Misera, der in mir bereits als Student die Begeisterung für das Arbeitsrecht geweckt hat. Herrn Prof. Dr. Hermann Weitnauer schulde ich Dank für manchen Rat. Verbunden bin ich weiter Frau Brigitte Rensch, die in der ihr eigenen freundlichen und entgegenkommenden Weise das Typoskript erstellt hat.

Schließlich habe ich Herrn Prof. Dr. Dr. h. c. Johannes Broermann für die Aufnahme der Arbeit in die Reihe „Schriften zum Sozial- und Arbeitsrecht“ zu danken.

Heidelberg, im Juli 1984

Reinhard Hofmann

Inhaltsverzeichnis

Erstes Kapitel

Grundlagen zu § 74 II 3 BetrVG

§ 1 Einleitung 19

I. Themenbegrenzung 19

II. Problemstellung 20

III. Der Begriff „Politik" 22

§ 2 Geschichtliche Entwicklung 26

I. Entwicklung bis Ende des ersten Weltkriegs 26

II. Betriebsrätegesetz von 1920 29

III. Zeit des Nationalsozialismus 32

IV. Zeit nach 1945 34

V. BetrVG 1952 36

VI. BetrVG 1972 37

VII. Ergebnis 38

§ 3 Normzweck des § 74 II 3 BetrVG 40

I. Konkretisierung der betriebsverfassungsrechtlichen Friedenspflicht 40

II. Neutralitätsgedanke 41

III. Schutz der Meinungs- und Wahlfreiheit 45

IV. Fehlende Zuständigkeit 48

V. Machtmißbrauchsgedanke 51

VI. Ergebnis 52

Zweites Kapitel

Tatbestand und Rechtsfolgen des § 74 II 3 BetrVG

§ 4 Sachliche Reichweite des Verbots 54

I. Der Begriff „parteipolitisch" 54

1. Extensive Auslegung 54

2. Restriktive Auslegung ... 56
3. Stellungnahme ... 58
a) Extensive oder restriktive Auslegung? ... 58
b) Präzisierung der restriktiven Auffassung ... 62
II. Betätigung ... 64
1. Aktive Tätigkeit ... 64
2. Objektive oder subjektive Komponente? ... 64
3. Betätigung durch Duldung ... 65
a) Meinungsstand ... 66
b) Stellungnahme ... 68
4. Parteipolitik im privaten Gespräch im Betrieb ... 70
III. „Im Betrieb“ ... 71
1. Auslegung ... 71
2. Außerdienstlicher Hinweis auf das Betriebsratsamt ... 73
a) Meinungsstand ... 73
b) Stellungnahme ... 75
IV. Erscheinungsformen parteipolitischer Betätigung ... 77
1. Verbotene Betätigungen ... 77
2. Von § 74 II 3 BetrVG nicht verbotene Handlungen ... 78
3. Folgerungen ... 80
V. Ergebnis ... 81
§ 5 Adressatenkreis ... 83
I. Der einzelne Arbeitnehmer ... 84
1. Geltung des § 74 II 3 BetrVG ... 84
a) Meinungsstand ... 84
b) Stellungnahme ... 86
2. Arbeitsvertragliche Grenzen parteipolitischer Betätigung ... 87
a) Dogmatische Herleitung ... 87
b) Bestimmung der Grenzen ... 89
aa) Leistungsbereich ... 90
bb) Betriebliche Verbundenheit aller Mitarbeiter ... 90
cc) Personaler Vertrauensbereich ... 91
dd) Unternehmensbereich ... 91
ee) Art. 5 GG und die Schranken der Grundregeln über das Arbeitsverhältnis ... 92
c) Kritik des Schrifttums an der BAG-Rechtsprechung ... 93
aa) Tatsächliche Vermutung für Störung des Betriebsfriedens ... 93
bb) Prognose einer erfahrungsgemäßen Störung des Betriebsfriedens ... 94
cc) Grundregeln des Arbeitsverhältnisses als Schranken i. S. von Art. 5 II GG ... 95
dd) Stellungnahme ... 95

3. Verbot parteipolitischer Betätigung durch Betriebsvereinbarung ... 96
a) Meinungsstand ... 96
b) Stellungnahme ... 98

II. Betriebsrat als Gremium ... 99

III. Das einzelne Betriebsratsmitglied ... 99
1. In amtlicher Eigenschaft ... 99
2. Als Arbeitnehmer des Betriebes ... 100
a) Meinungsstand ... 100
b) Stellungnahme ... 102

VI. Die Arbeitgeberseite ... 103
1. Der Arbeitgeber und sein Vertreter ... 103
2. Leitende Angestellte ... 103
a) Meinungsstand ... 103
b) Stellungnahme ... 104

V. Sonstige betriebsverfassungsrechtliche Funktionsträger ... 105
1. Überbetriebliche Ebene ... 105
a) Gesamtbetriebsrat und seine Mitglieder ... 105
b) Konzernbetriebsrat und seine Mitglieder ... 106
2. Betriebliche Ebene ... 107
a) Jugendvertretung und ihre Mitglieder ... 107
aa) Meinungsstand ... 107
bb) Stellungnahme ... 108
b) Ersatzmitglieder ... 109
c) Wahlvorstand und Wahlbewerber ... 111
aa) Wahlvorstand ... 111
bb) Wahlbewerber ... 112
cc) Zulässigkeit sog. Parteilisten ... 113

VI. Arbeitnehmervertreter im Aufsichtsrat ... 114

VII. Gewerkschaften ... 116
1. Meinungsstand ... 116
2. Stellungnahme ... 117

VIII. Rechtstatsächliches zur parteipolitischen Betätigung der Adressaten ... 119
1. Betriebsrat, Betriebsratsmitglieder, Jugendvertreter ... 119
2. Die Arbeitgeberseite ... 119
3. Bewertung ... 121

IX. Ergebnis ... 123

§ 6 Rechtsfolgen des Verbots sowie deren Beeinflussung durch Verfassungsrecht ... 125

I. Überblick ... 125

II. Das Verhältnis von Art. 5 GG zu § 74 II 3 BetrVG 126
1. Drittwirkung 126
2. § 74 II 3 BetrVG als „allgemeines Gesetz“ i. S. von Art. 5 II GG 126
3. Wechselwirkungslehre und Gebot der Abwägung im Einzelfall 128
III. Unterlassungspflicht 129
1. Absolutes Verbot 130
2. Relatives Verbot 130
3. Stellungnahme 131
IV. Rechtliche Möglichkeiten bei Verstößen 133
1. Verstöße des Betriebsrats und der Betriebsratsmitglieder 133
a) Beschlußverfahren, einstweilige Verfügung 133
b) Sanktionen nach § 23 I BetrVG 134
c) Außerordentliche Kündigung 135
d) Maßnahmen aufgrund einer Bußordnung 137
2. Verstöße des Arbeitgebers 138
a) Beschlußverfahren, einstweilige Verfügung 138
b) Zwangsverfahren nach § 23 III BetrVG 138
c) Verfassungsrechtliche Bedenken aus Art. 3 I GG 139
3. Schlußbewertung 141
4. Exkurs: Rechtsfolgen bei Verstößen des einzelnen Arbeitnehmers 142
a) Abmahnung 142
b) Betriebsbußen 142
c) Kündigung 142
d) Entfernung betriebsstörender Arbeitnehmer, § 104 BetrVG 143
V. Ergebnis 143

§ 7 Angelegenheiten tarifpolitischer, sozialpolitischer und wirtschaftlicher Art 145
I. Überblick 145
II. Unmittelbarer Betriebsbezug 146
1. Behandeln 147
2. Betroffensein 147
3. Unmittelbarkeit 148
III. Tarifpolitische Angelegenheiten 151
IV. Sozialpolitische Angelegenheiten 152
V. Wirtschaftliche Angelegenheiten 154
VI. Das Verhältnis von Hs. 1 zu Hs. 2 in § 74 II 3 BetrVG 156

VII. Stellungnahme und Bewertung 158
1. Keine Aufgabenzuweisung 159
2. Absicherungsfunktion 160
VIII. Ergebnis 161

Drittes Kapitel

Sonderfragen

§ 8 Geltung des § 74 II 3 BetrVG in der Betriebsversammlung 162
I. Überblick 162
II. Themen der Betriebsversammlung 162
III. Anwendung der Grundsätze des § 74 II BetrVG 165
1. Bedeutung in sachlicher Hinsicht 165
2. Adressatenkreis im Rahmen des § 45 BetrVG 166
a) Geltung für alle Teilnehmer 166
b) Geltung für Arbeitgeber, Betriebsrat und dessen Mitglieder 167
c) Stellungnahme 167
IV. Belegschaftsversammlungen 169
V. Abdingbarkeit des Verbots 170
1. Meinungsstand 170
2. Stellungnahme 172
VI. Betriebsauftritte von Politikern 173
1. Problemstellung 173
2. Generelle Unzulässigkeit von Politikerbesuchen 175
3. Kriterien für die Zulässigkeit 175
a) Nichtöffentlichkeit der Betriebsversammlung 176
b) Zulässiges Thema nach § 45 Satz 1 BetrVG 176
c) Politikerbesuche während eines Wahlkampfes 177
d) Einigung zwischen Betriebsrat und Arbeitgeber 177
e) Paritätsgebot 178
f) Kein Teilnahmezwang für die Arbeitnehmer 178
g) Sonstige Belegschaftsversammlungen 178
h) Sachliche Kompetenz des Politikers 178
4. Stellungnahme 178
a) Allgemeine rechtliche und rechtspolitische Aspekte 178
b) Beurteilung der Kriterien für die Zulässigkeit von Politikerbesuchen 181
VII. Ergebnis 182

§ 9 Besonderheiten des Tendenzbetriebes 184

I. Problemstellung 184

II. Geltung des § 74 II 3 BetrVG im Tendenzbetrieb 185

1. Anwendbarkeit 185

2. Anwendbarkeit der §§ 45 Satz 1 Hs. 2, 74 II 3 BetrVG 186

III. Exkurs: Parteipolitische Betätigung des Arbeitnehmers im Tendenzbetrieb 186

1. Tendenzförderungspflicht 186

a) Tendenzträger 187

b) „Nichttendenzträger" 188

2. Besonderheiten bei der Kündigung 189

IV. Ergebnis 189

Zusammenfassung in Thesen 191

Literaturverzeichnis 193

Abkürzungsverzeichnis

a. A.	=	anderer Ansicht
Abg.	=	Abgeordneter
AcP	=	Archiv für civilistische Praxis
a. E.	=	am Ende
a. F.	=	alte Fassung
AG	=	Aktiengesellschaft
AiB	=	Arbeitsrecht im Betrieb
AktG	=	Aktiengesetz vom 6. 9. 1965
Anm.	=	Anmerkung
AOG	=	Gesetz zur Ordnung der nationalen Arbeit vom 20. 1. 1934
AP	=	Arbeitsrechtliche Praxis — Nachschlagewerk des BAG (Loseblattsammlung)
AR-Blattei	=	Arbeitsrecht-Blattei (Loseblattsammlung)
ArbG	=	Arbeitsgericht
ArbGG	=	Arbeitsgerichtsgesetz in der Fassung der Bekanntmachung vom 2. 7. 1979
ArbRdGgw	=	Das Arbeitsrecht der Gegenwart
ARS	=	Arbeitsrechtssammlung
ARSt	=	Arbeitsrecht in Stichworten
Art.	=	Artikel
Aufl.	=	Auflage
AuR	=	Arbeit und Recht
AVG	=	Angestelltenversicherungsgesetz vom 20. 12. 1911 in der Fassung der Bekanntmachung vom 28. 5. 1924
Az.	=	Aktenzeichen
BAG	=	Bundesarbeitsgericht
BAT	=	Bundesangestelltentarifvertrag vom 23. 2. 1961
bay. BRG	=	bayerisches Betriebsrätegesetz vom 25. 10. 1950
BB	=	Betriebs-Berater
BBG	=	Bundesbeamtengesetz in der Fassung der Bekanntmachung vom 3. 1. 1977
Bd.	=	Band
BetrVG 1952	=	Betriebsverfassungsgesetz vom 11. 10. 1952
BetrVG	=	Betriebsverfassungsgesetz vom 15. 1. 1972
Bensh. Sammlung	=	Bensheimer Sammlung
BGB	=	Bürgerliches Gesetzbuch vom 18. 8. 1896
BGBl.	=	Bundesgesetzblatt
Bl.	=	Blatt
BlStSozArbR	=	Blätter für Steuerrecht, Sozialversicherung und Arbeitsrecht
BPersVG	=	Bundespersonalvertretungsgesetz vom 15. 3. 1974
BRD	=	Bundesrepublik Deutschland
BRG	=	Betriebsrätegesetz vom 4. 2. 1920
BRRG	=	Beamtenrechtsrahmengesetz in der Fassung der Bekanntmachung vom 3. 1. 1977
BT-Drucks.	=	Bundestags-Drucksache

BVerfG	= Bundesverfassungsgericht
BVerfGE	= Entscheidungen des Bundesverfassungsgerichts
CDU	= Christlich Demokratische Union
DDRV	= Verfassung der Deutschen Demokratischen Republik vom 6. April 1968 (GBl. I S. 199) in der Fassung des Gesetzes zur Ergänzung und Änderung der Verfassung der Deutschen Demokratischen Republik vom 7. Oktober 1974 (GBl. I S. 425)
Die AG	= Die Aktiengesellschaft, Zeitschrift für das gesamte Aktienwesen
d. h.	= das heißt
DRiG	= Deutsches Richtergesetz in der Fassung der Bekanntmachung vom 19. 4. 1972
DuR	= Demokratie und Recht
DVBl.	= Deutsches Verwaltungsblatt
Einl.	= Einleitung
EStG	= Einkommensteuergesetz vom 16. 10. 1934 in der Fassung der Bekanntmachung vom 6. 12. 1981
EzA	= Entscheidungssammlung zum Arbeitsrecht (Loseblattsammlung)
FAZ	= Frankfurter Allgemeine Zeitung
Fn.	= Fußnote
GewO	= Gewerbeordnung in der Fassung der Bekanntmachung vom 1. 1. 1978
GG	= Grundgesetz für die Bundesrepublik Deutschland vom 23. 5. 1949
GK-BetrVG	= Gemeinschaftskommentar zum Betriebsverfassungsgesetz (Loseblattsammlung) von Fabricius / Kraft / Thiele / Wiese, 1.—3. Bearbeitung, 1974 ff.
GmbH	= Gesellschaft mit beschränkter Haftung
HBV	= Handbuch der Betriebsverfassung (Loseblattausgabe) von Glaubrecht / Halberstadt / Zander, 1977 ff.
HGB	= Handelsgesetzbuch vom 10. 5. 1897
HilfsdienstG	= Gesetz über den vaterländischen Hilfsdienst vom 5. 12. 1916
h. M.	= herrschende Meinung
Hs.	= Halbsatz
IG	= Industriegewerkschaft
i. S.	= im Sinne
i. V. m.	= in Verbindung mit
JuS	= Juristische Schulung
JZ	= Juristenzeitung
KJ	= Kritische Justiz
KPD	= Kommunistische Partei Deutschlands

KRG Nr. 22	=	Kontrollratsgesetz Nr. 22 (Betriebsrätegesetz) vom 10. 4. 1946
KSchG	=	Kündigungsschutzgesetz vom 25. 8. 1969
KStG	=	Körperschaftssteuergesetz vom 31. 8. 1976 in der Fassung der Bekanntmachung vom 10. 12. 1981
LAG	=	Landesarbeitsgericht
Leg.Per.	=	Legislaturperiode
Ls.	=	Leitsatz
bad.-württ. LPVG	=	baden-württembergisches Landespersonalvertretungsgesetz in der Fassung vom 1. 10. 1975
MitB	=	Die Mitbestimmung
MitbestG 1976	=	Mitbestimmungsgesetz, Gesetz über die Mitbestimmung der Arbeitnehmer vom 4. 5. 1976
m. w. N.	=	mit weiteren Nachweisen
n. F.	=	neue Fassung
NJW	=	Neue Juristische Wochenschrift
NSDAP	=	Nationalsozialistische Deutsche Arbeiterpartei
OVG	=	Oberverwaltungsgericht
ParteiG	=	Parteiengesetz vom 24. 7. 1967
PrGS	=	Preußisches Gesetzblatt
RAG	=	Reichsarbeitsgericht
RdA	=	Recht der Arbeit
REG	=	Reichsehrengerichtshof
RGBl.	=	Reichsgesetzblatt
Rn.	=	Randnummer
RVO	=	Reichsversicherungsordnung vom 19. 7. 1911 in der Fassung der Bekanntmachung vom 15. 12. 1924
SAE	=	Sammlung arbeitsrechtlicher Entscheidungen
SG	=	Soldatengesetz in der Fassung der Bekanntmachung vom 19. 8. 1975
SPD	=	Sozialdemokratische Partei Deutschlands
TVVO	=	Verordnung über Tarifverträge, Arbeiter- und Angestelltenausschüsse und Schlichtung von Arbeitsstreitigkeiten (Tarifvertragsverordnung) vom 23. 12. 1918
u. a.	=	unter anderem
u. ä.	=	und ähnliche(s)
Verf.	=	Verfasser
VG	=	Verwaltungsgericht
VKGO	=	Geschäftsordnung der Volkskammer der Deutschen Demokratische Republik vom 7. Oktober 1974 (GBl. I S. 469)

WO	= Wahlordnung, Erste Verordnung zur Durchführung des Betriebsverfassungsgesetzes vom 16. 1. 1972
WRV	= Weimarer Reichsverfassung, deutsche Verfassung vom 11. 8. 1919
z. B.	= zum Beispiel
ZDG	= Gesetz über den Zivildienst der Kriegsdienstverweigerer (Zivildienstgesetz) in der Fassung der Bekanntmachung vom 9. 8. 1973
ZfA	= Zeitschrift für Arbeitsrecht
ZfBergR	= Zeitschrift für Bergrecht
ZPO	= Zivilprozeßordnung in der Fassung vom 12. 9. 1950
ZRP	= Zeitschrift für Rechtspolitik

Die im übrigen verwendeten Abkürzungen entsprechen *Kirchner*, Abkürzungsverzeichnis der Rechtssprache, 3. Auflage 1983.

Erstes Kapitel

Grundlagen zu § 74 II 3 BetrVG

§ 1 Einleitung

I. Themenbegrenzung

„Politisch Lied, ein garstig Lied" — dieses geflügelte Wort[1], so könnte man meinen, gilt auch[2] im Betrieb. Dort nämlich haben, so ordnet es § 74 II 3 BetrVG an, Arbeitgeber und Betriebsrat jede parteipolitische Betätigung zu unterlassen. Die Befassung mit Angelegenheiten tarifpolitischer, sozialpolitischer und wirtschaftlicher Art, welche den Betrieb oder seine Arbeitnehmer unmittelbar berühren, läßt jedoch § 74 II 3, Hs. 2 BetrVG zu. Für die Behandlung von Themen auf der Betriebs- und Abteilungsversammlung erklärt § 45 Satz 1, Hs. 2 BetrVG die Grundsätze des § 74 II BetrVG und somit auch das Verbot parteipolitischer Betätigung des § 74 II 3 BetrVG für anwendbar. Die Personalvertretungsgesetze enthalten entsprechende Vorschriften, vgl. §§ 51, 66 I 3 BPersVG, §§ 52, 67 I 3 bad.-württ. LPVG.

Wird diese Abhandlung auf das betriebsverfassungsrechtliche Verbot parteipolitischer Betätigung im Betrieb beschränkt, kommt damit schon zum Ausdruck, daß nur ein Ausschnitt eines noch umfassenderen Problembereichs behandelt werden soll. Begreift man als übergreifende Fragestellung diejenige nach der Zulässigkeit von „Politik im Betrieb"[3] überhaupt, so wird erkennbar, welche Problemfelder hier nur insoweit miteinbezogen werden, als es für das Verständnis und die Auslegung des betriebsverfassungsrechtlichen Verbots parteipolitischer Betätigung notwendig erscheint. Dabei handelt es sich zum einen um die politische Betätigung des Arbeitnehmers im Rahmen des Arbeitsverhältnisses[4], zum anderen um den noch umfassenderen Fragenkreis der Meinungsfreiheit im Arbeitsverhältnis[5].

---

[1] Vgl. *Büchmann*, S. 140.

[2] Vgl. Goethes Faust I, Szene „Auerbachs Keller", Vers 2092.

[3] So der gleichnamige Aufsatz von *Meisel* in RdA 1976, 38.

[4] Vgl. dazu *Otto*, S. 78 ff.

Auch soweit der Zusammenhang zwischen der parteipolitischen Betätigung und der betriebsverfassungsrechtlichen Friedenspflicht näher dargestellt wird, soll der Begriff des Betriebsfriedens so verwendet werden, wie es der herrschenden Lehre entspricht[6]. Eingehend behandelt werden jedoch der Tatbestand des Verbots der parteipolitischen Betätigung im Betrieb nach § 74 II 3 BetrVG sowie die Rechtsfolgen bei einem Verstoß gegen das Verbot, jeweils einschließlich der damit verbundenen Streitfragen. Soweit im Rahmen der Betriebsversammlung (§§ 42—46 BetrVG) spezifische Probleme des Verbots parteipolitischer Betätigung auftreten — etwa hinsichtlich der zulässigen Themen, des Adressatenkreises des Verbots oder der Möglichkeit von Politikerauftritten — werden diese ebenfalls Gegenstand ausführlicher Erörterungen sein.

II. Problemstellung

Es scheint in der Natur des Themas zu liegen — die politische Brisanz ist offensichtlich[7] —, daß es mitunter durch Reizworte angegangen wird. So lautet ein gängiger, schlagwortartig formulierter[8] Vorwurf gegen die rechtlich eingeschränkte Möglichkeit, sich im Betrieb politisch betätigen zu können: „Demokratie darf nicht am Werkstor enden." Weiter wird von einer Karikatur berichtet[9], auf der die durch das Fabriktor gehenden Arbeitnehmer von einem neben dem Werkstor stehenden großen Schild gewarnt werden: „Achtung! Sie verlassen den demokratischen Sektor der Bundesrepublik Deutschland[10]!"

Derart geschmäht, sieht sich das Verbot parteipolitischer Betätigung kritisiert als dem Klasseninteresse des Unternehmers dienend[11] und dazu bestimmt, den Betrieb möglichst politisch keimfrei zu halten.

---

[5] Hierzu aus neuerer Zeit *Bäumer*, BlStSozArbR 1981, 337; *Schaub*, RdA 1979, 137 sowie die Monographie von *Voll*, Meinungsfreiheit und Treuepflicht, Diss. Mannheim 1975.

[6] Vgl. dazu etwa *Dietz / Richardi*, § 74 Rn. 42—48, der weitgehend die Ergebnisse der Arbeit von *Germelmann*, Der Betriebsfrieden in der Betriebsverfassung, zugrunde legt; weiterhin *W. Blomeyer*, ZfA 1972, 85. Zum neuen individualrechtlichen Betriebsfriedensbegriff des BAG vgl. BAG DB 1983, 2578.

[7] *Däubler*, Bd. I, 6.3.2.2.

[8] Zitiert bei *Buchner*, ZfA 1982, 49.

[9] *Joachim*, in: Posser / Wassermann, S. 255 (256).

[10] Mit dieser Parole demonstrierte auch der wegen seiner parteipolitischen Betätigung gekündigte Arbeitnehmer in der Entscheidung BAG DB 1983, 2578. Dies wurde bei der nach § 626 BGB vorzunehmenden Interessenabwägung zu seinem Nachteil berücksichtigt.

[11] *R. Hoffmann*, KJ 1969, 71 (78); *Ladeur*, KJ 1970, 231 ff.

Sachlicher formuliert der DGB[12] seine Forderung nach einer Einschränkung des Verbots parteipolitischer Betätigung. Er hält den Betrieb nicht nur für einen Wirtschafts-, sondern auch für einen Lebensbereich, der von unserer demokratisch strukturierten Gesellschaft nicht einfach losgelöst betrachtet und als ein Bereich angesehen werden dürfe, in dem staatsbürgerliche Rechte — gemeint sein dürfte die durch Art. 5 GG garantierte Meinungsfreiheit — nicht gelten.

Demgegenüber argumentieren diejenigen, die das Verbot parteipolitischer Betätigung für rechtspolitisch sinnvoll halten, damit, der Betrieb, insbesondere die Betriebsversammlung, dürfe nicht zum Ort[13], zur „Plattform"[14] oder gar zum „Tummelplatz"[15] parteipolitischer Agitation und Propaganda werden. Das Verbot parteipolitischer Betätigung hindere Arbeitgeber und Betriebsrat daran, ihre Stellung im Betrieb zugunsten einer parteipolitischen Richtung zu mißbrauchen[16].

Es gibt aber auch Stimmen, die eine größere Gelassenheit und mehr Toleranz in den Arbeitsbeziehungen bei politischer Betätigung verlangen[17].

Daß solche unterschiedlichen Vorverständnisse erheblich voneinander abweichende Interpretationen des Rechtsinstituts des Verbots der parteipolitischen Betätigung nach sich ziehen[18], leuchtet insbesondere angesichts mannigfacher politischer Handlungsmöglilchkeiten[19] ohne weiteres ein.

So ist auch die Diskussion um die Interpretation des Verbots parteipolitischer Betätigung seit seiner Verankerung in § 51 Satz 2 BetrVG 1952 bis heute nicht abgeklungen. Neben einer Vielzahl von Aufsätzen liegen bisher auch drei monographische Abhandlungen[20], davon zwei[21] aus neuerer Zeit vor.

---

[12] In: Grundsätze des DGB zur Weiterentwicklung des Betriebsverfassungsrechts, 1983, S. 10.

[13] *Meisel*, RdA 1976, 38 (39).

[14] Abgeordneter *Ruf* (CDU/CSU), in: Stenographischer Bericht der 101. Sitzung des Deutschen Bundestages — 6. Wahlperiode — vom 11. 2. 1971, S. 5813 (A).

[15] Abgeordneter *Ziegler* (CDU/CSU), in: Stenographischer Bericht der 101. Sitzung des Deutschen Bundestages — 6. Wahlperiode — vom 11. 2. 1971, S. 5836 (A).

[16] *K. Molitor*, BB 1955, 167.

[17] *Otto*, Anm. zu ArbG Iserlohn, EzA Art. 5 Nr. 4, S. 24 a; *Otto*, AuR 1980, 289.

[18] Vgl. *Gnade / Kehrmann / Schneider / Blanke*, § 74 Rn. 25—36 einerseits, *Kammann / Hess / Schlochauer*, § 74 Rn. 32—39 andererseits.

[19] Vgl. die Beispiele bei *Glaubitz*, BB 1972, 1277 und *Hacker*, DB 1963, 962 (964).

Auch die höchstrichterliche Rechtsprechung war mit dem Fragenkreis schon hinreichend beschäftigt. Während das BAG bereits in mehreren Entscheidungen zu Einzelfragen des Verbots parteipolitischer Betätigung Stellung bezog, hatte das BVerfG[22] im Jahre 1976 in einem vielbeachteten Beschluß[23] die Verfassungsmäßigkeit des § 74 II 3 BetrVG zu überprüfen.

III. Der Begriff „Politik"

Wenn der Begriff „Politik" hier gleich zu Anfang erörtert wird, ohne in den Zusammenhang mit den Tatbestandsmerkmalen des § 74 II 3 BetrVG gestellt zu werden, hat dies seine Bewandtnis. Zunächst kommt der Begriff in dieser Norm mehrmals vor. Dabei wird zum einen den Betriebspartnern die parteipolitische Betätigung untersagt, zum anderen bleibt die Behandlung tarifpolitischer und sozialpolitischer Angelegenheiten möglich. Auch die §§ 75 I 1, 118 I Nr. 1 BetrVG, aus denen sich für die Darstellung einige Argumente gewinnen lassen, enthalten den Begriff „Politik". Hinzu kommt der Umstand, daß die h. M. unter parteipolitischer Betätigung ohnehin jede auch allgemeinpolitische Betätigung versteht, unabhängig davon, ob für oder gegen eine politische Partei, Gruppierung oder auch nur eine politische Richtung geworben wird[24]. Der Begriff „Politik" ist mehrdeutig, eine Erkenntnis, die bereits im antiken Griechenland bekannt war[25]. Außer der Rechtswissenschaft beschäftigen sich mit ihm auch andere Disziplinen, etwa die politische Wissenschaft, die Soziologie und die Wirtschaftswissenschaften, um nur einige zu nennen[26]. Eine allgemein anerkannte Begriffsbestimmung liegt bisher nicht vor, vielmehr gebraucht jede Wissenschaftsdisziplin den Begriff zu ihren je eigenen Zwecken[27]. Richtigerweise wird man davon aus-

---

20 Zuerst *Behnes*, Die politische Tätigkeit im Arbeitsverhältnis unter Berücksichtigung der öffentlichen Dienstverhältnisse, Diss. Würzburg 1967.

21 *Rüttgers*, Das Verbot parteipolitischer Betätigung im Betrieb, Diss. Köln 1979; *Vollmer*, Grenzen der politischen Betätigung im Betrieb, 1977.

22 BVerfGE 42, 133.

23 Vgl. dazu Anm. *Hanau*, AR-Blattei, Betriebsverfassung XIV A, Entsch. 13; *Pauly*, JuS 1978, 163; Anm. *Reuter*, JuS 1976, 681; *Schneider*, Die Quelle 1976, 359.

24 BAG AP Nr. 1 zu § 44 BetrVG 1952; BAG AP Nr. 1 zu § 74 BetrVG 1972; *Dietz / Richardi*, § 74 Rn. 58 f.; *Galperin / Löwisch*, § 74 Rn. 20; *Stege / Weinspach*, § 74 Rn. 12.

25 *W. Besson*, Evangelisches Staatslexikon, Spalte 1855 f.; *Stern*, Bd. 1, S. 14.

26 Vgl. weiter *Stern*, Bd. 1, S. 18.

27 Vgl. etwa den Politikbegriff in Zusammenhang mit den einzelnen Wissenschaftsdisziplinen bei den 24 Stichworten von Politik bis Politologie im Großen Brockhaus, Bd. 9, S. 107; für die Politikwissenschaft vgl. *W. Besson*, in: Evangelisches Staatslexikon, Spalte 1855 ff.

zugehen haben, daß es sich beim Begriff Politik um eine Art von Färbung handelt, die sich jedem Lebenssachverhalt anheften kann[28].

Demgegenüber wird von manchen Autoren[29] der folgende Weg beschritten: Nach einer Herleitung des Begriffs aus dem Griechischen wird der Versuch einer abstrakten Definition angeboten, die aus verschiedenen Wörter- und Handbüchern anderer Wissenschaftsdiziplinen entnommen ist. Der so gewonnene Begriff wird dann als Rechtsbegriff ausgegeben und verwendet. So wird etwa Politik als jegliche Einflußnahme auf die öffentlichen Dinge verstanden, wozu jeder Bereich gehören soll, in dem Normen gesetzt werden, die für einen größeren Personenkreis von nicht unerheblicher Bedeutung sind[30]. Oder man definiert Politik als auf Macht und Herrschaft in der Gesellschaft und auf die Gestaltung des öffentlichen Lebens gerichtetes Verhalten und Handeln von Individuen, Gruppen, Organisationen, Parteien, Klassen, Parlamenten und Regierungen[31]. Auch Gerichte sind dieser Vorgehensweise bereits erlegen. Bei der Beurteilung der parteipolitischen Betätigung eines Betriebsratsmitglieds definierte das LAG Frankfurt[32] den Begriff Politik als die Kunst, das Notwendige möglich zu machen.

Die soeben angebotenen Begriffe erscheinen jedoch juristisch nicht handhabbar, weil eine einigermaßen abgesicherte Subsumtion unter sie nur schwer möglich ist. Sie können das umfassende Phänomen Politik nur wenig faßbar beschreiben.

Rechtsdogmatisch müssen sich die zitierten Stimmen hinsichtlich ihres Vorgehens den Vorwurf, einen Soziologismus entworfen und gebraucht zu haben, gefallen lassen[33]. Das soziologistische Rechtsdenken verneint jede normative Eigenständigkeit rechtlicher Vorschriften und begreift die Normen lediglich als Ausdruck sozialer Vorgegebenheit[34]. Daher fällt es dieser Denkart leicht, Begriffe aus anderen Wissenschaften zu übernehmen und als Rechtsbegriffe zu verwenden. Zwar hat die gesellschaftliche Wirklichkeit als Element der Normkonkretisierung und damit der Auslegung oft erhebliche Bedeutung[35]. Der Jurist muß die sozia-

---

[28] *Doehring*, S. 21; *Forsthoff*, Lehrbuch des Verwaltungsrechts, 7. Aufl. 1958, S. 467 (in der 8.—10. Aufl. nicht mehr enthalten); *Stern*, Bd. 1, S. 18.

[29] *Behnes*, S. 13 ff.; *Meisel*, RdA 1976, 38 (39); *Schaub*, RdA 1979, 137 (140); *Vollmer*, S. 5 f.

[30] *Vollmer*, S. 5.

[31] *Meisel*, RdA 1976, 38 (39).

[32] LAG Frankfurt, DB 1967, 430.

[33] Vgl. zur Methodenkritik des Soziologismus *F. Müller*, Juristische Methodik, S. 132, 189, 192, 194; *ders.*, Rechtsstaatliche Form — Demokratische Politik, S. 260 f.

[34] Vgl. *F. Müller*, Rechtsstaatliche Form — Demokratische Politik, S. 260; *ders.*, Juristische Methodik, S. 132.

[35] *F. Müller*, Juristische Methodik, S. 189.

len Sachverhalte, auf die sich die Norm bezieht, mit in den Blick nehmen, wenn er sie interpretiert[36]. Jedoch ist die normierende Kraft des Rechts mehr als nur eine auswählende und verallgemeinernde Formulierung gesellschaftlich „geltender“ Inhalte. Der Soziologismus läßt das eigenständige Normprogramm zu kurz kommen[37], während die Jurisprudenz sich gerade unter diesem normativen Aspekt und daher mit dem Sinn der jeweiligen Norm befaßt[38].

Der hier bevorzugte Weg, auf eine abstrakte Definition von Politik wegen der ihr ermangelnden Anschaulichkeit und Brauchbarkeit zu verzichten, taucht als Rechtsproblem nicht zum ersten Mal auf. Erinnert sei nur an die Kontroverse zwischen *H. J. Wolff* und *E. Forsthoff* zum Begriff „öffentliche Verwaltung“. Während sich *H. J. Wolff*[39] um eine fünfzeilige Definition müht, hält *E. Forsthoff*[40] den Begriff nicht für definierbar; denn „die Mannigfaltigkeit, in der sich die einzelnen Verrichtungen der Verwaltung ausfächern, spottet der einheitlichen Formung“.

Bei einem vieldeutigen Begriff wie dem der Politik kann die Rechtswissenschaft nur so vorgehen, diesen Begriff als Tatbestandsmerkmal im Sachzusammenhang der jeweiligen Rechtsmaterie herauszuarbeiten. Diese Vorgehensweise wurde beispielsweise auch bei dem ebenfalls mehrdeutigen Rechtsbegriff „Öffentlich“ bzw. des „öffentlichen Interesses“, der ebenfalls in den verschiedensten Normzusammenhängen auftaucht, praktiziert[41]. Speziell bei der Interpretation des Begriffs Politik in § 118 I Nr. 1 BetrVG geht namentlich auch *Mayer-Maly*[42] so vor, daß er einen engeren und einen weiteren Politikbegriff vorstellt und dann erörtert, welcher Begriff bei der Auslegung des § 118 I Nr. 1 BetrVG am besten geeignet ist, um den Sinn dieser Vorschrift zu erfassen. Rechtsmethodisch spricht man insoweit von einem funktionsbestimmten Rechtsbegriff, der in dem jeweiligen Regelungszusammenhang zu bestimmen sei[43]. Andere nennen dies „funktionsdifferente Auslegung“[44].

Um einen Eindruck zu vermitteln, wo der Begriff der Politik, zum Teil gepaart mit anderen Begriffen, als Rechtsbegriff vorkommt, seien

[36] *Larenz*, Methodenlehre, S. 65 f.

[37] *F. Müller*, Juristische Methodik, S. 194.

[38] *Larenz*, Methodenlehre, S. 200.

[39] *Wolff / Bachof*, I, § 2 III.

[40] *Forsthoff*, 10. Aufl., S. 1.

[41] Vgl. die Aufarbeitung des Begriffs bei *P. Häberle*, Öffentliches Interesse als juristisches Problem, 1970 und *W. Martens*, Öffentlich als Rechtsbegriff, 1969; zusf. *v. Münch*, in: Erichsen / Martens, Allgemeines Verwaltungsrecht, § 1 III.

[42] *Mayer-Maly*, AR-Blattei D-Blatt Tendenzschutz I, unter D I.

[43] *Larenz*, Methodenlehre, S. 464.

[44] *F. Müller*, Juristische Methodik, S. 157 ff.

folgende Vorschriften genannt. Nach Art. 65 Satz 1 GG bestimmt der Bundeskanzler die Richtlinien der Politik[45]. § 29 ZDG untersagt den Zivildienstleistenden, § 15 SG den Soldaten die politische Betätigung im Dienst. §§ 35 Abs. 2 BRRG, 53 BBG verpflichten den Beamten, § 79 DRiG den Richter, § 8 I BAT den Angestellten im öffentlichen Dienst zur Mäßigung und Zurückhaltung bei der politischen Betätigung[46]. § 31 I BRRG sieht die Möglichkeit der Versetzung in den einstweiligen Ruhestand für den sogenannten politischen Beamten vor. Auf die §§ 75 I 1, 118 I Nr. 1 BetrVG wurde bereits hingewiesen.

Für das vorliegende Thema kommt es also in erster Linie darauf an, wie der Begriff der parteipolitischen Betätigung bzw. der tarifpolitischen und sozialpolitischen Angelegenheiten in § 74 II 3 BetrVG in dem dortigen Regelungszusammenhang zu verstehen ist. Bei dieser Auslegung werden zumindest einige der soeben genannten Vorschriften zum Zwecke der vergleichenden Interpretation und damit zur Gewinnung von Sachargumenten herangezogen.

---

[45] Zur Auslegung des Begriffs Politik in diesem Zusammenhang *Liesegang*, in: v. Münch, Grundgesetzkommentar, Bd. 2, Art. 65 Rn. 7.

[46] Zur Auslegung des § 8 I BAT vgl. BAG AP Nr. 8 zu Art. 5 I GG Meinungsfreiheit. Das BAG interpretiert den Begriff der politischen Betätigung dort gerade unter dem Gesichtspunkt des Zurückhaltungsgebots, welches das Vertrauen der Bürger in die Objektivität der Amtsführung sichern soll.

§ 2 Geschichtliche Entwicklung

Die geschichtliche Entwicklung des Verbots parteipolitischer Betätigung soll an dieser Stelle dargestellt werden. Dies zum einen deshalb, weil es von dogmengeschichtlichem Interesse ist, die Ursprünge eines Rechtsinstituts zu verfolgen. Zum anderen kann die durch die gewonnenen Ergebnisse möglich werdende historische Interpretation als eine der klassischen juristischen Auslegungsmethoden[1] zum Verständnis des geltenden Rechts fruchtbar gemacht werden[2].

I. Entwicklung bis Ende des ersten Weltkrieges

Ein Verbot parteipolitischer Betätigung im Betrieb für Arbeitgeber und Betriebsrat war ausdrücklich zum ersten Mal in § 51 Satz 2 BetrVG 1952 normiert. Dennoch kam dem Problem der politischen Betätigung im Arbeitsverhältnis bereits im 19. Jahrhundert eine gewisse Bedeutung zu[3]. So verboten manche Arbeitgeber ihren Arbeitnehmern, gewisse Zeitungen zu halten oder Gaststätten, in denen sozialdemokratische Politik diskutiert wurde, zu besuchen[4]. Gesetzliche Vorschriften zum Zwecke einer ausgewogenen und interessengerechten Regelung waren zu dieser Zeit aber deswegen nicht notwendig, weil die Arbeitgeber im Betrieb ohnehin ganz überwiegend den „Herr-im-Haus-Standpunkt" vertraten[5] und auch den „politischen Ton"[6] angaben. Will man überhaupt für diese Zeit den Begriff „Betriebsverfassung" verwenden, kann man sie als einseitig[7] oder absolutistisch[8] bezeichnen. Der Kündigungs-

---

1 Vgl. *Larenz*, Methodenlehre, S. 313.

2 Vgl. etwa unten § 3 IV, § 4 II 3 b.

3 Vgl. *Gnade*, ArbRdGgw, Bd. 14 (1977), S. 59 (60).

4 Vgl. dazu die Ausführungen des Abgeordneten *v. Stumm-Halberg*, in: Stenografische Berichte über die Verhandlungen des Reichstages, VIII. Leg.-Per. I. Session 1890/91, Bd. 1, S. 161 (A); ein Verbot solcher in „Arbeitsordnungen" enthaltenen Vorschriften über die politische Betätigung und die Zeitungslektüre forderte, weil dies den Betrieb nichts anginge, im Jahre 1912 *Potthoff*, S. 134 ff.

5 So die Formulierung bei *Neumann-Duesberg*, S. 26 und *Nikisch* III, S. 4, aber auch früher schon *Potthoff*, S. 132.

6 So *Gnade*, ArbRdGgw, Bd. 14 (1977), S. 59 (60).

7 *Neuloh*, S. 72.

schutz steckte noch in den Anfängen, das Arbeitsrecht stand bis 1914 auf dem Boden der Kündigungsfreiheit, die nur durch wenige zwingende Vorschriften wie §§ 134, 138 BGB eingeschränkt war[9]. Der Arbeitgeber hatte also die Möglichkeit, die bei ihm beschäftigten Arbeitnehmer zu entlassen, wenn sie sich in mißliebiger Weise politisch oder auch gewerkschaftlich betätigten. Hiervon wurde auch Gebrauch gemacht. So führte in einer Rede vor dem Reichstag der Industrielle und Abgeordnete *Frhr. Jochen v. Stumm-Halberg* in der Reichstagssitzung vom 19. 5. 1890 bei den Beratungen zum Arbeiterschutzgesetz[10] folgendes aus[11]: „Wer gewisse Zeitungen hält, den kündige ich — und das werde ich auch künftig unter allen Umständen beibehalten." Zu den Sozialdemokraten gewandt, fuhr er fort: „Ich halte mich vor meinem Gewissen für verpflichtet, was an mir liegt, mit allen gesetzlichen Mitteln, die mir zu Gebote stehen, dafür zu sorgen, daß die verderblichen Lehren, die von Ihrer Seite ausgehen, nicht in die Kreise meiner Arbeiter eingeschleppt werden. Es ist mir nie im Leben eingefallen, einen Arbeiter deshalb in Geld zu bestrafen, sondern ich habe stets mir gesagt: Dem Arbeiter, der sich in der Weise geirrt, dem kündige ich, der mag sich eine andere Arbeit suchen."

Der Arbeitgeber konnte also angesichts seiner weitgehend unbeschränkten Kündigungsmöglichkeit nicht nur im Betrieb politische Aktionen unterbinden, sondern auch über den engeren Bereich des Betriebes hinaus mittelbar in das Privatleben des Arbeitnehmers hineinwirken und so den Arbeitnehmer auch politisch bevormunden[12]. Auch in Arbeitsordnungen aus dieser Zeit wurde die parteipolitische Betätigung untersagt. So enthielt die „Fabrik-Ordnung" der Rheinischen Dynamit-Fabrik von 1885[13] folgende Vorschrift: „Sozialdemokratische Bestrebungen und Neigungen werden nicht geduldet."

Bei den gesetzgeberischen Bemühungen zur Schaffung einer Betriebsverfassung spielte der hinter dem Verbot der parteipolitischen Betätigung stehende Gedanke, die Wahrung des Betriebsfriedens[14], von Beginn an eine Rolle. Bereits der erste Vorläufer der heutigen Betriebsverfassung, der Entwurf einer Gewerbeordnung durch den volkswirtschaftlichen Ausschuß der Nationalversammlung in der Frankfurter

---

[8] *Neumann-Duesberg*, S. 25.

[9] *Buchner*, ZfA 1982, 49 (51); *G. Hueck*, in: Hueck, KSchG, Einl. Rn. 1.

[10] RGBl. 1891, S. 261 ff.

[11] Vgl. *v. Stumm-Halberg*, in: Stenografischer Bericht über die Verhandlungen des Reichstages, VII. Leg.Per. I. Session 1890/91, Bd. 1, S. 160 f.

[12] So formulierte es *Gnade*, ArbRdGgw, Bd. 14 (1977), S. 59 (61).

[13] Abgedruckt bei *Flohr*, S. 127.

[14] *Dietz / Richardi*, § 74 Rn. 55; *Fitting / Auffarth / Kaiser*, § 74 Rn. 8a; *Galperin / Löwisch*, § 74 Rn. 19.

Paulskirche in den Jahren 1848/49, sah in den §§ 42 und 43 unter Beteiligung der Arbeitnehmer errichtete Fabrikausschüsse vor[15]. In der Begründung zu diesem, später vom Plenum abgelehnten[16] Entwurf, wurde der Aufgabenkreis dieser Fabrikausschüsse dahingehend umschrieben, sie sollten durch Aufrechterhaltung der Ordnung im Innern[17], durch Vermittlung bei Streitigkeiten, durch Belebung des Interesses der Arbeiter an der Fabrikanstalt fördernd auf die Industrie einwirken[18].

Der nächste Anlauf, Belegschaftsvertretungen gesetzlich zuzulassen, erfolgte durch das sog. Arbeiterschutzgesetz[19] vom 1. Juni 1891[20]. In dieser Novelle zur Gewerbeordnung waren in § 134 h Gewerbeordnung fakultativ sog. Arbeiterausschüsse[21] vorgesehen. Die diesen Gremien eingeräumten Mitwirkungrechte waren auf zwei Tatbestände beschränkt. Zwar konnte gem. §§ 134 a—g GewO der „Besitzer der Fabrik" (vgl. § 134 b III GewO) nach wie vor einseitig die — ab 20 Arbeitern zwingend vorgeschriebene — Arbeitsordnung erlassen. Nach § 134 b III Satz 1 GewO blieb es dem Arbeitgeber auch überlassen, Fragen der Ordnung des Betriebes und das Verhalten der Arbeiter im Betriebe regelnde Bestimmungen in die Arbeitsordnung aufzunehmen — hier klingt der Gesichtspunkt des Betriebsfriedens wieder an. Jedoch war der Arbeitgeber gem. § 134 d II GewO verpflichtet, zuvor den Arbeiterausschuß anzuhören. Wollte der Unternehmer gar in die Arbeitsordnung Vorschriften über das Verhalten der Arbeiter „bei Benutzung der zu ihrem Besten getroffenen mit der Fabrik verbundenen Einrichtungen[22], sowie Vorschriften über das Verhalten der minderjährigen Arbeiter außerhalb des Betriebes" aufnehmen, bedurfte er nach § 134 b III 2 GewO der Zustimmung des Arbeiterausschusses.

Rechnete der Gedanke des Betriebsfriedens bis zu diesem Zeitpunkt zu der allgemeineren und umfassenderen Materie der Ordnung des Betriebes und des Verhaltens der Arbeitnehmer, taucht in den folgenden Etappen der Entwicklung bereits die sprachliche Formulierung auf, unter die das Reichsarbeitsgericht[23] später auch die politische Betätigung der Betriebsratsmitglieder subsumierte.

---

[15] *Nikisch*, Arbeitsrecht III, S. 4; *Neumann-Duesberg*, S. 25.

[16] *Neumann-Duesberg*, S. 25.

[17] Vgl. heute § 87 I Nr. 1 BetrVG.

[18] *Germelmann*, S. 28. Diesen Gedanken nennt auch das BAG in seiner Entscheidung vom 7. 9. 1956, AP Nr. 2 zu § 56 BetrVG als den Grund, der die Mitbestimmung des Betriebsrats rechtfertigt.

[19] Vgl. *Neumann-Duesberg*, S. 27.

[20] RGBl. 1891, S. 261 ff.

[21] Dazu *Teuteberg*, S. 376—410.

[22] Vgl. heute § 87 I Nr. 8 und 9 BetrVG.

[23] RAG vom 10. 7. 1929 — Bensheimer Sammlung Bd. 6, 320.

So ergingen im Jahre 1905 unter dem Druck von Arbeiteraufständen und sozialen Unruhen, die zu den größten Grubenarbeiterstreiks führten, die Deutschland je gesehen hatte[24], zwei Novellen zum allgemeinen Berggesetz für die preußischen Staaten[25]. Diese Änderungsgesetze vom 14. 7. 1905[26] und vom 28. 7. 1909[27] schreiben die Errichtung der Arbeiterausschüsse zwingend vor[28]. Hinsichtlich der Mitwirkungsrechte bestimmten die §§ 80 ff., daß die Arbeiterausschüsse das gute Einvernehmen innerhalb der Belegschaft und zwischen der Belegschaft und dem Arbeitgeber fördern und erhalten sollten. Dieses Recht der Arbeiterausschüsse erstreckte sich nicht nur auf die äußeren Arbeitsbedingungen, sondern umfaßte auch Lohnfragen. Dies wurde damit begründet, daß allgemeiner Zweck der Arbeiterausschüsse die Erhaltung des Friedens innerhalb des Betriebes sei, aber gerade Lohnfragen Anlaß zu Spaltungen innerhalb des Betriebes geben können. An der friedlichen Beilegung derartiger Streitigkeiten habe die Öffentlichkeit ein besonderes Interesse[29]. Die den Gedanken des Betriebsfriedens umschreibende Wendung der Förderung des guten Einvernehmens innerhalb der Belegschaft sowie zwischen dieser und dem Arbeitgeber fand sich wieder in § 12 I 1 des Gesetzes über den vaterländischen Hilfsdienst vom 5. 12. 1916[30]. Dieses Gesetz sah die Arbeiterausschüsse und deren Mitwirkungsrechte für alle Hilfsdienstbetriebe vor (vgl. § 11 I HilfsdienstG). Spezieller Zweck der Wahrung des Betriebsfriedens war es, die durch den ersten Weltkrieg besonders beanspruchte Kriegswirtschaft nicht auch noch mit den auf dem Gebiete des Arbeitslebens auftretenden Konflikten mehr als unbedingt notwendig zu belasten[31].

II. Betriebsrätegesetz von 1920

Schon bald nach dem Ende des 1. Weltkrieges schaffte der als Gesetzgeber fungierende Rat der Volksbeauftragten mit der „Verordnung über Tarifverträge, Arbeiter- und Angestelltenausschüsse und Schlichtung von Arbeitsstreitigkeiten" vom 23. 12. 1918 (TVVO)[32] eine rechtliche

---

[24] Vgl. *Germelmann*, S. 29; *Vollmer*, S. 14; die Forderungen der streikenden Ruhrbergarbeiter sind abgedruckt bei *Blanke / Ernst / Mückenberger / Stascheit*, S. 112.

[25] Vom 24. 6. 1865, PrGS 1865, 705 ff.

[26] PrGS 1905, 307 ff.

[27] PrGS 1909, 677 ff.

[28] *Neumann-Duesberg*, S. 30.

[29] *Reuß*, ZfBergr 50 (1909), S. 533 (592, 594).

[30] RGBl. 1916, 1333 ff.

[31] *Nikisch*, Arbeitsrecht III, S. 5.

[32] RGBl. 1918, S. 1456.

Grundlage für die Errichtung der Arbeiterausschüsse. Wieder kam diesen nach § 13 I 3 TVVO die Aufgabe zu, „das gute Einvernehmen innerhalb der Arbeiterschaft oder Angestelltenschaft sowie zwischen diesen und dem Arbeitgeber zu fördern".

Nachdem der Rätegedanke[33], der sich in der russischen Revolution von 1917 in Form der Arbeiter- und Soldatenräte durchgesetzt hatte, von dort nach Deutschland vorgedrungen war („alle Macht den Räten"), fand er auch in dem sog. „Räteartikel" der Weimarer Reichsverfassung (WRV) vom 11. 8. 1919[34] seinen Niederschlag. Gem. Art. 165 WRV sollten für die Arbeiter und Angestellten „zur Wahrung ihrer sozialen und wirtschaftlichen Interessen in den Betrieben Betriebsarbeiterräte, auf überbetrieblicher Ebene bezirkliche Arbeiter- und Bezirkswirtschaftsräte, ein Reichsarbeiterrat und ein Reichswirtschaftsrat eingerichtet werden".

Das Betriebsrätegesetz (BRG) vom 4. 2. 1920[35] füllte diese Verfassungsnorm auf einfach-gesetzlicher Ebene aus[36]. Darin wurde dem Betriebsrat in § 66 Nr. 3 BRG die Aufgabe übertragen, den Betrieb vor Erschütterungen zu bewahren. Weiter oblag es dem Betriebsrat nach § 66 Nr. 6 BRG wiederum, das Einvernehmen innerhalb der Arbeitnehmerschaft sowie zwischen ihr und dem Arbeitgeber zu fördern. Es entsprach allgemeiner Auffassung[37], daß § 66 Nr. 6 BRG lediglich ein besonderer Unterfall des § 66 Nr. 3 BRG darstellte, beide Vorschriften also den Zweck hatten, den Frieden im Betrieb zu bewahren. Die Sorge für den Betriebsfrieden wurde als oberste Aufgabe[38] und als „Hauptkompetenz"[39] des Betriebsrats bezeichnet. Unter „Erschütterungen des Betriebes" verstand man zunächst nur Arbeitseinstellungen und sonstige den ungestörten Gang des Betriebes beeinträchtigende Handlungen[40]. Wegen § 66 Nr. 6 BRG mußte der Betriebsrat selbst jede „Hetz- und Wühlarbeit unterlassen sowie für die Unterlassung durch andere sorgen"[41]. Nach drei Entscheidungen des RAG in den Jahren 1929 und 1930[42] zur politi-

---

[33] Er geht auf den französischen Anarchisten *P. J. Proudhon* (1809—1865) zurück, vgl. dazu *E. Molitor*, in: Festschrift für Herschel, S. 105.

[34] RGBl. 1919, S. 1383.

[35] RGBl. 1920, S. 147.

[36] *Sinzheimer*, S. 233.

[37] *Flatow / Kahn-Freund*, BRG, 13. Aufl. 1931, § 66 Anm. 6.1; *Mansfeld*, BRG, 3. Aufl. 1930, § 66 Anm. 7a.

[38] *Kaskel*, S. 202.

[39] *Jacobi*, S. 23 Fn. 26.

[40] *Flatow*, BRG, 12. Aufl. 1927, § 66 Anm. 3.3.

[41] *Kaskel*, S. 202; hierauf wird unten § 4 II 3 bei der Frage, ob eine parteipolitische Betätigung des Betriebsrats i. S. des § 74 II 3 BetrVG auch dann vorliegt, wenn er die parteipolitische Betätigung anderer Arbeitnehmer duldet, zurückzukommen sein.

schen und gewerkschaftlichen Betätigung von Betriebsratsmitgliedern begann auch das Schrifttum, politische, den Betrieb aufwühlende Kämpfe[43] bzw. politische Propaganda[44] als Beispiele für Erschütterungen des Betriebes (§ 66 Nr. 3 BRG) und als Verletzung der Pflicht, das Einvernehmen innerhalb der Arbeitnehmerschaft herzustellen (§ 66 Nr. 6 BRG), anzuführen. Zur Erfüllung dieser Aufgaben verlangte man vom Betriebsrat völlige Neutralität auf politischem und gewerkschaftlichem Gebiet[45]. Ohnehin durfte der Betriebsrat schon deswegen nicht zu politischen Fragen Stellung nehmen, weil ihm insoweit die Zuständigkeit[46] fehlte, er hatte nach § 1 BRG lediglich die gemeinsamen wirtschaftlichen, nicht aber — in Abgrenzung hierzu — politischen Interessen der Arbeitnehmer wahrzunehmen[47]. Bereits den soeben genannten[48] Entscheidungen des RAG liegen Sachverhalte zugrunde, die als typisch für den Problembereich parteipolitischer Betätigung im Betrieb bezeichnet werden können. Im ersten Fall[49] hatte das Betriebsratsmitglied mit Arbeitnehmern diese belästigende politische Gespräche geführt, in den Arbeitspausen politische Reden gegenüber den Arbeitnehmern gehalten und eine Betriebsversammlung unterbrochen, um politische und gewerkschaftliche Fragen zu klären.

Im zweiten Fall[50] verteilte ein Betriebsratsmitglied vor Schichtbeginn am Werkseingang ein Flugblatt der Kommunistischen Partei Deutschlands. Darin wurde zum politischen Massenstreik aufgerufen. *Flatow*[51] sollte mit seiner Bemerkung, die unendliche Fülle der Tatbestände würde hier noch oft schwierige Probleme aufwerfen, recht behalten.

Im dritten Fall[52], in welchem wieder mittels eines Flugblattes zum Streik aufgefordert wurde, suchte das Betriebsratsmitglied seine potentiellen Leser an einem Ort, wo er sich des Interesses ebenfalls sicher sein konnte: Er deponierte die Flugblätter in der Toilette des Betriebes.

---

42 RAG, 10. 7. 1929 — ARS 6, 320; RAG, 16. 11. 1929 — ARS 7, 444; RAG, 19. 2. 1930 — ARS 8, 204.

43 *Flatow / Kahn-Freund*, BRG, 13. Aufl., § 66 Anm. 3.3 b.

44 *Flatow / Kahn-Freund*, BRG, 13. Aufl., § 66 Anm. 6.3 b.

45 *Mansfeld*, BRG, § 66 Anm. 7a; *Welbling / Schultz / Sell*, BRG, § 66 Anm. 9a.

46 Dieses Zuständigkeitsargument wird erst neuerdings wieder in die Diskussion gebracht, vgl. *Buchner*, ZfA 1982, 49 (61); *Oetker*, BlStSozArbR 1983, 321 (322).

47 *Flatow / Kahn-Freund*, BRG, 13. Aufl., § 1 Anm. 3; *Mansfeld*, BRG, § 1 Anm. 2a.

48 Siehe Fn. 42.

49 RAG ARS 6, 320.

50 RAG ARS 7, 444.

51 *Flatow*, Anm. zu RAG ARS 7, 444 in ARS 7, 446.

52 RAG ARS 8, 204.

Das RAG[53] betonte, die Stellung als Betriebsratsmitglied und die damit nach § 66 Nr. 6 BRG verbundene Aufgabe, das Einvernehmen innerhalb der Arbeitnehmerschaft zu fördern, legten dem Betriebsratsmitglied naturgemäß auch in der Ausübung politischer Tätigkeit innerhalb des Betriebes gewisse Verpflichtungen auf. Auch das Verteilen von politischen Flugblättern vor dem Werkstor sah das RAG[54] als politische Agitation an, wodurch die aus § 66 Nr. 3 BRG folgende Pflicht, den Betrieb vor Erschütterungen zu bewahren, verletzt werde. Diese Auffassung bestätigte das RAG in seiner Entscheidung vom 19. 2. 1930[55], indem es die Kündigung des die Flugblätter verteilenden Betriebsratsmitgliedes, das dadurch gegen die Arbeitsordnung verstoßen hatte, für gerechtfertigt erklärte.

Das BRG enthielt jedoch noch einen zweiten Komplex von Vorschriften, die die politische Gesinnung und Betätigung der Arbeitnehmer zum Gegenstand hatten. Nach § 81 I BRG mußten zwischen dem Arbeitgeber und den Gruppenräten[56] vereinbarte Einstellungsrichtlinien[57] die Bestimmung enthalten, daß die Einstellung eines Arbeitnehmers u. a. nicht von seiner politischen Betätigung oder von der Zugehörigkeit bzw. Nichtzugehörigkeit zu einem politischen Verein abhängig gemacht werden durfte. Gem. § 84 I Nr. 1 BRG konnten gekündigte Arbeitnehmer gegen die Kündigung beim Gruppenrat Einspruch einlegen, wenn der begründete Verdacht vorlag, daß die Kündigung wegen der politischen Betätigung oder der Zugehörigkeit oder Nichtzugehörigkeit zu einem politischen Verein erfolgt ist. Diese beiden Normen wird man nach ihren Formulierungen gewissermaßen als gedankliche Vorläufer der heute in § 75 I 1 BetrVG niedergelegten Grundsätze über die Behandlung der Betriebsangehörigen betrachten dürfen.

III. Zeit des Nationalsozialismus

Mit der Machtergreifung durch die Nationalsozialisten am 30. 1. 1933 wurde die Entwicklung der betrieblichen Mitbestimmung gestoppt. Mit den politischen Vorstellungen des Nationalsozialismus war das Modell einer Betriebsverfassung, wie es im BRG enthalten war, nicht zu vereinbaren. Nach dem Gesetz zur Ordnung der nationalen Arbeit (AOG)

---

53 RAG ARS 6, 320 (321).

54 RAG ARS 7, 444 (445).

55 RAG ARS 8, 204.

56 Die Gruppenräte, also der Arbeiterrat und der Angestelltenrat, hatten nach Maßgabe der §§ 78—90 BRG die spezifischen Interessen dieser Arbeitnehmergruppen wahrzunehmen.

57 Vgl. heute § 95 BetrVG.

vom 20. 1. 1934[58] wurde auch für den Betrieb der sog. Führergrundsatz[59] eingeführt, wonach der Unternehmer als Betriebsführer den Betrieb und seine „Gefolgschaft" — die Arbeitnehmer — in eigenständiger Verantwortung leitete, vgl. §§ 1, 2 AOG[60]. An die Stelle der Betriebsräte traten nach § 5 AOG sog. Vertrauensräte, denen aber gem. §§ 5, 6 AOG im wesentlichen nur beratende und unterstützende Funktionen oblagen[61]. Selbständige Entscheidungen zu treffen, war dem Vertrauensrat und den Vertrauensmännern untersagt[62]. Parteipolitik spielte in diesem zeitlichen Abschnitt im Betrieb in mehrfacher Weise eine Rolle. Zunächst wirkte die NSDAP selbst über das AOG in das Arbeitsleben und in die Betriebe hinein, die Partei war organisatorisch in das AOG eingebaut[63]. So durfte z. B. die Aufstellung der Liste der Vertrauensmänner und ihrer Stellvertreter nur durch den Führer des Betriebes im Einvernehmen mit dem im jeweiligen Betrieb tätigen Obmann der nationalsozialistischen Betriebsorganisation, also einer Untergliederung der NSDAP, erfolgen (§ 9 AOG). Weiterhin mußten die Vertrauensmänner ohnehin der Deutschen Arbeitsfront, einer weiteren Untergliederung der NSDAP, angehören (§ 8 AOG), womit die politische Zuverlässigkeit im nationalsozialistischen Sinne gewährleistet war[64]. Obwohl eine Institution wie die Betriebsversammlung im AOG nicht vorgesehen war, fanden doch an deren Stelle sog. „Betriebsappelle" statt[65], denen die NSDAP große Bedeutung zumaß. Der Betriebsappell diente unter dem Vorwand der Klärung betrieblicher Verhältnisse dazu, die Gefolgschaft einer nachhaltigen nationalsozialistischen Propaganda auszusetzen. Die NSDAP erreichte damit auch solche Arbeitnehmer, die ansonsten kaum zum Besuch der Parteiversammlungen zu bewegen waren[66]. Ein weiterer Bereich, in dem die politische Einstellung der Arbeitnehmer arbeitsrechtliche Folgen nach sich zog, waren Kündigungen wegen abweichender politischer Meinung[67]. Davon betroffen waren insbesondere Kommu-

---

58 RGBl. 1934, I, S. 45.

59 Vgl. *Mansfeld*, Die Ordnung der nationalen Arbeit, § 2 Anm. 1, 2.

60 Vgl. *v. Hoyningen-Huene*, § 2 I c; *Rüthers*, AuR 1970, 97.

61 Vgl. *Dietz*, in: A. Hueck / Nipperdey / Dietz, Kommentar zum AOG, § 5 Rn. 16.

62 *Dietz*, in: A. Hueck / Nipperdey / Dietz, § 6 Rn. 4.

63 Vgl. *Dersch*, Kommentar zum AOG, § 18, Anm. 3b.

64 Weitere Beispiele bei *Dersch*, soeben Fn. 63.

65 Dazu *Herschel*, DB 1962, 237; *ders.*, DB 1962, 1110.

66 *Herschel*, DB 1962, 237; zum äußeren Rahmen eines solchen Betriebsappells vgl. RAG, 25. 10. 1937 — ARS 32, 58 (60 f.): dort war die Hakenkreuzflagge gehißt, Nationallieder wurden gesungen, die Gefolgschaft erhob die rechte Hand zum deutschen Gruß, auf den Führer wurde ein „Sieg Heil!" ausgerufen.

67 RAG, 16. 2. 1938 — ARS 32, 303 mit Anm. *A. Hueck;* vgl. dazu die Berichte über die Rechtsprechung aus dieser Zeit von *Lepke*, DB 1968, 1990 ff. und *Mayer-Maly*, AuR 1968, 1 (3 f.); außerdem *Germelmann*, S. 38 f.

nisten und Sozialdemokraten[68]. Die hier in erster Linie interessierende Fragestellung nach der poliltischen Betätigung im Betrieb hatte im AOG keine ausdrückliche Regelung erfahren. Wie bereits das BRG enthielt jedoch das AOG eine Norm über die Störung des Arbeitsfriedens, worunter die Literatur auch eine politische Betätigung verstand. § 36 I Nr. 2 AOG sah einen Verstoß gegen die soziale Ehre für den Fall vor, daß „Angehörige der Gefolgschaft den Arbeitsfrieden im Betriebe durch böswillige Verhetzung der Gefolgschaft gefährden, sich insbesondere als Vertrauensmänner bewußt unzulässige Eingriffe in die Betriebsführung anmaßen oder den Gemeinschaftsgeist innerhalb der Betriebsgemeinschaft fortgesetzt böswillig stören“. Diese Vorschrift wurde so interpretiert[69], daß ihr vor allem der Gedanke der Verhinderung des Klassenkampfes zugrunde liegen sollte.

Zwei Entscheidungen aus dieser Zeit hierzu sollen dies veranschaulichen. In einem Fall[70] hielt das Gericht eine ordentliche Kündigung eines Arbeitnehmers wegen Störung des Betriebsfriedens für gerechtfertigt, weil sich an seinem bereits 1931 gekauften Fahrrad eine Klingel mit dem Abzeichen — es war ein rotes gotisches „S“ — des sozialdemokratischen Arbeiter-Radfahrer-Bundes „Solidarität“ befand und er damit zur Arbeit kam[71]. Im zweiten Fall[72] wurden Arbeitnehmer im ehrengerichtlichen Verfahren wegen eines Verstoßes gegen die bereits erwähnte Vorschrift des § 36 I Nr. 2 AOG mit einem Verweis bestraft. Ihr „Vergehen“ lag einmal darin, nicht mit dem „Deutschen Gruß“ gegrüßt zu haben[73], zum anderen sangen sie beim Absingen der Nationalhymne auf einer Betriebsfeier nicht mit und erhoben auch nicht den rechten Arm.

IV. Zeit nach 1945

Bereits während des politischen und militärischen Zusammenbruchs des Deutschen Reiches bildeten sich schon im April und Mai 1945 spontan Betriebsräte, die später auch von den Besatzungsmächten gebilligt

[68] Vgl. LAG Frankfurt, 27. 11. 1933 — ARS 19, 207; LAG Essen, 3. 1. 1934 — ARS 20, 77; weitere Nachweise bei *Otto*, S. 81 f. und insbesondere *Rüthers*, S. 218 ff.

[69] *Dietz*, in: A. Hueck / Nipperdey / Dietz, § 36 Rn. 27.

[70] LAG Leipzig, 15. 10. 1934 — ARS 23, 110.

[71] Auf die in neuerer Zeit ergangenen Urteile des BAG betreffend das Tragen von politischen Plaketten sei hier nur vorab hingewiesen: BAG AP Nr. 8 zu Art. 5 I GG Meinungsfreiheit; BAG, DB 1983, 2578. Ausführlich dazu *v. Hoyningen-Huene / R. Hofmann*, BB 1984, 1050.

[72] REG, 25. 10. 1937 — ARS 32, 58.

[73] In den Entscheidungsgründen (soeben Fn. 72, S. 59) heißt es, sie hätten stattdessen „Tageszeit“ geboten.

wurden[74]. Die Rechtsgrundlage für die Errichtung der Betriebsräte wurde ein Jahr später mit dem Kontrollratsgesetz Nr. 22 vom 10. 4. 1946[75] (KRG) geschaffen. Darin erhielten die Betriebsräte auch allgemeinpolitische Aufgaben übertragen. Nach Art. V Abs. 1 e KRG sollten die Betriebsräte bei der Verhinderung aller Rüstungsindustrie und bei der Entnazifizierung von öffentlichen und privaten Betrieben mit den Behörden zusammenarbeiten. Auf der anderen Seite wurde jedoch Art. VII KRG, wonach die Betriebsräte ihre Aufgaben in Zusammenwirken mit den anerkannten Gewerkschaften auszuführen hatten, so interpretiert, daß in Abgrenzung dazu eine parteipolitische Betätigung des Betriebsrats oder von Betriebsratsmitgliedern nicht erlaubt sei[76]. Das KRG war lediglich ein Rahmengesetz; ins einzelne gehende Regelungen zu treffen, blieb den bald darauf erlassenen Ländergesetzen vorbehalten.

Während die meisten Landesgesetze keine Vorschriften über parteipolitische Betätigung im Betrieb enthielten[77], normierte zunächst das bayerische Betriebsrätegesetz[78] in § 52 u. a. ein Verbot parteipolitischer Betätigung[79]: „Der Betriebsrat hat sein Amt unparteiisch zu führen; er hat jede unterschiedliche Behandlung von Arbeitnehmern aufgrund von Rasse, Religion, Nationalität, Geschlecht sowie politische oder gewerkschaftliche Betätigung oder Einstellung zu unterlassen. Er hat sich in seiner Amtsführung jeder parteipolitischen Werbung oder Tätigkeit zu enthalten[80].“ § 50 Satz 2 bay. BRG enthielt daneben für den Betriebsrat die Pflicht, den Frieden im Betrieb nicht zu gefährden oder zu schädigen. Im Abschnitt über die Pflichten des Arbeitgebers erstreckte § 57 II 2 bay. BRG durch Verweis auf § 52 bay. BRG das Verbot parteipolitischer Betätigung auf den Arbeitgeber.

---

[74] *Vollmer*, S. 20; vgl. auch Art. XI des Kontrollratsgesetzes; *Treichel*, 2. Aufl., S. 16.

[75] Amtsblatt des Kontrollrats Nr. 6, S. 133.

[76] *Treichel*, 1. Aufl., S. 82.

[77] Das hessische Betriebsrätegesetz (BRG für das Land Hessen vom 31. 5. 1948, GVBl. S.117) sah in § 30 III nur die Pflicht des Betriebsrats vor, den Betriebsfrieden zu sichern; vgl. *Engler*, Hessisches BRG, § 30 Anm. 13.

[78] Bay. BRG vom 25. 10. 1950, GVBl. S. 227, in der Fassung vom 3. 7. 1951, GVBl. S. 89.

[79] Die Gesetzesmaterialien enthalten keine Begründung oder erläuternde Hinweise, vgl. Verhandlungen des bayerischen Landtages, 4. Tag, 1949/50, 6. Bd. Nr. 169 (S. 645—664); Nr. 170 (S. 667—684); Nr. 171 (S. 685—695); Nr. 173 (S. 732—738).

[80] Vgl. *Meissinger / Raumer*, bay. BRG, Anm. zu § 52: „Politische Betätigung gehört nicht in den Betrieb“.

V. BetrVG 1952

Das BetrVG 1952 enthielt in § 49 II 2 für beide Betriebspartner die Verpflichtung zur Wahrung des Betriebsfriedens, in § 51 Satz 2 sprach es für Arbeitgeber und Betriebsrat das Verbot parteipolitischer Betätigung aus. § 51 Satz 2 BetrVG 1952 wurde im Bericht des Ausschusses für Arbeit[81] damit begründet, es solle jede Beeinträchtigung des Betriebsfriedens durch parteipolitische Einflüsse vermieden werden. Auch die in § 44 BetrVG 1952 vorgesehene Beschränkung der Betriebsversammlung auf Themen, die den Betrieb oder seine Arbeitnehmer berühren, diente dem Zweck, jegliche Politisierung der Betriebsversammlung auszuschließen[82]. Der bereits in den §§ 81, 84 BRG zum Ausdruck gekommene Grundsatz der Gleichbehandlung[83], der eine unterschiedliche Behandlung der Arbeitnehmer u. a. wegen ihrer politischen Einstellung und Betätigung untersagte, wurde im BetrVG 1952 „vor die Klammer" zu den allgemeinen Regeln über die Mitwirkung und Mitbestimmung der Arbeitnehmer gezogen und galt damit für alle mitbestimmungspflichtigen Angelegenheiten, die einzelne Arbeitnehmer betrafen. Der Grundsatz der Gleichbehandlung war in § 51 Satz 1 BetrVG 1952 dem Verbot parteipolitischer Betätigung direkt vorangestellt. Bereits im Gesetzgebungsverfahren zum BetrVG 1952 war das Verbot parteipolitischer Betätigung eine der umstrittensten Vorschriften. Der KPD-Abgeordnete *Paul* hielt der CDU-geführten Regierung vor[84]: „... Sie wollen durch die Formulierung in § 51 die Aufklärung der Arbeiter über die kriegs- und volksfeindliche Politik der Adenauer-Regierung verhindern. Sie wollen, daß sich die Betriebsräte letzten Endes nur noch um die Reinigung der Klosette bekümmern sollen."

Demgegenüber begründete der dem damaligen DGB-Vorstand angehörende[85] SPD-Abgeordnete *Richter* seine Zustimmung zu der Norm damit[86], „der Betriebsrat als ein Organ zur Interessenvertretung der Arbeitnehmerschaft soll die Interessen der Arbeitnehmer des Betriebes wahrnehmen, aber er soll sie nicht parteipolitisch, d. h. im Sinne der einen oder anderen Partei wahrnehmen. Der Arbeitgeber als Besitzer

---

[81] Verhandlungen des Deutschen Bundestages, 1. Wahlperiode 1949, BT-Drucksache Nr. 3585, schriftlicher Bericht des Ausschusses für Arbeit, S. 10.

[82] Verhandlungen des Deutschen Bundestages, 1. Wahlperiode 1949, BT-Drucksache 3585, schriftlicher Bericht des Ausschusses für Arbeit, S. 8.

[83] Vgl. oben § 2 II a. E.

[84] Verhandlungen des Deutschen Bundestages, 1. Wahlperiode 1949 (1952), stenografischer Bericht Bd. 12, S. 10048 (A).

[85] Vgl. *Treichel*, 2. Aufl., S. 237.

[86] Verhandlungen des Deutschen Bundestages, 1. Wahlperiode 1949 (1952), stenografischer Bericht Bd. 12, S. 10050 (A).

der Betriebsmittel soll seine wirtschaftliche Macht ebenfalls nicht parteipolitisch gegenüber dem Arbeitnehmer wahrnehmen oder ausnützen oder u. U. mißbrauchen".

VI. BetrVG 1972

Die nunmehr geltende Vorschrift des § 74 II 3 BetrVG war während des Gesetzgebungsverfahrens Gegenstand heftigster Kontroversen. Zunächst war weder im Entwurf der SPD-Fraktion[87] noch im DGB-Entwurf[88] noch im Entwurf des Bundesministeriums für Arbeit und Sozialordnung[89] für ein neues Betriebsverfassungsgesetz ein Verbot der parteipolitischen Betätigung vorgesehen. Begründet wurde der Verzicht auf das Verbot damit, daß eine Übertretung zu ungerechten Ergebnissen führe und es im Interesse der Demokratie auch nicht wünschenswert sei, politische Diskussionen im Betrieb zu untersagen[90]. Die darauf folgenden Entwürfe des Bundesrats[91] und der Bundesregierung[92] enthielten wieder das Verbot, wenn auch in modifizierter Form. Soweit der Betriebsfrieden und der Arbeitsablauf nicht beeinträchtigt werden, sollte die parteipolitische Betätigung erlaubt sein. Jedoch selbst diese moderate Regelung stieß im Schrifttum weitgehend auf Ablehnung[93], verbunden mit der Forderung nach einem absoluten Verbot parteipolitischer Betätigung.

Nach einer heftig geführten Bundestagsdebatte[94] forderte auch die CDU/CSU-Fraktion im § 22 V ihres Gesetzentwurfes[95] die Beibehaltung des absoluten Verbots der parteipolitischen Betätigung.

Der federführende Ausschuß für Arbeit und Sozialordnung des Deutschen Bundestages kam schließlich nach Durchführung eines Sachver-

---

87 Verhandlungen des Deutschen Bundestages, 5. Wahlperiode, BT-Drucksache V, S. 3658.

88 Abgedruckt in RdA 1970, 237.

89 Abgedruckt in RdA 1970, 357.

90 Begründung zum DGB-Entwurf, RdA 1970, 244.

91 Bundesrats-Drucksache 715/70, S. 15.

92 Verhandlungen des Deutschen Bundestages, 6. Wahlperiode, BT-Drucksache VI/1786, S. 15.

93 Vgl. *Buchner*, Die AG 1971, 140; *Galperin*, Der Regierungsentwurf eines neuen BetrVG, 1971, S. 27; *ders.*, BB 1971, 139; *ders.*, DB 1971, 1306; *Hanau*, BB 1971, 488; vgl. auch *Rüthers*, Wirtschaftswoche 970, Heft 48, S. 81 zum Entwurf des Bundesministeriums für Arbeit und Sozialordnung.

94 Verhandlungen des Deutschen Bundestages, 6. Wahlperiode, 101. Sitzung, S. 5803—5905; dabei nahmen 9 Abgeordnete zum Verbot parteipolitischer Betätigung Stellung.

95 Verhandlungen des Deutschen Bundestages, 6. Wahlperiode, BT-Drucksache VI/1806.

ständigenhearings[96] in seinem Bericht[97] aufgrund der Stellungnahmen der Mehrzahl der Sachverständigen sowie zahlreicher Hinweise aus der Praxis einmütig zu der Auffassung, es sei im Interesse des Betriebsfriedens und der Zusammenarbeit im Betrieb vorzuziehen, parteipolitische Betätigung von Arbeitgeber und Betriebsrat nicht zuzulassen.

Ihren systematischen Standort fand die Norm über das Verbot parteipolitischer Betätigung im allgemeinen Abschnitt über Mitwirkung und Mitbestimmung der Arbeitnehmer bei den Grundsätzen für die Zusammenarbeit in § 74 II 3 BetrVG, im Anschluß an die die betriebsverfassungsrechtliche Friedenspflicht regelnde Vorschrift des § 74 II 2 BetrVG.

Neuerdings fordert der DGB[98] wiederum angesichts der zu einer weiten Auslegung des Verbots neigenden Rechtsprechung[99] die Einschränkung des Verbots der parteipolitischen Betätigung dahingehend, daß lediglich Arbeitgeber und Betriebsrat als Organe der Betriebsverfassung Betätigungen für politische Parteien und Gruppierungen zu unterlassen haben. Die grundgesetzliche Meinungsfreiheit des einzelnen Betriebsratsmitglieds soll jedoch davon unberührt bleiben. Es läßt sich daher absehen, daß das Verbot parteipolitischer Betätigung nicht nur in der rechtsdogmatischen, sondern auch in der rechtspolitischen Diskussion verbleiben wird.

VII. Ergebnis

Mit einigen Quellen ließ sich belegen, daß die parteipolitische Betätigung, insbesondere für die Sozialdemokratie, bereits in der zweiten Hälfte des 19. Jahrhunderts eine Rolle spielte. Zumindest in einzelnen Fällen reagierten die Arbeitgeber mit Kündigungen und der Aufnahme entsprechender Verbote in Arbeitsordnungen. Dogmengeschichtlich stand der Gesichtspunkt der Ordnung des Betriebes und das Verhalten der Arbeitnehmer — heute in § 87 I Nr. 1 BetrVG normiert — am Anfang, so im Arbeiterschutzgesetz von 1891. Als einer der wichtigsten Aspekte der betrieblichen Ordnung wurde im folgenden, zuerst in zwei

[96] Verhandlungen des Deutschen Bundestages, 5. Wahlperiode, BT-Drucksache V/3658.

[97] Verhandlungen des Deutschen Bundestages, 6. Wahlperiode, schriftlicher Bericht des Ausschusses für Arbeit und Sozialordnung zu Drucksache VI/2729, S. 10.

[98] Grundsätze des Deutschen Gewerkschaftsbundes zur Weiterentwicklung des Betriebsverfassungsrechts, 1983, S. 10; Grundsätze des Deutschen Gewerkschaftsbundes zur Weiterentwicklung des Bundespersonalvertretungsrechts, 1983, S. 10.

[99] Vgl. BAG AP Nr. 1 zu § 87 BetrVG 1972 Betriebsbuße; BAG AP Nr. 1 zu § 42 BetrVG 1972; BAG AP Nr. 1 zu § 74 BetrVG 1972.

Novellen von 1905 und 1909 zum allgemeinen Berggesetz von Preußen, in verschiedenen Formulierungen der Tatbestand der Wahrung des Betriebsfriedens ausgeformt. Das RAG sah unter der Geltung des BRG von 1920 die politische Betätigung von Betriebsratsmitgliedern im Betrieb als Störung des Betriebsfriedens an. Erst im BetrVG 1952 und, nach längeren Kontroversen im Gesetzgebungsverfahren, auch im BetrVG von 1972 wurde das Verbot parteipolitischer Betätigung zum selbständigen Tatbestand erhoben.

§ 3 Normzweck des § 74 II 3 BetrVG

Bereits seit der Normierung in § 51 Satz 2 BetrVG 1952 werden in Rechtsprechung und Schrifttum mehrere, in ihren Ausgangspunkten durchaus unterschiedliche Erklärungen dafür gegeben, worin eigentlich die ratio legis des Verbots parteipolitischer Betätigung im Betrieb besteht. Häufig[1] werden auch die einzelnen Kriterien unterschiedlich zueinander gewichtet und so einmal dieser, einmal jener Topos in den Vordergrund gestellt. Mittlerweile liegen fünf Deutungsversuche vor. Diese sollen im folgenden vorgestellt werden, wobei zu prüfen sein wird, inwieweit sie als Erklärung des Verbots tauglich sind.

I. Konkretisierung der betriebsverfassungsrechtlichen Friedenspflicht

Fast durchweg an erster Stelle wird der Gesichtspunkt genannt, das in § 74 II 3 BetrVG enthaltene Verbot sei eine Ausprägung und Konkretisierung der allgemeineren Pflicht zur Wahrung des Betriebsfriedens (§ 74 II 2 BetrVG)[2], diene also dessen Erhaltung. Das Gesetz wolle den Betriebsfrieden in einem Punkte wahren, in welchem er besonders gefährdet sei. Eine Politisierung des Betriebes könne erfahrungsgemäß leicht zu Spaltungen und Gegensätzen innerhalb der Belegschaft führen mit der Folge, daß Arbeitsablauf und Betriebsklima darunter zu leiden hätten. Der Betrieb als Stätte der Produktion solle aus dem Meinungsstreit einzelner Gruppen herausgehalten werden, weil jede einseitige Stellungnahme der Betriebspartner von anderen Betriebsangehörigen als eine Herausforderung aufgefaßt werden könne, was der reibungslosen Zusammenarbeit abträglich sei[3]. Die Auffassung, das Verbot parteipolitischer Betätigung im Betrieb sei ein Ausfluß der allgemeinen betriebsverfassungsrechtlichen Friedenspflicht des § 74 II 2 BetrVG, ist zutreffend. Dies hat zum einen die geschichtliche Entstehung des Rechts-

---

[1] Vgl. *Blomeyer*, ZfA 1972, 85 (120); *Buchner*, ZfA 1982, 49 (61); *Dietz / Richardi*, § 74 Rn. 55; *Galperin / Löwisch*, § 74 Rn. 19.

[2] BVerfGE 42, 133 (140); BAG AP Nr. 1 zu § 42 BetrVG 1972; BAG AP Nr. 1 zu § 74 BetrVG 1972; *Brecht*, § 74 Rn. 8; *Dietz / Richardi*, § 74 Rn. 55; *GK-Thiele*, §74 Rn. 50; *Söllner*, § 21 I 2.

[3] *Galperin / Löwisch*, § 74 Rn. 19.

instituts des Verbots parteipolitischer Betätigung deutlich gezeigt[4]. Zu der bereits seit den Anfängen des Betriebsverfassungsrechts bestehenden Verpflichtung des Betriebsrats, den Frieden im Betrieb zu wahren, gehörte seit den Entscheidungen des RAG[5] auch, daß sich der Betriebsrat im Betrieb nicht politisch betätigen durfte. Bei einer systematischen Betrachtung fällt weiter die räumliche Nähe des Verbots in § 74 II 3 BetrVG im Anschluß an die die betriebsverfassungsrechtliche Friedenspflicht enthaltende Norm des § 74 II 2 BetrVG auf[6]. Man kann daher den Tatbestand des Verbots parteipolitischer Betätigung als konkret ausgestanzten Unterfall der betriebsverfassungsrechtlichen Friedenspflicht bezeichnen. Diese beinhaltet — neben dem ebenfalls in § 74 II 1 BetrVG ausdrücklich erwähnten Arbeitskampfverbot[7] — die Verpflichtung, Betätigungen zu unterlassen, durch die der Arbeitsablauf oder der Frieden des Betriebes beeinträchtigt werden. Unter Arbeitsablauf versteht das Gesetz die tatsächliche Durchführung der im Betrieb anfallenden Arbeiten[8]. Mit dem Tatbestandsmerkmal Frieden des Betriebes ist mehr die Atmosphäre friedlicher Zusammenarbeit, das Betriebsklima gemeint[9]. Seine formelle Seite verlangt, daß sich die Betriebspartner der gesetzlichen Formen bedienen, um einen Interessenkonflikt zu lösen. Eine Störung des Betriebsfriedens ist gegeben, wenn ein Konflikt nicht innerhalb dieses vom BetrVG zur Verfügung gestellten Systems ausgetragen werden kann oder ausgetragen wird, so daß also das System durchbrochen wird. Nach seiner materiellen Seite sollen Arbeitgeber und Betriebsrat keine Auseinandersetzungen wegen solcher Fragen führen, die nicht ihre Grundlage unmittelbar im Betriebsgeschehen haben[10].

II. Neutralitätsgedanke

Eine zweite Auffassung sieht das Verbot parteipolitischer Betätigung in enger Verbindung mit dem Gleichbehandlungsgebot für Arbeitgeber und Betriebsrat in § 75 I 1 BetrVG, das die Betriebspartner zu einer strengen Neutralität gegenüber allen Betriebsangehörigen verpflichte[11].

---

[4] Vgl. oben § 2 II, III.

[5] Vgl. oben § 2 II mit Fn. 40.

[6] *Kreutz*, BlStSozArbR 1972, 60 (65).

[7] *Dietz / Richardi*, § 74 Rn. 43.

[8] *Galperin / Löwisch*, § 74 Rn. 14.

[9] *Galperin / Löwisch*, § 74 Rn. 14; *GK-Thiele*, § 74 Rn. 48.

[10] So *Dietz / Richardi*, § 74 Rn. 46; *Germelmann*, S. 62, 94; vgl. weiter *W. Blomeyer*, ZfA 1972, 85 ff.

[11] *W. Blomeyer*, ZfA 1972, 120; *Buchner*, Die AG 1973, 21; grundlegend *Richardi*, NJW 1962, 1374; weiter *Dietz / Richardi*, § 74 Rn. 55 f.; *Gamillscheg*,

Dies bedeute im Rahmen von § 75 BetrVG positiv, darüber zu wachen, daß jede unterschiedliche Behandlung der Betriebsangehörigen wegen ihrer politischen Betätigung oder Einstellung unterbleibe sowie zur Sicherung dieses Gebots im Rahmen von § 74 II BetrVG negativ, daß sie jede parteipolitische Betätigung im Betrieb zu unterlassen haben. Diese systematische Verbindung sei für die Bedeutung und Auslegung von erheblichem Gewicht; denn wenn man das Verbot parteipolitischer Betätigung im Betrieb nicht allein aus der Sicherung der Friedenspflicht erklärt, sondern in enge Verbindung zum Neutralitätsgebot der Betriebspartner bringe, erhalte die Bestimmung einen eigenständigen betriebsverfassungsrechtlichen Charakter. Diese Auffassung läßt sich nur bei Kenntnis der Rechtslage unter dem BetrVG 1952 verstehen[12]. § 51 Satz 2 BetrVG 1952 untersagte Arbeitgebern und Betriebsräten die parteipolitische Betätigung. Nach § 51 Satz 1 BetrVG 1952, dem heute § 75 Satz 1 BetrVG entspricht, oblag es Arbeitgeber und Betriebsrat darüber hinaus, alle im Betrieb tätigen Personen nach den Grundsätzen von Recht und Billigkeit zu behandeln und dabei u. a. zu überwachen, daß eine unterschiedliche Behandlung von Personen wegen ihrer politischen Betätigung unterbleibt. Namentlich *Richardi*[13] hielt diese systematische Verbindung nicht für zufällig, sondern für wohlbegründet. Weiter wurde betont, notwendige äußere Voraussetzung[14] und institutionelle Bedingung[15] für die Wahrnehmung der Betriebsratsaufgaben sei die Neutralisierung des Amtes.

Nach dieser Ansicht sollte den speziellen Diskriminierungsverboten des § 51 Satz 1 BetrVG 1952 noch ein allgemeiner Neutralitätsgrundsatz vorgelagert sein. Er besagte, daß die Betriebspartner bereits im Vorfeld einer Maßnahme jeden Anschein von Parteilichkeit zu vermeiden trachten müssen, um unter Präventionsgesichtspunkten auch nur jede abstrakte Gefährdung des Vertrauens in die Neutralität und Objektivität der Amtsführung des Betriebsrats von vornherein zu verhindern[16]. Dieser allgemeine Neutralitätsgrundsatz würde demnach in § 51 Satz 2 BetrVG 1952 nur seine besondere Ausprägung gefunden haben. *Richardi*[17] begründet seine Auffassung heute damit, die jetzige Veranke-

---

Arbeitsrecht II, Nr. 438 a; *Hueck / Nipperdey*, Lehrbuch Bd. II/2, S. 1347 f.; *F. J. Meyer*, S. 121; *Neumann-Duesberg*, NJW 1964, 1700; *Oetker*, BlStSozArbR 1983, 321; *Säcker*, AuR 1965, 358; *Säcker*, DB 1967, 2075.

12 Vgl. schon oben § 2 V zur Gesetzesgeschichte.

13 In NJW 1962, 1374.

14 *Säcker*, AuR 1965, 359.

15 *Säcker*, DB 1967, 2075.

16 So *Säcker* in Anm. zu BVerfG AR-Blattei Vereinigungsfreiheit, Entsch. 6.

17 In *Dietz / Richardi*, § 75 Rn. 55; zustimmend *Oetker*, BlStSozArbR 1983, 321 (322).

rung des Verbots parteipolitischer Betätigung im Rahmen der Bestimmung über die betriebsverfassungsrechtliche Friedenspflicht bedeute keine Änderung der materiellen Rechtslage, sondern sei zufällig, bedingt durch den Stand der Gesetzgebungsarbeit, als es wieder in das Gesetz eingefügt wurde.

Diese Herleitung des Verbots parteipolitischer Betätigung aus einem — angeblichen[18] — Neutralitätsgrundsatz begegnet Bedenken. Zunächst entsprach es schon unter der Geltung des BetrVG 1952 der h. M., das Verbot parteipolitischer Betätigung als Ausprägung der in § 49 II 1 BetrVG 1952 aufgestellten betrieblichen Friedenspflicht anzusehen[19]. Unter systematischen Aspekten sah die h. M. gerade die räumliche Nähe zum Gleichbehandlungsgebot des § 51 Satz 1 BetrVG 1952 als verfehlt an[20]. Die historische Entstehung des Verbots parteipolitischer Betätigung aus dem Gedanken des Betriebsfriedens wurde bereits dargestellt[21]. Auf die Zufälligkeit des Standes der Gesetzgebung zu verweisen, ohne daß damit eine Änderung der materiellen Rechtslage verbunden sein soll, erscheint deswegen nicht richtig, weil der Schluß viel näher liegt, der Gesetzgeber habe der h. M. unter dem BetrVG 1952 Rechnung tragen wollen. Wie gezeigt, war das Verbot parteipolitischer Betätigung schon im Entwurf des Bundesrates[22] wieder enthalten und wurde bereits dort[23] neben die Pflicht zur Wahrung des Betriebsfriedens gestellt, also noch lange vor Abschluß des Gesetzgebungsverfahrens. Mag die Auffassung von *Richardi* unter der Geltung des BetrVG 1952 zugetroffen haben; in jedem Fall hat mit dem BetrVG 1972 insoweit eine Gewichtsverlagerung[24] stattgefunden, die in der räumlichen Nähe zwischen dem Betriebsfrieden und dem Verbot parteipolitischer Betätigung in § 74 II 2 und 3 BetrVG auch in der rechtlichen Systematik zum Ausdruck kommt.

Unabhängig von diesen historischen und systematischen Gesichtspunkten erscheint der Neutralitätsgedanke als solcher nicht tragfähig, das Verbot parteipolitischer Betätigung zu begründen. Daß die Betriebspartner die Arbeitnehmer nicht wegen deren politischen Betäti-

---

18 So *Nikisch* III, S. 239.

19 BAG 4. 5. 1955, AP Nr. 1 zu § 44 BetrVG; BAG 13. 1. 1956, AP Nr. 4 zu § 13 KSchG; *Dietz*, Anm. zu BAG AP Nr. 1 zu § 44 BetrVG; *Dietz*, 4. Aufl., § 51 Rn. 15; *Frey*, AuR 1961, 43 (48); *Galperin / Siebert*, § 51 Rn. 8.

20 *Behnes*, S. 12; *Frey*, AuR 1961, 43 (48) m. w. N. in Fn. 76; *Neumann-Duesberg*, S. 442.

21 Vgl. oben § 2.

22 Bundsrats-Drucks. 715/70, S. 15.

23 Vgl. § 74 II 2 des Entwurfs.

24 So *Kreutz*, BlStSozArbR 1972, 60 (65); dies räumt auch *W. Blomeyer*, ZfA 1972, 85 (120) ein.

gung und Einstellung diskriminieren dürfen, folgt unmittelbar aus § 75 I 1 BetrVG. Eine unabhängig von jeder konkreten Maßnahme bezüglich Einzelner, einer Gruppe oder aller Arbeitnehmer des Betriebs bestehende vorgelagerte Neutralitätspflicht, um bereits jeglichen Schein der Parteilichkeit zu vermeiden, besteht nicht[25]. Unterstützt ein Betriebspartner im betrieblichen Rahmen eine politische Partei, kann selbstverständlich der Eindruck entstehen, er begünstige Arbeitnehmer, die derselben Partei angehören. Aber dieser Eindruck kann bereits dann entstehen, wenn sich etwa die Parteimitgliedschaft des Arbeitgebers oder der Betriebsratsmitglieder herausstellt[26]. Der „böse Schein“[27] einer möglichen Ungleichbehandlung selbst bildet noch keinen Verstoß gegen die gesetzlichen Pflichten aus § 75 I 1 BetrVG. Die Arbeitnehmer sind deshalb darauf beschränkt, sich gegen konkrete Verstöße zu wenden und beim Verlust des Vertrauens in den Betriebsrat bei der nächsten Wahl anders zu votieren[28]. Hinzu kommt, daß eine parteipolitische Betätigung nicht zwingend eine Diskriminierung Andersdenkender zur Folge hat. „Partei ergreifen“ bedeutet noch nicht diskriminieren. Damit würde man unterstellen, daß jemand, der sich parteipolitisch betätigt, es nicht mehr vermag, seine Verpflichtungen aus § 75 BetrVG zu erfüllen. Darüber hinaus bleiben die bereichsspezifischen Ausnahmen der tarifpolitischen, sozialpolitischen und wirtschaftlichen Angelegenheiten des § 74 II 3, Hs. 2 BetrVG zu beachten. Soweit diese den Betrieb unmittelbar betreffen, dürfen die Betriebspartner hierzu Stellung nehmen. Eine pointierte Äußerung etwa eines Betriebsratsmitglieds würde aber stets eine Verletzung der Neutralitätsverpflichtung bedeuten, obwohl § 74 II 3 BetrVG sie nicht verbietet[29]. Die genannten bereichsspezifischen Ausnahmen in § 74 II 3, Hs. 2 BetrVG zeigen auch, daß das BetrVG den Betrieb nicht vollständig politisch neutralisieren will[30]. Unklar bleibt schließlich, wieso die verschärfte Neutralitätsverpflichtung im Vorfeld der im konkreten Einzelfall eingreifenden Verpflichtungen aus § 75 I 1 BetrVG gerade aus dem Verbot parteipolitischer Betätigung des § 74 II 3 BetrVG gefolgert werden können soll. Dazu bietet jedenfalls die Anzahl der bisher ergangenen Judikate zu diesem Bereich keinen Anlaß[31].

---

[25] Wie hier *Nikisch* III, S. 239; *Rüttgers*, S. 19 ff.; *Vollmer*, S. 43.

[26] So ist in Betrieben ab 500 Arbeitnehmern jeder dritte, ab 2000 Arbeitnehmern jeder zweite Betriebsratsvorsitzende Mitglied einer politischen Partei, vgl. die Statistik bei *Niedenhoff*, Betriebsräte, S. 60 f.

[27] *Söllner*, AcP 161, 408 (423).

[28] *Söllner*, AcP 161, 408 (423); *Vollmer*, S. 43.

[29] So *Rüttgers*, S. 22.

[30] So *Kreutz*, BlStSozArbR 1972, 60 (65).

[31] Bezeichnenderweise steht der Terminus der Neutralitätspflicht in der Kommentierung von § 75 BetrVG bei *Dietz / Richardi* an keiner Stelle, sondern nur bei § 74 Rn. 56.

Im Ergebnis ist daher die Auffassung, die das Verbot parteipolitischer Betätigung aus einem vermeintlichen Neutralitätsgrundsatz herleitet, abzulehnen.

III. Schutz der Meinungs- und Wahlfreiheit

In zwei Entscheidungen[32] hat nunmehr auch das BAG neben der Wahrung des Betriebsfriedens ein weiteres Rechtsgut[33] angenommen, dem das Verbot parteipolitischer Betätigung dienen soll. Das BVerfG[34] hat durch seine Formulierung, das Verbot diene „vornehmlich" der Gewährleistung des Betriebsfriedens, die Möglichkeit offengelassen, § 74 II 3 BetrVG i. S. einer solchen zusätzlichen Zweckbestimmung zu deuten[35]. Inhaltlich besagt der Schutz der Meinungs- und Wahlfreiheit der Arbeitnehmer — von einigen Autoren auch negative Meinungsfreiheit genannt[36] — die Betriebspartner haben sich auch deshalb einer parteipolitischen Betätigung zu enthalten, weil die Arbeitnehmer des Betriebs im Kollektiv der Arbeitnehmerschaft, dem sie sich nicht entziehen können, in ihrer Meinungs- und Wahlfreiheit als Staatsbürger nicht beeinflußt werden sollen. Eine parteipolitische Betätigung könne leicht zu einem starken und ständig gegenwärtigen Meinungsdruck für die Arbeitnehmer werden und damit zu einer psychologischen Zwangssituation[37].

Dieser Gesichtspunkt soll zur Verdeutlichung zunächst in den grundrechtsdogmatischen Zusammenhang eingeordnet werden. Dabei kann es hier dahinstehen, ob der Meinungsfreiheit aus Art. 5 I GG unmittelbare Drittwirkung zukommt[38] oder ob man in diesem Grundrecht eine allgemeine Wertentscheidung sehen will, die die Auslegung und Anwendung zivilrechtlicher Normen — wie hier § 74 II 3 BetrVG — beeinflußt[39], da man nach beiden Auffassungen im wesentlichen zu gleichen Ergebnissen kommt[40]. Ausgangspunkt muß dabei jedoch sein, daß das

---

32 BAG AP Nr. 1 zu § 42 BetrVG 1972; BAG AP Nr. 1 zu § 74 BetrVG 1972.

33 Grundlegend *Hohn*, BB 1975, 376; *Löwisch*, BB 1976, 676; vgl. weiter *ders.*, Anm. zu BAG AP Nr. 1 zu § 74 BetrVG 1972; *ders.*, Anm. zu BAG EzA § 74 BetrVG 1972 Nr. 3; *Galperin / Löwisch*, § 74 Rn. 19; zust. *Dietz / Richardi*, § 74 Rn. 56; *Hanau*, Anm. zu BAG EzA § 45 BetrVG 1972 Nr. 1; *Oetker*, BlStSozArbR 1983, 321 (322).

34 BVerfGE 42, 133 (140).

35 *Hanau*, Anm. zu BAG EzA § 45 BetrVG 1972 Nr. 1, S. 20.

36 *Hanau*, Anm. zu BAG EzA § 45 BetrVG 1972 Nr. 1, S. 20; *Hohn*, DB 1975, 376.

37 *Löwisch*, Anm. zu BAG EzA § 74 BetrVG 1972 Nr. 3, S. 4.

38 So BAG AP Nr. 2 zu § 13 KSchG; offengelassen in BAG AP Nr. 2 zu § 134 BGB.

39 So die Lehre *Dürigs*, in: Festschrift für Nawiasky, 1956, S. 157 ff.

40 *Schaub*, RdA 1979, 137 (138).

Verbot parteipolitischer Betätigung zunächst eine Beschränkung der Meinungsfreiheit derjenigen darstellt, denen das Verbot auferlegt ist: Arbeitgeber, Betriebsrat[41] und Betriebsratsmitglieder. § 74 II 3 BetrVG stellt insoweit ein allgemeines Gesetz i. S. des Art. 5 II GG dar, welches der Freiheit der Meinungsäußerung zulässigerweise Schranken setzen kann, da die Vorschrift die parteipolitische Betätigung nicht wegen ihrer geistigen Zielsetzung, sondern zur Erhaltung des Betriebsfriedens untersagt[42]. Sieht man § 74 II 3 BetrVG damit zuallererst als Beschränkung der positiven Meinungsfreiheit des genannten Adressatenkreises, der aufgrund der Norm eine bestimmte Meinung nicht äußern darf, kann der Schutz der negativen Freiheit derjenigen, denen diese Meinung „präsentiert" wird, von vornherein nur eine untergeordnete Rolle spielen; denn ausdrücklich geschützt ist nach Art. 5 I 1 GG das Recht, seine Meinung frei zu äußern und zu verbreiten, während die hier zu erörternde negative Komponente dieses Grundrechts, nämlich keine Meinung zu äußern, sich nicht informieren zu müssen, nicht Meinungsäußerungen Anderer ausgesetzt zu sein, demgegenüber nur von untergeordneter Bedeutung ist[43].

Doch es sprechen auch mehrere Gründe dagegen, daß diese negative Meinungsfreiheit der Arbeitnehmer überhaupt als ratio legis dem Verbot parteipolitischer Betätigung zugrunde liegt. Häufig werden die Arbeitnehmer mit einer parteipolitischen Betätigung der Betriebspartner gar nicht in Berührung kommen, etwa dann, wenn sich ein Betriebspartner bei der monatlichen Besprechung (vgl. § 74 I 1 BetrVG) parteipolitisch betätigt oder ein Betriebsratsmitglied auf der Betriebsratssitzung parteipolitisch agitiert, was ebenfalls gem. § 74 II 3 BetrVG unzulässig ist[44]. Weiter kann man von einer Beeinflussung der Meinungs- und Wahlfreiheit der Arbeitnehmer kaum noch sprechen, wenn diese ohnehin bereits der Meinung sind, die mit der parteipolitischen Betätigung zum Ausdruck gebracht wird. Speziell für die nach § 45 Satz 1 i. V. m. § 74 II 3 BetrVG untersagte parteipolitische Betätigung auf der Betriebsversammlung wird die negative Meinungsfreiheit dadurch gewahrt, daß für die Arbeitnehmer keine Teilnahmeverpflichtung besteht[45] und sie die Betriebsversammlung auch jederzeit verlassen kön-

---

41 Der Betriebsrat als Organ ist zwar kein Grundrechtssubjekt im umfassenden Sinn, doch kommt ihm wegen Art. 19 III GG eine begrenzte Grundrechtsfähigkeit zu, vgl. *Dietz / Richardi*, § 1 Rn. 21.

42 Vgl. zur Verfassungsmäßigkeit des § 74 II 3 BetrVG BVerfGE 42, 133 (140).

43 Diese negative Meinungsfreiheit führt denn auch im Schrifttum ein Schattendasein; vgl. *Herzog*, in: Maunz / Dürig, Art. 5 Rn. 40; *v. Münch*, in: ders., GG-Kommentar Art. 5 Rn. 12 sowie *Götzfried*, NJW 1963, 1961.

44 Zum letzteren vgl. *Buchner*, in: Festschrift für Gerhard Müller, S. 93 (98).

45 Nach *v. Hoyningen-Huene*, § 6 V 3 und *Niedenhoff*, Mitbestimmung, S. 116 nehmen ohnehin nur 75 % der Belegschaft an den Betriebsversammlungen teil.

nen[46]. Weiter besteht für die Teilnehmer der Betriebsversammlung die Möglichkeit, sich gegen die parteipolitische Betätigung vermittels der Geschäftsordnung zu wehren[47]. Eine Beeinträchtigung der negativen Meinungsfreiheit wird man erst dann annehmen können, wenn dieser Zwang ein gewisses Ausmaß erreicht. Nicht bei jeder noch so geringfügigen parteipolitischen Stellungnahme wird man ohne Not dieses Maß an unzulässigem Druck und Zwang als gegeben annehmen können. Dies soll anhand der vom BAG entschiedenen Fälle zur parteipolitischen Betätigung unter Gegenüberstellung der zur parallelen Erscheinung der negativen Koalitionsfreiheit des Art. 9 III GG verdeutlicht werden. Darunter versteht man das Recht des einzelnen, einer Koalition fernzubleiben oder aus ihr auszutreten[48]. Wegen unzulässiger Druckausübung auf die Entschließungsfreiheit des einzelnen Arbeitnehmers und des damit verbundenen Verstoßes gegen die negative Koalitionsfreiheit hält die h. M.[49] sog. Differenzierungsklauseln, durch die verhindert werden soll, daß Außenseiter dieselben Rechte erhalten wie Verbandsmitglieder, für unwirksam. Unbeschadet der Richtigkeit dieser Rechtsprechung[50] kann hier von einem erheblichen Druck zum Gewerkschaftsbeitritt gesprochen werden, weil die in den Differenzierungsklauseln vorgesehenen finanziellen Vorteile für die gewerkschaftsangehörigen Arbeitnehmer einen ganz massiven Anreiz für die Außenseiter zum Gewerkschaftsbeitritt darstellen.

Demgegenüber erscheinen die Sachverhalte, die das BAG veranlaßten, die Meinungs- und Wahlfreiheit der Arbeitnehmer als ratio legis des Verbots parteipolitischer Betätigung zu postulieren, unter dem Gesichtspunkt der Druckausübung geradezu harmlos. Im ersten Fall[51] hielt ein Parteipolitiker auf einer Betriebsversammlung zu einem nach § 45 Satz 1 BetrVG zulässigen[52] sozialpolitischen Thema ein Kurzreferat. Im zweiten Fall[53] geschah nichts weiter, als daß Betriebsratsmitglieder Flugblätter parteipolitischen Inhalts vor dem Betrieb verteilt hatten. Irgendein Zwang, die Flugblätter anzunehmen oder zu lesen, wurde nicht angewandt. Ohne Ausübung eines gewissen Drucks wird man jedoch den Schutzbereich der negativen Meinungs- und Informationsfreiheit des Art. 5 I GG nicht als betroffen ansehen können. Die hierfür genannten Beispiele[54] liegen jedenfalls auf einer recht massiven Ebene

---

46 *Hohn*, BB 1975, 376.
47 *Vollmer*, S. 161.
48 Vgl. nur *Brox*, Rn. 242; *Zöllner*, § 8 IV 5.
49 BAG AP Nr. 13 zu Art. 9 GG; weitere Nachweise bei *Zöllner*, § 38 II 2.
50 Dagegen etwa *Söllner*, § 9 V 3 b.
51 BAG AP Nr. 1 zu § 42 BetrVG 1972.
52 So das BAG (oben Fn. 51) selbst unter B I d der Gründe.
53 BAG AP Nr. 1 zu § 74 BetrVG 1972.

der Zwangsausübung. Das einfache Vermitteln und Darstellen einer Meinung kann hierfür keinesfalls genügen. Ohnehin ist bei jeder unzulässigen parteipolitischen Betätigung von auch nur einigem Gewicht das Rechtsgut der Wahrung des Betriebsfriedens tangiert. Mit dem Verbot parteipolitischer Betätigung den Zweck der Sicherung der Meinungs- und Wahlfreiheit der Arbeitnehmer zu verbinden, erscheint daher im Ergebnis sowohl überflüssig als auch unrichtig. Dieser Gesichtspunkt kann das Verbot parteipolitischer Betätigung somit ebenfalls nicht erklären.

IV. Fehlende Zuständigkeit

Eine weitere Meinung[55] sieht den Grund für das Verbot parteipolitischer Betätigung darin, daß sich die betriebsverfassungsrechtlichen Organe mit einer solchen Betätigung außerhalb ihrer Amtsaufgabe bewegen würden. Die Aufgabe des Betriebsrats werde im Betriebsverfassungsgesetz klar umrissen. Es sei anerkannt, daß seine funktionelle Zuständigkeit auf die sachlichen Bereiche der ihm zuerkannten Mitwirkungsrechte begrenzt sei. Zu ihnen zähle nicht das Handeln für die Belegschaft im parteipolitischen Raum. Die Belegschaft sei durch das Betriebsverfassungsgesetz zwangsverfaßt. Die in der Zwangsverfassung vorgesehenen Organe seien an die ihnen durch die Zwangsverfassung zugewiesenen Kompetenzen gebunden.

Betrachtet man diese sich auf die mangelnde Zuständigkeit stützende Auffassung näher, fällt auf, daß in wenigen Sätzen mehrere Begriffe des Organisationsrechts[56] in unreflektierter Weise verwendet werden: „Aufgabe — funktionelle Zuständigkeit — Kompetenz".

Hier muß zunächst Klarheit in der Terminologie geschaffen werden, um die Tragfähigkeit dieser Begründung in der Sache beurteilen zu können. Den Ausgangspunkt bildet der Begriff Zuständigkeit. Hierunter versteht man in der Regel die ausschließliche Bezogenheit eines Gegenstandes auf ein Subjekt[57], z. B. der Gegenstand „soziale Angelegenheiten" wird auf das Subjekt Betriebsrat bezogen. Weiter wird unter-

[54] In dem von *Götzfried*, NJW 1963, 1961 genannten Fall mußte ein Häftling in einer Gemeinschaftszelle schlafen, in die jeden Abend einige Stunden lang durch einen Lautsprecher Musik übertragen wurde. Er hatte nun — um die Formulierung des BAG AP Nr. 1 zu § 74 BetrVG 1972 aufzugreifen — wirklich keine reale und legale Möglichkeit, sich dem „Kollektiv der Häftlinge" zu entziehen.

[55] Grundlegend *Buchner*, ZfA 1982, 61; zustimmend *Oetker*, BlStSozArbR 1983, 321 (322).

[56] Vgl. *H. J. Wolff / Bachof*, II §§ 71—78, insbes. § 72.

[57] *H. J. Wolff / Bachof*, II, § 72 I b.

schieden zwischen einer Zuständigkeit im materiellen Sinne[58] und im hier interessierenden organisationsrechtlichen Sinne[59]. Organisationsrechtlich bedeutet Zuständigkeit die Zuordnung der einer Organisation eigenzuständigen, hier durch Gesetz auferlegten Aufgaben auf innerorganisatorische Wahrnehmungssubjekte (Aufgabenzuständigkeit als Wahrnehmungszuständigkeit)[60] — hier also den Betriebsrat. Organisationsrechtliche Wahrnehmungszuständigkeit meint also die durch organisatorische Rechtssätze und sie ergänzende Rechtsakte begründete Verpflichtung und Berechtigung, bestimmte Angelegenheiten einer organisatorischen Einheit in regelmäßig bestimmten Arten, Weisen und Formen wahrzunehmen[61]. Um ein Beispiel zu geben: Der Rechtssatz § 87 I Nr. 9 BetrVG begründet die Berechtigung für den Betriebsrat, die Angelegenheit der Zuweisung von Werkswohnungen, die bei der organisatorischen Einheit Betrieb anliegt, unter Beachtung der Arten, Weisen und Formen der §§ 74—77 BetrVG wahrzunehmen, d. h. dabei mitzubestimmen. Dasjenige *was* danach zusteht, der Gegenstand der Wahrnehmungsverpflichtung, also die wahrzunehmende Aufgabe, nennt man Kompetenz[62]. Aus der Zuständigkeit zur Erledigung einer Aufgabe, also der Kompetenz, darf jedoch nicht auf die Zulässigkeit aller Mittel (Maßnahmen) geschlossen werden, die zu ihrer Erfüllung getroffen werden oder erforderlich sind[63].

Danach wird klarer, was die hier untersuchte Rechtsauffassung[64] meint: Da dem Betriebsrat im BetrVG nicht die Kompetenz zur parteipolitischen Betätigung eingeräumt wurde, darf er sich nicht parteipolitisch betätigen. Nur: Mit dieser Rechtsmeinung läßt sich das in § 74 II 3 BetrVG positivrechtlich angeordnete Verbot der parteipolitischen Betätigung gerade nicht erklären. Der logische Bruch dieser Auffassung liegt darin, daß — unterstellt man einmal ihre Richtigkeit — § 74 II 3 BetrVG von vornherein überflüssig wäre; denn dann würde es genügen, aus der fehlenden positiven Anordnung der Möglichkeit zur parteipolitischen Betätigung auf deren Unzulässigkeit zu schließen. Einer ausdrücklichen Regelung, wie sie § 74 II 3 BetrVG enthält, hätte es überhaupt nicht bedurft. Diese Auffassung übersieht weiter die dem BetrVG durchaus zugrundeliegende organisationsrechtliche Unterscheidung zwischen Kompetenzzuweisungen (allgemeine Aufgaben, § 80 BetrVG und die Mitwir-

---

58 Dazu *H. J. Wolff / Bachof*, II, § 72 I b 1.

59 *H. J. Wolff / Bachof*, II, § 72 I b.

60 *H. J. Wolff / Bachof*, II, § 72 I b 2.

61 *H. J. Wolff / Bachof*, II, § 72 I c.

62 *H. J. Wolff / Bachof*, II, § 72 I c 1.

63 *H. J. Wolff / Bachof*, II, § 72 I c 2.

64 *Buchner*, ZfA 1982, 61; *Oetker*, BlStSozArbR 1983, 321 (322).

kungsrechte nach §§ 87—113 BetrVG) einerseits und der Frage, mit welchen Mitteln diese Kompetenzen durchgesetzt werden dürfen bzw. nicht dürfen (vgl. §§ 74—77 BetrVG) andererseits[65]. § 74 BetrVG enthält nach seiner amtlichen Überschrift Grundsätze für die Zusammenarbeit der Betriebspartner, die für alle dem Betriebsrat zugewiesenen Mitwirkungsrechte Geltung beanspruchen. So dürfen die Betriebspartner bei der Durchsetzung und Regelung sämtlicher Mitwirkungsrechte — negativ — keine Arbeitskämpfe führen (§ 74 I, II 1 BetrVG), den Betriebsfrieden und den Arbeitsablauf nicht beeinträchtigen (§ 74 II 2 BetrVG) und sich eben nicht parteipolitisch betätigen (§ 74 II 3 BetrVG). Umgekehrt sollen sie sich einmal monatlich besprechen (§ 74 I 1 BetrVG), ernsthaft verhandeln (§ 74 I 2 BetrVG) und können Betriebsvereinbarungen abschließen (§ 77 BetrVG) sowie notfalls die Einigungsstelle (§ 76 I—VI BetrVG) oder das Arbeitsgericht (§ 76 VII BetrVG, § 2 a I Nr. 1 ArbGG) anrufen. § 74 beschreibt eben nicht, *welche* Kompetenzen der Betriebsrat hat[66], sondern *wie* er die ihm zugewiesenen Kompetenzen zu erfüllen hat. Es ist daher verfehlt, von der fehlenden Kompetenzzuweisung auf die ratio legis des Verbots parteipolitischer Betätigung zu schließen. Denn natürlich kann eine gegen § 74 II 2 BetrVG verstoßende parteipolitische Betätigung auch bei der Wahrnehmung der dem Betriebsrat zugewiesenen Mitwirkungsrechte — sozusagen „bei Gelegenheit“ dieser Aufgabenwahrnehmung — vorkommen, so etwa, wenn ein Betriebsratsmitglied bei der monatlichen Besprechung mit dem Arbeitgeber (§ 74 I 1 BetrVG) oder auf der Betriebsratssitzung parteipolitisch agitiert. Dann aber entfallen sicherlich nicht die Mitwirkungsrechte hinsichtlich der Angelegenheiten, die die Betriebspartner bei der monatlichen Besprechung oder auf der Betriebsratssitzung diskutieren, sondern diese Mitwirkungsrechte werden verfahrensmäßig fehlerhaft verfolgt, weil ein in § 74 BetrVG enthaltener Grundsatz der Zusammenarbeit nicht beachtet wird. Ohnehin kann die hier abgelehnte Rechtsauffassung von *Buchner* nicht das Verbot parteipolitischer Betätigung für den Arbeitgeber erklären, da es für ihn keine Aufgabenzuweisung gibt. Vielmehr beschränkt das BetrVG gerade Betätigungsmöglichkeiten, die dem Arbeitgeber an und für sich zustehen, wenn es etwa durch das in § 2 II BetrVG enthaltene gewerkschaftliche Zugangsrecht das Hausrecht des Arbeitgebers aus Art. 13 I GG und durch das Verbot parteipolitischer Betätigung in § 74 II 3 BetrVG die Meinungsfreiheit des Arbeitgebers aus Art. 5 GG zulässigerweise[67] einschränkt. Auch für

---

[65] Für die Beachtung solcher öffentlich-rechtlicher Strukturprinzipien bei der Auslegung des BetrVG auch *Dietz / Richardi*, § 1 Rn. 40; *Oetker*, BlStSozArbR 1983, 321 (322).

[66] So auch *Hanau*, BB 1971, 485 (488).

[67] BVerfGE 42, 133 ff.

den Arbeitgeber ist das Verbot parteipolitischer Betätigung also eine Verfahrensfrage, eine Verhaltenspflicht[68]. Nach allem erscheint die Auffassung *Buchners* kaum haltbar[69].

V. Machtmißbrauchsgedanke

Ein weiterer Gesichtspunkt, der die ratio legis des Verbots parteipolitischer Betätigung ausmachen soll, ist der Gedanke des Machtmißbrauchs. Arbeitgeber und Betriebsrat komme im Betrieb eine exponierte Stellung zu. Dies könne die Betriebspartner dazu verleiten, ihre besonderen Möglichkeiten und Machtstellung im Betrieb zur Propagierung parteipolitischer Stellungnahme auszunutzen[70]. Dem wolle § 74 II 3 BetrVG einen Riegel vorschieben[71]. Das leuchtet auf den ersten Blick für den Betriebsrat ohne weiteres ein. Angesichts der umfangreichen Mitwirkungsrechte, die dem Betriebsrat zustehen, hat das BetrVG mehrere Sperren vorgesehen, die den Handlungsspielraum des Betriebsrats hinsichtlich der Wahrnehmung dieser Mitwirkungsrechte einschränken. Die Sperren werden dort angeordnet, wo die Gefahr besonders groß erscheint, daß der Betriebsrat den vorgegebennen Handlungsrahmen überschreitet und damit seine Macht „mißbrauchen" könnte: Betriebsverfassungsrechtliches Arbeitskampfverbot (§ 74 II 1 BetrVG) und Friedenspflicht (§ 74 II 2 BetrVG), das Verbot des Eingriffs in die Betriebsleitung (§ 77 I 2 BetrVG) sowie eben auch das Verbot parteipolitischer Betätigung in § 74 II 3 BetrVG.

Auf der anderen Seite gilt für den Arbeitgeber neben den genannten, in § 74 II BetrVG enthaltenen Verhaltensanordnungen noch das Verbot der Störung und Behinderung der Betriebsratstätigkeit gem. § 78 Satz 1 BetrVG. Dabei liegt es auf der Hand, daß beim Betriebsrat als demjenigen, dem im Rahmen der Betriebsverfassung jedenfalls aus der

---

68 So *Buchner* selbst in: Festschrift für G. Müller, S. 93 (98).

69 Anzumerken bleibt nur noch, daß das BRG 1920 in § 1 und § 66 Nr. 3 und 6 gerade bei der Aufgabenzuweisung an die Betriebsräte die politische Betätigung ausgenommen hat, wie dies *Buchner* für das BetrVG 1972 vertritt. Durch die Formulierung in § 1 „zur Wahrnehmung der gemeinsamen wirtschaftlichen Interessen der Arbeitnehmer dem Arbeitgeber gegenüber" sollten gerade politische Interessen jeder Art vom Betriebsrat nicht verfolgt werden dürfen (vgl. *Mansfeld*, BRG, § 1 Anm. 2 a). Daran zeigt sich auch, daß Aufgabennormen und Befugnisnormen im jeweiligen Normkontext bestimmt werden müssen und nicht logisch vorgegeben sind, vgl. dazu *Schlink*, S. 85 ff., insbesondere S. 90.

70 *Behnes*, S. 10; *Hanau*, Anm. zu BAG EzA § 45 BetrVG 1972 Nr. 1, S. 20; *Molitor*, BB 1955, 167.

71 Diesen Gesichtspunkt nennt bereits der Abgeordnete *Richter* in der Bundestagsdebatte zum BetrVG 1952, vgl. oben § 2 Rn. 86.

Sicht des Arbeitgebers eine „Aggressivfunktion" zukommt[72], schon allein aufgrund dieses Umstandes die Gefahr größer ist, daß er die Regeln über die Wahrnehmung der Mitwirkungsrechte nicht beachtet. Die Frage ist nun, ob diesem Gedanken des Machtmißbrauchs neben dem Gesichtspunkt der Wahrung des Betriebsfriedens als ratio legis des Verbots parteipolitischer Betätigung eigenständige Bedeutung zukommt. Oben[73] wurde der Begriff des Betriebsfriedens in seine formelle und materielle Komponente im Anschluß an die h. M.[74] erläutert und zerlegt. Während nun der Gegenstand der parteipolitischen Betätigung — etwa die gezielte Werbung für eine bestimmte Partei und die dabei eingebrachte „Autorität" im Betrieb — als Machtfaktor des Betriebsrats oder Arbeitgebers eher dem materiellen Begriff des Betriebsfriedens zuzuordnen ist, weil ein Konfliktpotential in den Betrieb hineingetragen würde, welches dort kaum je seinen Ursprung haben wird, betrifft der Gedanke des Machtmißbrauches demgegenüber mehr den formellen Teil des Betriebsfriedensbegriffes. Insoweit mißbraucht der jeweilige Betriebspartner den vorgegebenen betriebsverfassungsrechtlichen Handlungsrahmen, in dem parteipolitische Betätigung keinen Platz hat. Damit soll deutlich gemacht werden: Der Gesichtspunkt des Machtmißbrauchs wird von den beiden Komponenten des Betriebsfriedensbegriffs abgedeckt und ist diesem sozusagen vorgelagert. Dies gilt sowohl für den Fall, daß Arbeitgeber oder Betriebsrat die Bedeutung der parteipolitischen Stellungnahme unterstreichen wollen, indem sie ihre herausgehobene Position im Betrieb mit in die Waagschale werfen, als auch dann, wenn man den Machtmißbrauch darin sieht, daß ein Betriebspartner den ihm eingeräumten Handlungsspielraum nicht einhält. Im Ergebnis hat daher der Gedanke des Machtmißbrauchs neben dem Gesichtspunkt der Wahrung des Betriebsfriedens keine eigenständige Bedeutung für die Auslegung sowie für den Sinn und Zweck des Verbots parteipolitischer Betätigung. Vielmehr berücksichtigt bereits die den Betriebspartnern auferlegte betriebsverfassungsrechtliche Friedenspflicht den Gedanken des Machtmißbrauchs hinreichend.

VI. Ergebnis

Die ratio legis des Verbots parteipolitischer Betätigung besteht darin, den Betriebsfrieden und den ungestörten Arbeitsablauf in einem Punkt zu schützen, wo er nach Auffassung des Gesetzgebers besonders gefähr-

[72] Vgl. *v. Hoyningen-Huene*, Betriebverfassungsrecht, § 11 IV 1 c; *ders.*, Manager-Magazin, Heft 5/1983, 158.

[73] Vgl. § 3 I.

[74] Vgl. *Dietz / Richardi*, § 74 Rn. 46; *Germelmann*, S. 62 f., 94 f.

det ist. Deswegen unterliegen parteipolitische Betätigungen einem absoluten Verbot, also unabhängig davon, ob der Betriebsfrieden und der Arbeitsablauf konkret gestört werden. § 74 II 3 BetrVG bildet also einen speziell hervorgehobenen Unterfall des § 74 II 2 BetrVG. Weitere von Rechtsprechung und Schrifttum zur Bestimmung von Sinn und Zweck des § 74 II 3 BetrVG genannte Rechtsgüter wie der Neutralitätsgedanke, der Schutz der Meinungs- und Wahlfreiheit der Arbeitnehmer sowie die fehlende Kompetenz des Betriebsrats zur parteipolitischen Betätigung scheiden jedoch als Normzweck nach hier vertretener Auffassung aus. Der Gesichtspunkt des Machtmißbrauchs liegt schon der Regelung des Schutzes von Betriebsfrieden und Arbeitsablauf in § 74 II 2 BetrVG zugrunde und ist dem Verbot parteipolitischer Betätigung daher lediglich mittelbar vorgelagert.

Zweites Kapitel

Tatbestand und Rechtsfolgen des § 74 II 3 BetrVG

§ 4 Sachliche Reichweite des Verbots

I. Der Begriff „parteipolitisch"

Eine der wichtigsten und entsprechend häufig diskutierten Fragen zu § 74 II 3 BetrVG geht dahin, was unter „parteipolitisch" im Sinne dieser Norm verstanden werden soll. Je weiter man dieses Tatbestandsmerkmal begrifflich faßt, um so mehr politisch gefärbte Handlungen unterfallen dem Verbot. Demgemäß stellt sich die Interessenlage so dar, daß diejenigen, die die Politik weitestgehend aus dem Betrieb heraushalten wollen, zu einer extensiven Auslegung neigen, während umgekehrt diejenigen, welche einen gewissen Spielraum für politische Handlungsmöglichkeiten auch im Arbeitsleben ermöglichen wollen, eher eine restriktive Interpretation befürworten.

1. Extensive Auslegung

Das BAG[1] sowie dei herrschende Auffassung im Schrifttum[2] vertreten den Standpunkt, der Begriff der Parteipolitik sei weit auszulegen. Hierunter sei zunächst alles zu verstehen, was die Arbeitnehmer zu einer Stellungnahme in parteipolitischen Fragen veranlassen soll; dies gelte aber auch für Maßnahmen, die ohne Nennung einer Partei offenbar deren Interessen dienen soll. Auch müsse die politische Richtung nicht namentlich genannt werden, vielmehr reiche es aus, wenn werbend, un-

---

[1] BAG AP Nr. 1 zu § 44 BetrVG; BAG AP Nr. 1 zu § 74 BetrVG 1972.

[2] *Brecht,* § 74 Rn. 8; *Dietz / Richardi,* § 74 Rn. 58 f.; *Galperin / Löwisch,* § 74 Rn. 20 f.; *Gamillscheg,* Arbeitsrecht II, Nr. 438 a; *Glaubitz,* BB 1972, 1277; *Hacker,* DB 1963, 962 (963); *Hohn,* BB 1975, 376; *Kammann / Hess / Schlochauer,* § 74 Rn. 33; *Meisel,* RdA 1976, 38 (39); *Molitor,* BB 1955, 167; *Neumann-Duesberg,* ArbRdGgw Bd. 3 (1965), S. 101 (109); *Oetker,* BlStSozArbR 1983, 321 (325); *Pauly,* JuS 1978, 163 (166); *Richardi,* NJW 1962, 1374 (1375); *Rothe,* BlStSozArbR 1959, 189; *Sahmer,* § 74 Anm. 4; *Stege / Weinspach,* § 74 Rn. 12.

terstützend oder auch nur befürwortend Auffassungen und Parolen oder Programme einer politischen Gruppierung im Betrieb verbreitet werden. Daher unterstehe auch die Agitation und der Eintritt für eine „politische Richtung" dem Verbot. Die herrschende Meinung setzt also die parteipolitische Betätigung mit der allgemeinen Politik gleich[3] und erachtet sonach grundsätzlich jede politische Betätigung für verboten[4].

Begründet wird diese Auffassung zunächst damit, alle politischen Fragen, mögen sie sich auf die Außenpolitik, die äußere oder innere Sicherheit, die Kultur, die Arbeit und die Freizeit beziehen, würden in den Bereich parteipolitischer Stellungnahmen fallen, da entsprechend der soziologischen Struktur unserer politischen Parteien als Weltanschauungsparteien[5] diese alle jene Fragen bei ihrer Arbeit berücksichtigen und bei ihrer Programmatik dazu Stellung nehmen würden[6]. Eine Grenzziehung zwischen Parteipolitik und allgemeiner Politik sei also nicht möglich, da die Parteien alle politischen Felder mit Meinungen besetzen. Reduziere man das Verbot auf den Fall, daß die Betätigung unter Bezugnahme auf eine Partei erfolgt, nehme man der Vorschrift des § 74 II 3 BetrVG jede Bedeutung[7], die gesetzliche Bestimmung drohe dann leerzulaufen[8]. Weiter habe der Gesetzgeber mit der Hervorhebung der parteipolitischen Betätigung nur den typischen Fall politischer Betätigung hervorgehoben, ohne damit eine abschließende Regelung treffen zu wollen[9]. Es werde auch bei dieser weiten Auslegung dem besonderen Wertgehalt des Grundrechts auf freie Meinungsäußerung aus Art. 5 I GG noch Rechnung getragen, weil das Gesetz selbst schon in einer durch eine angemessene, verfassungsrechtlich gebotene graduelle Abstufung in § 74 II 2 BetrVG einerseits, § 74 II 3 BetrVG andererseits zwischen allgemeinen Meinungsäußerungen, die den Betriebsfrieden konkret beeinträchtigen müßten, und parteipolitischen Betätigungen, die schon bei abstrakter Gefährdung untersagt seien, differenziere[10]. Die extensive Auffassung weist weiter darauf hin, der Gesetzgeber habe diese Auslegung dadurch in seinen Willen aufgenommen, daß er trotz Kenntnis dieser Streitfrage, die auch schon unter dem BetrVG 1952 sehr kontrovers diskutiert wurde[11], am Wortlaut „parteipolitisch" festgehalten

---

[3] *Oehmann / Bürger / Matthes,* HwB AR Betriebsversammlung, Anm. 5; *Galperin / Löwisch,* § 74 Rn. 21; *Meisel,* RdA 1976, 38 (39); *Molitor,* BB 1955, 167.

[4] *Dietz / Richardi,* § 74 Rn. 59.

[5] *Hacker,* DB 1963, 963.

[6] *Dietz / Richardi,* § 74 Rn. 59.

[7] *Richardi,* NJW 1962, 1374 (1375).

[8] BAG AP Nr. 1 zu § 74 BetrVG 1972.

[9] *Richardi,* NJW 1962, 1374 (1375).

[10] *Pauly,* JuS 1978, 163 (166).

habe[12]. Darüber hinaus zeige der Vergleich mit § 74 II 3, Hs. 2 BetrVG, der die Bereiche Sozialpolitik und Tarifpolitik vom Verbot ausnehme, daß sich eine parteipolitische Betätigung nicht danach beurteile, ob auf eine bestimmte politische Partei Bezug genommen werde, sondern danach, ob es zu den satzungsgemäßen Aufgaben politischer Parteien und damit zum Bereich Politik überhaupt gehöre[13], da das Gesetz die einzigen sachlichen Ausnahmen vom Verbot enumerativ aufzähle. Schließlich wird argumentiert[14], parteipolitische und allgemeinpolitische Gegenstände ließen sich nicht klar voneinander trennen. Daher sei es aus Gründen der Rechtssicherheit[15] notwendig, von einer inhaltlichen Differenzierung zwischen „Parteipolitik" und „Allgemeinpolitik" abzusehen und alle politischen Angelegenheiten dem Verbot zu unterstellen.

2. Restriktive Auslegung

Demgegenüber vertritt eine andere Meinung im Schrifttum[16] eine einengende Interpretation des Tatbestandsmerkmals „parteipolitisch". Es sei nur erfüllt, wenn für eine bestimmte politische Partei oder für eine Gruppierung, die sich im politischen Meinungskampf präsentiere, agitiert werde[17]. Andere setzen eine bewußte Inbezugnahme der Ziele einer Partei voraus, die sich etwa in der Erläuterung der Ziele dieser Partei äußern kann[18]. Parteipolitisch sei demnach dasjenige, was von einer politischen Organisation (Partei) formuliert und vertreten werde[19]. Dabei wird die Bezugnahme auf eine Partei teilweise[20] so verstanden, daß nur Parteien i. S. von Art. 21 GG, § 2 I ParteiG gemeint seien. Andere rechnen auch politische Gruppierungen, die noch nicht oder nicht mehr

---

[11] Vgl. etwa die umfangreichen Nachweise bei *Säcker*, in: A. Hueck / Nipperdey II/2. Halbband, S. 1347 und bei *Nikisch*, III, S. 235.

[12] *Kreutz*, BlStSozArbR 1972, 60 (66); *Meisel*, RdA 1976, 38 (39); *Pauly*, JuS 1978, 163 (166); *Reuter*, Anm. zu BVerfGE 42, 133 in JuS 1976, 681.

[13] *Kreutz*, BlStSozArbR 1972, 60 (66); *Meisel*, RdA 1976, 38 (39); *Pauly*, JuS 1978, 163 (166).

[14] *Rüttgers*, S. 58; *GK-Thiele*, § 74 Rn. 52.

[15] *Rüttgers*, S. 59.

[16] Grundlegend *Radke*, BB 1957, 1112 (1113); *Berg / Bobke / Wolter*, BlStSozArbR 1983, 353 (357); *Bieback*, RdA 1978, 82 (91); *Fabricius*, BlStSozArbR 1973, 375; *GK-Thiele*, § 74 Rn. 52; *Gnade*, ArbRdGgw Bd. 14 (1977), S. 59 (66); *v. Hoyningen-Huene*, § 4 IV; *Kuhlendahl*, MitB 1961, 98 (99); *Pfarr*, Anm. zu BAG AP Nr. 1 zu § 1 KSchG 1969 Verhaltensbedingte Kündigung; *Vollmer*, S. 31; *Weiss*, § 74 Rn. 9; *Zachert*, AuR 1978, 222 (224); zum BetrVG 1952 vgl. *Dieckhoff*, AuR 1958, 238; *Lepke*, DB 1968, 1990 (2039); *Löffler*, NJW 1964, 1100 (1107); *Rüthers*, BB 1958, 778; *Schmittner*, AuR 1968, 353 (359).

[17] *Weiss*, BetrVG, § 74 Rn. 9.

[18] *Fabricius*, BlStSozArbR 1973, 375.

[19] *Radke*, BB 1957, 113.

[20] *Behnes*, S. 19, S. 25.

(vgl. § 2 II ParteiG) Parteien sind oder nicht Partei sein wollen, wie etwa anarchistische Gruppierungen, hierzu, weil sie eine ebenso große Gefahr für den Betriebsfrieden bedeuteten. Daher würden auch Bürgerinitiativen vom Verbot des § 74 II 3 BetrVG erfaßt[21].

Begründet wird diese Auffassung zunächst mit dem Wortlaut „parteipolitisch". Entgegen diesem Wortlaut könne in das Wort „parteipolitisch" nicht der weiterreichende Begriff „politisch" hineininterpretiert werden[22]. In der Wortwahl „parteipolitisch" und „politisch" sei zumindest in der Tendenz ein Unterschied, der sich in der Auslegung niederschlagen müsse[23]. Die genetische Auslegung spreche ebenfalls für die restriktive Auffassung. Obwohl dem Gesetzgeber die Streitfrage, ob jede allgemeinpolitische Betätigung unter das parteipolitische Betätigungsverbot fällt, bekannt war, habe er die Vorsilbe „partei" beibehalten[24]. Weiter lege Art. 5 I GG gerade unter Berücksichtigung des besonderen Gewichts, das das BVerfG[25] diesem Grundrecht beimißt, eine restriktive Interpretation nahe[26]. Sinn und Zweck sei es, parteipolitische Auseinandersetzungen unter den Betriebspartner zu verhindern, nicht aber jede politische Meinungsäußerung aus dem Bereich des Betriebes zu verbannen[27]. Arbeitgeber und Betriebsrat sollen nicht von betriebsfremden Institutionen wie den politischen Parteien gleichsam dirigiert werden und gewissermaßen deren verlängerten Arm im Betrieb darstellen[28]. Die parteipolitische Auseinandersetzung solle aus der betrieblichen Sphäre herausgehalten werden, soweit durch sie Spannungen entstehen können. Hingegen könnten per Gesetz Spannungen, die durch verschiedene allgemeinpolitische Auffassungen hervorgerufen werden, gar nicht verhindert werden[29]. Hätte der Gesetzgeber generell jede politische Betätigung verbieten wollen, so müßte das im Gesetz entsprechend zum Ausdruck kommen. Die Begriffe „politisch" und „parteipolitisch" gleichzusetzen, laufe auf eine gesetzliche Fiktion hinaus, die nicht ausgesprochen wurde[30].

---

21 *GK-Thiele*, § 74 Rn. 51.

22 *Dieckhoff*, AuR 1958, 239.

23 *Rüttgers*, S. 56.

24 *Vollmer*, S. 12.

25 BVerfGE 7, 198 (208); E 42, 133 (140).

26 *Konzen*, Anm. zu BAG AP Nr. 1 zu § 87 BetrVG 1972 Betriebsbuße.

27 *Schmittner*, AuR 1968, 359.

28 *Kuhlendahl*, MitB 1961, 98 (100).

29 *Behnes*, S. 24.

30 *Behnes*, S. 25.

3. Stellungnahme

a) Extensive oder restriktive Auslegung?

Zunächst erweist sich die entstehungsgeschichtliche Auslegung als unergiebig. Daraus, ob der Gesetzgeber durch die bereichsspezifischen Ausnahmen der Sozialpolitik und Tarifpolitik vom Verbot in § 74 II 3, Hs. 2 BetrVG ansonsten die extensive Auslegung bevorzugte[31] oder durch das Festhalten am Wort „parteipolitisch" die restriktive Auslegung festschreiben wollte[32], lassen sich jedenfalls keine zwingenden Schlüsse ziehen. Für die restriktive Auslegung spricht allenfalls, daß sich der Gesetzgeber ohnehin kaum deutlicher auszudrücken vermag, als er es durch das Wort „parteipolitisch" getan hat. Kaum geleugnet werden kann allerdings, daß zwischen den Worten „parteipolitisch" und „politisch" in der Tendenz der Aussage ein Unterschied besteht[33]. Dies zeigt zunächst das Gesetz selbst, wenn es in § 75 I 1 BetrVG und § 118 I Nr. 1 BetrVG das Attribut „politisch" verwendet. Einen weiteren Hinweis geben §§ 35 II BRRG, 53 BBG. Diese Normen verlangen von dem Beamten, der ja in einem besonderen Gewaltverhältnis, einem öffentlich-rechtlichen Dienst- und Treueverhältnis steht[34] und daher eine stärkere Einschränkung seiner Rechtsstellung hinnehmen muß[35], Mäßigung und Zurückhaltung bei der *politischen* Betätigung. Auch § 15 I SG gibt einen Hinweis, der die restriktive Auffassung stützt. Dort wird dem Soldaten gerade die Pflicht auferlegt, sich im Dienst nicht zugunsten oder zu ungunsten einer bestimmten politischen Richtung zu betätigen. Dies bildet gerade die weite Formulierung, mit der die herrschende extensive Auslegung die parteipolitische Betätigung in § 74 II 3 BetrVG umschreibt[36]. Gegen diese Interpretation der h. M. spricht also, daß das, was der Gesetzgeber geglaubt hat, für das Soldatenverhältnis ausdrücklich anordnen zu müssen, nicht mittels einer entsprechend weiten Auslegung auf den Betrieb und die Betriebsverfassungsorgane übertragen werden kann. Dazu sind die Formulierungen in § 15 I SG und § 74 II 3 BetrVG einfach zu verschieden. Oder, pointiert ausgedrückt: Man kann nicht mit dem Vehikel der Auslegung ein Stück „Kasernenhofdisziplin" auf die Betriebspartner für ihre Zusammenarbeit im Betrieb übertragen.

Ein Vergleich zwischen § 74 II 3 BetrVG („parteipolitisch") und § 118 I Nr. 1 BetrVG („politisch") führt denn auch dazu, daß sich Vertreter

---

[31] *Kreutz*, BlStSozArbR 1972, 60 (66).

[32] So *Otto*, S. 88; *Vollmer*, S. 12.

[33] *Rüttgers*, S. 58.

[34] *v. Münch*, in: ders. (Hrsg.), Besonderes Verwaltungsrecht, S. 41.

[35] Vgl. zur politischen Betätigung insoweit *v. Münch*, in: ders. (Hrsg.), Besonderes Verwaltungsrecht, S. 62.

[36] Vgl. oben § 4 I 1.

der extensiven Auslegung in offene Widersprüche verwickeln. So will *Löwisch*[37] den Begriff der „politischen Bestimmung" in § 118 I Nr. 1 BetrVG weit fassen, was daraus folge, daß § 118 I Nr. 1 BetrVG sich anders als § 74 II 3 BetrVG nicht auf die Nennung der „Parteipolitik" beschränke. Andererseits legt er[38] auch den Begriff „Parteipolitik" weit aus und beschränkt ihn nicht auf Angelegenheiten, denen sich Parteien im eigentlichen Sinne annehmen, sondern läßt vielmehr auch hier jede Stellungnahme zu allgemeinpolitischen Fragen genügen. Auch das Argument, bei einer restriktiven Auslegung werde das Verbot parteipolitischer Betätigung zur Bedeutungslosigkeit verurteilt und drohe leerzulaufen[39], kann nicht überzeugen. Gerade der vom BAG entschiedene Fall[40] macht dies deutlich. In den dort von Betriebsratsmitgliedern verteilten Flugblättern wurde ein Betriebsratsmitglied angegriffen, weil es meinte, von Franz-Josef Strauß ginge keine Gefahr für die Demokratie aus und ein anderes Betriebsratsmitglied, weil dieser „lieber mit CDUlern als mit Kommunisten zusammenarbeitet". Bei diesem Sachverhalt wäre auch nach der restriktiven Auslegung eine parteipolitische Betätigung anzunehmen gewesen, weil eindeutig gegen eine politische Partei bzw. gegen einen führenden Politiker einer politischen Partei Stellung bezogen worden war.

Sowohl die extensive[41] als auch die restriktive[42] Auslegung stützen sich für ihr Ergebnis auf das Grundrecht der freien Meinungsäußerung, Art. 5 I GG. Demgegenüber soll hier zunächst auf einfach-gesetzlicher Ebene mit den klassischen Mitteln juristischer Hermeneutik ein „richtiges" Auslegungsergebnis herausgearbeitet werden, ohne dabei schon die Vereinbarkeit mit dem Verfassungsrecht zu prüfen, da erst nach Gewinnung eines Auslegungsergebnisses dieses präzise an verfassungsrechtlichen Normen gemessen werden kann[43]. Dennoch erscheint es evident, daß die restriktive Auslegung, nach der ja weniger Meinungsäußerungen unter das absolute Verbot parteipolitischer Betätigung fallen, tendenziell eher der Intention des Art. 5 I GG, die Freiheit der Meinungsäußerung zu garantieren, entspricht. Das letztlich zugunsten der restriktiven Auffassung den Ausschlag gebende Argument besteht in der Unmöglichkeit, das, was als „allgemeine Politik" verstanden werden soll, exakt zu umreißen[44].

---

37 In: *Galperin / Löwisch*, § 118 Rn. 9.

38 Vgl. *Galperin / Löwisch*, § 74 Rn. 20 f.

39 BAG AP Nr. 1 zu § 74 BetrVG 1972; *Richardi*, NJW 1962, 1374 (1375).

40 Vgl. soeben Fn. 39.

41 Vgl. oben Fn. 2.

42 Vgl. oben Fn. 16.

43 Ebenso die Vorgehensweise von *Oetker*, BlStSozArbR 1983, 321 (325).

44 Über die Schwierigkeiten, den Begriff „Politik" als Rechtsbegriff zu definieren, vgl. schon oben § 1 III.

Wer hingegen, wie die extensive Auffassung, alle allgemeinpolitischen Fragen unter das Verbot parteipolitischer Betätigung subsumieren will, steht unter Zugzwang: Er muß genau definieren, was mit dem Terminus der allgemeinen Politik gemeint ist. Dieser Argumentationslast genügen diejenigen[45], die zwar erkennen, daß eine Abgrenzung zwischen einem allgemeinpolitischen Handeln von der parteipolitischen Betätigung unmöglich ist, weil die Grenzen zwischen allgemeiner und Parteipolitik fließend seien, gerade nicht. Denn mit der von diesen Autoren damit begründeten Ablehnung der restriktiven Meinung haben sie noch nicht umgekehrt positiv umschrieben, was denn eigentlich die allgemeine Politik ausmacht. Gerade eine solche positive Beschreibung der allgemeinen Politik wäre aber notwendig, um die sachliche Reichweite des Begriffs „Parteipolitik" in § 74 II 3 BetrVG exakt bestimmen zu können. Wenn insbesondere das BAG[46] meint, parteipolitische und allgemeinpolitische Gegenstände ließen sich kaum voneinander trennen, widerspricht es damit seinen von ihm selbst im Grundsatzurteil zur koalitionsspezifischen Betätigung im Betrieb[47] aufgestellten Grundsätzen, wo gerade hinsichtlich der Verteilung von Werbematerial die Unterscheidung zwischen parteipolitischem Inhalt und einem allgemeinpolitischen Inhalt getroffen wird. Die Verteilung von Informationsmaterial parteipolitischen Inhalts wird den Koalitionen gänzlich untersagt, während Werbematerial allgemeinpolitischen Inhalts insoweit zulässigerweise im Betrieb verteilt werden darf, als es sich um Fragen handelt, die mit der Wahrung der Arbeits- und Wirtschaftsbedingungen i. S. des Art. 9 III 1 GG in unmittelbarem Zusammenhang stehen.

Demgegenüber muß der völlig ungewisse, verschwommene Unterschied zwischen allgemeinpolitischen[48] und unpolitischen Fragen[49], auf den die h. M. die Abgrenzung des Begriffs der Parteipolitik i. S. von § 74 II 3 BetrVG verlagert, eine Quelle ständiger Rechtsunsicherheit bilden.

Auf der anderen Seite hat die restriktive Meinung, wenn sie für die parteipolitische Betätigung wenigstens die Bezugnahme auf eine politische Partei verlangt, zumindest einen klaren Bezugspunkt für die Rechtsanwendung. Damit läßt sich auch aus dem im Rechtsstaatsprinzip als Unterfall der Rechtssicherheit[50] verankerten Grundsätzen der Nor-

---

[45] *Dietz / Richardi*, § 74 Rn. 59; *Galperin / Löwisch*, § 74 Rn. 21.

[46] BAG AP Nr. 1 zu § 74 BetrVG 1972 unter II 2 a cc der Gründe.

[47] BAG AP Nr. 10 zu Art. 9 GG unter 2 b der Gründe.

[48] Man denke an die bereits zitierte (oben § 1 III mit Fn. 28) Beschreibung von *Doehring*, S. 21, Politik sei eine Art von Färbung, die sich jedem Lebenssachverhalt anheften könne.

[49] Vgl. etwa *Dietz / Richardi*, § 74 Rn. 59, wo auch die Bereiche der Kultur und der Freizeit zu den politischen Fragen gerechnet werden; ähnlich weit *Neumann-Duesberg*, ArbRdGgw Bd. 3 (1965), S. 101 (109).

menklarheit und Justitiabilität[51] ein Argument für die restriktive Auslegung gewinnen, weil hiernach die Betriebspartner eher die Rechtslage erkennen und ihr Verhalten unter dem Blickwinkel, ob es eine parteipolitische Betätigung i. S. des § 74 II 3 BetrVG darstellt, leichter einrichten können. Dies wird deutlich insbesondere für den Betriebsrat und die Betriebsratsmitglieder, die angesichts der dem Betriebsrat zumindest aus der Sicht des Arbeitgebers zukommenden „Aggressivfunktion"[52] in einem gewissen Sinne „gefahrgeneigte Arbeit" leisten[53]: Von den Betriebsratsmitgliedern erwartete Aktivität bringt diese immer wieder in die gefährliche Nähe der hier und dort auf Widerspruch stoßenden und den Betriebsfrieden gefährdenden Meinungsäußerungen. Hilfreich zur Klärung der hier erörterten Streitfrage kann auch ein Blick auf § 74 III BetrVG sein, wonach betriebsverfassungsrechtliche Funktionsträger in ihrer Eigenschaft als Arbeitnehmer in der *Betätigung* für *ihre* Gewerkschaft im Betrieb nicht beschränkt werden. Da es in der Bundesrepublik Deutschland mehrere Gewerkschaften gibt[54], stehen diese in einem gewissen Konkurrenzverhältnis, etwa hinsichtlich ihrer koalitionspolitischen Ziele und der Mitgliederwerbung. Bei dieser durch Art. 9 III GG im Kernbereich geschützten koalitionsspezifischen Betätigung muß daher — bei der Mitglieder- und der Wahlwerbung vor Betriebsratswahlen ist dies evident — ein Bezug zu der jeweiligen Gewerkschaft hergestellt werden. Daß dabei unter Umständen Konflikte auftreten, nimmt der Gesetzgeber durch Art. 9 III GG, § 74 III BetrVG in Kauf, weil diese Konflikte in der Regel im Arbeitsleben ihren Ursprung haben. Umgekehrt will der Gesetzgeber Auseinandersetzungen zwischen Parteien, die sich, ohne auf die Arbeitswelt programmatisch fixiert zu sein, auf allen gesellschaftlichen Ebenen mit ihren umfassenden politischen Programmen betätigen, mit der Norm des § 74 II 3 BetrVG weitgehend heraushalten, weil diesen Konflikten in der Regel der unmittelbare Bezug zum Betrieb (vgl. die Formulierung in § 74 II 3, Hs. 2 BetrVG) fehlt und deswegen der einzelne Betrieb mit diesen Konflikten nicht belastet werden soll.

---

50 *Herzog*, in: Maunz / Dürig, Art. 20 VII Rn. 61.

51 *Leibholz / Rinck / Hesselberger*, Art. 20 Rn. 24; *Herzog*, in: Maunz / Dürig, Art. 20 VII Rn. 63.

52 Vgl. *v. Hoyningen-Huene*, Betriebsverfassungsrecht, § 11 IV 1 c; *ders.*, Manager-Magazin, Heft 5/1983, S. 158.

53 *Säcker*, DB 1967, 2072; LAG Frankfurt, DB 1967, 430; dieser Begriff wird hier plakativ und nicht im sonst gebräuchlichen technischen Sinne als Einschränkung der Arbeitnehmerhaftung verwendet; zu letzterem etwa *v. Hoyningen-Huene*, in: M. Rehbinder, Die Haftung des Arbeitnehmers, S. 23 (32).

54 Neben dem Deutschen Gewerkschaftsbund sei hier die Deutsche Angestellten-Gewerkschaft und der Christliche Gewerkschaftsbund genannt.

Aus all diesen Gründen ist die restriktive Auffassung gegenüber der extensiven Auslegung des Begriffs „parteipolitisch", wie ihn die h. M. versteht, vorzuziehen.

b) Präzisierung der restriktiven Auffassung

Auch die Vertreter der restriktiven Ansicht weisen jedoch bei ihren Formulierungen dessen, was sie unter parteipolitischer Betätigung verstehen, erhebliche Unterschiede auf[55]. Dabei erscheint es nach hier vertretener Auffassung wichtig, daß eine parteipolitische Betätigung zunächst nur dann vorliegt, wenn dabei ausdrücklich oder in deutlich erkennbarer Weise stillschweigend Bezug genommen wird auf eine bestimmte Partei i. S. des Art. 21 GG, § 2 I ParteiG oder deren organisatorische Untergliederungen. Auch eine Stellungnahme für oder gegen eine herausgehobene Persönlichkeit einer Partei erfüllt diesen Tatbestand. Die Betätigung für politische Ziele, die auch eine Partei verfolgt, reicht für sich allein hingegen nicht aus. Parteien werden in § 2 I 1 ParteiG definiert als Vereinigungen von Bürgern, die dauernd oder für längere Zeit den Bereich des Bundes oder eines Landes auf die politische Willensbildung Einfluß nehmen und an der Vertretung des Volkes im deutschen Bundestag oder einem Landtag mitwirken wollen, wenn sie nach dem Gesamtbild der tatsächlichen Verhältnisse, insbesondere nach Umfang und Festigkeit ihrer Organisation, nach der Zahl ihrer Mitglieder und nach ihrem Hervortreten in der Öffentlichkeit eine ausreichende Gewähr für die Ernsthaftigkeit dieser Zielsetzung bieten. Die Notwendigkeit, herausgehobene Persönlichkeiten miteinzubeziehen, zeigt eindringlich etwa die Zahl der Rechtsstreitigkeiten, die wegen der Plakette „Stoppt Strauß"[56] geführt wurden. Oft stehen eben Personen für politische Parteien und deren Programme. Dabei soll nicht verkannt werden, daß, je weiter man in der jeweiligen Parteihierarchie „nach unten" geht, etwa im kommunalen Parteigeschehen, gewisse Unschärfen auftreten. Dieser Nachteil wiegt jedoch angesichts des ansonsten eher formellen Kriteriums der Bezugnahme auf eine Partei oder einen ihrer herausgehobenen Repräsentanten gering. Allerdings soll dieses Kriterium dann auch konsequent durchgehalten werden: Selbst wenn die A-Partei über den Betriebsrat für ihr sommerliches Grillfest oder die B-Partei für ihren traditionellen Schafkopfabend werben läßt — auf den ersten Blick „apolitische" Veranstaltungen — liegt eine parteipolitische Betätigung des Betriebsrats vor. Entgegen der namentlich von *Thiele*[57] vertretenen Meinung unterfallen die Bezugnahme auf Bürger-

---

[55] Vgl. die Umschreibungen sowie die Nachweise hierzu oben § 4 I 2 mit Fn. 16—19.

[56] Vgl. BAG DB 1983, 2578; LAG Düsseldorf, DB 1981, 1986; LAG Hamm, DB 1980, 1803; ArbG Iserlohn, BB 1980, 415; bay. VerfGH, NJW 1982, 1089.

initiativen und sonstige politische Gruppen nach hiesiger Auffassung nicht unter das Verbot parteipolitischer Betätigung. Dies zum einen deshalb, um nicht erneut Schwierigkeiten in die Bestimmung dessen, wann eine Bezugnahme auf eine Partei gegeben ist, hineinzutragen. Diese Schwierigkeiten bestünden darin, jeweils feststellen zu müssen, ob eine Gruppe schon so weit „zusammengewachsen“ ist und entsprechend einheitlich nach außen auftritt, daß man sie als Partei i. S. des § 74 II 3 BetrVG ansehen könnte. Zum anderen liegt es nahe, daß gerade solche, organisatorisch wenig gefestigte Gruppen, unter denen sich die Belegschaftsangehörigen vielleicht gar nichts vorstellen können, dann aber auch über wenig politische Schlagkraft verfügen, als daß sie das durch § 74 II 3 BetrVG geschützte Rechtsgut ernsthaft und nachhaltig beeinträchtigen können und deswegen schon dem absoluten Verbot des § 74 II 3 BetrVG unterstellt werden müßten. Die Sperre des § 74 II 2 BetrVG, den Betriebsfrieden nicht zu beeinträchtigen, besteht selbstverständlich auch für diese Gruppen bzw. deren Mitglieder. Auch Splitterparteien, die bei den Wahlen zu den Volksvertretungen nur geringe Stimmenanteile erhalten, fallen unter den Begriff der Partei i. S. von § 2 I ParteiG, solange sie sich an Wahlen beteiligen und ernsthaft das Ziel verfolgen, auf die politische Willensbildung des Volkes Einfluß zu nehmen.

Ein Problem kann dann auftreten, wenn eine politische Gruppierung gerade dabei ist, ihre organisatorischen Strukturen so zu verfestigen, daß ihre Organisation auf eine Partei i. S. des § 2 I ParteiG angelegt ist, wie dies etwa bei den „Grünen“ oder den sog. „Alternativen Listen“ gegen Ende der 70er Jahre zu beobachten war. Der Gesichtspunkt, daß die Parteien nicht über die Betriebspartner in die Betriebe hineinwirken sollen[58], spricht eher dafür, hier im Zweifel höhere Anforderungen an die Verfestigung der Parteiorganisation zu stellen und entsprechende bezugnehmende Stellungnahmen erst dann dem Verbot aus § 74 II 3 BetrVG zuzuordnen. Vorher wird die Gruppierung auch noch kaum in der Lage sein, im Betrieb etwa durch Betätigungen von Betriebsratsmitgliedern für Unruhe zu sorgen und den Betriebsfrieden zu stören. Ein starkes Indiz dafür, daß es sich bei der betreffenden Organisation um eine Partei handelt, bildet jedoch die Teilnahme an Wahlen[59]. Da gerade zu Zeiten von Wahlkämpfen parteipolitische Betätigungen besonders häufig sind[60] und die innenpolitische Lage entsprechend „auf-

57 *GK-Thiele*, § 74 Rn. 51; zustimmend *Oetker*, BlStSozArbR 1983, 321 (325).

58 Vgl. oben § 4 I 2; *Behnes*, S. 24; *Kuhlendahl*, MitB 1961, 98 (100); *Schmittner*, AuR 1968, 353 (359).

59 Vgl. unten § 8 VI 3 c, 4 b.

60 Vgl. BVerfGE 42, 133; BAG AP Nr. 1 zu § 42 BetrVG 1972; AP Nr. 2 zu § 13 KSchG.

geheizt" ist, erscheint es angezeigt, Organisationen, die sich im Übergangsstadium von der politischen Gruppierung in eine Partei i. S. von § 2 I ParteiG befinden, während des Wahlkampfes dem § 74 II 3 BetrVG unterfallen zu lassen.

II. Betätigung

1. Aktive Tätigkeit

Mit dem Begriff der Betätigung meint das Gesetz in erster Linie das positive Tun, die aktive Tätigkeit in parteipolitischer Hinsicht, besonders anschaulich etwa bei parteipolitischer Agitation oder Werbung. Schon die sprachliche Interpretation — in dem Begriff Betätigung ist das Wort tun enthalten — zeigt an, daß hierin der Schwerpunkt des Normanwendungsbereiches liegen muß. Es wird auch die Auffassung vertreten[61], das Wort Betätigung entspreche weitgehend dem bürgerlich-rechtlichen Begriff der Handlung[62]. Jenseits dieses Konsenses beginnen die Auslegungsprobleme und Streitfragen:

— Verlangt die parteipolitische Betätigung ein subjektives Moment des sich bewußten Einsetzens für eine bestimmte Partei oder genügt objektiv die Bezugnahme auf eine politische Partei?

— Bedeutet das Dulden der parteipolitischen Betätigung anderer Betriebsangehöriger ein eigenes, dem § 74 II 3 BetrVG unterfallendes Verhalten der Betriebspartner?

— Warum unterfällt der parteipolitische Meinungsaustausch im Rahmen eines persönlichen Gesprächs, auch soweit dabei der Arbeitgeber oder ein Betriebsratsmitglied beteiligt ist, nicht dem Verbot des § 74 II 3 BetrVG?

2. Objektive oder subjektive Komponente?

Unterschiedliche Auffassungen bestehen hinsichlich der Frage, ob dem Merkmal der Betätigung eine subjektive Komponente innewohnt oder eine rein objektive Bezugnahme auf eine Partei ausreicht.

Daß der Fragestellung durchaus praktische Bedeutung zukommen kann, zeigt folgende Entscheidung des LAG Hannover[63]: Dort hatte ein Betriebsratsmitglied im Betrieb vor einer Wahl parteipolitische Flugblätter verteilt. Das Betriebsratsmitglied berief sich darauf, es habe seine Handlung als Scherz empfunden.

---

[61] *Kuhlendahl*, MitB 1961, 98 (101); *Radke*, BB 1957, 1112 (1113).

[62] Vgl. dazu nur *Jauernig / Teichmann*, § 823 II B 1 a; *Fikentscher*, § 102 IV.

[63] LAG Hannover, BB 1956, 109.

Manche[64] verlangen den Nachweis, daß sich der Handelnde bewußt für eine bestimmte Partei und deren Zielsetzungen in deren Interesse eingesetzt hat, etwa in Form von Werbung oder Agitation.

Demgegenüber sieht die h. M.[65] das ausschlaggebende Kriterium in der objektiven Geeignetheit der Handlung, unerwünschte parteipolitische Auswirkungen im Betrieb zu erzielen, wogegen die subjektive Willensrichtung des Handelnden unerheblich sei. Entscheidend sei der Standpunkt eines objektiven, vernünftigen Beobachters. Nach ihr liegt, um ein weiteres Beispiel zu nennen[66], eine parteipolitische Betätigung eines Betriebsratsmitglieds auch dann vor, wenn es parteipolitische Flugblätter nur deshalb verteilt, weil es dafür bezahlt wird.

In dieser Frage kann der h. M., die lediglich objektive parteipolitische Zweckbestimmung verlangt, zugestimmt werden. Der Zweck des Verbots parteipolitischer Betätigung besteht in der Verhinderung einer Störung des Betriebsfriedens und des Arbeitsablaufs. Dieses Rechtsgut kann aber auch bei einer scherzhaft gemeinten Handlung verletzt werden, wenn es zu einer spürbaren Unruhe wegen dieses Scherzes kommt. Auch Gesichtspunkte der Praktikabilität und Beweisbarkeit sprechen für die h. M. Der Nachweis, daß der Handelnde sich auch subjektiv im Interesse einer Partei parteipolitisch betätigt hatte, dürfte zum einen, will man nicht eine dahingehende tatsächliche Vermutung aufstellen oder nach der Lebenserfahrung unterstellen, mitunter nicht leicht zu führen sein. Zum anderen eröffnet es, wie der Fall des LAG Hannover[67] zeigt, dem Handelnden die willkommene Möglichkeit, entsprechende „Schutzbehauptungen" aufzustellen. Letztlich wird die objektive Auffassung der h. M. durch die Grundsätze der Auslegung von empfangsbedürftigen Willenserklärungen bestätigt. Entscheidend ist dort im Ergebnis nicht der empirische subjektive Wille des Erklärenden, sondern der durch normative Auslegung zu ermittelnde objektive Erklärungswert seines Verhaltens[68].

3. Betätigung durch Duldung

Ein weiteres mit dem Tatbestandsmerkmal der Betätigung zusammenhängendes Problem besteht darin, ob in der Duldung einer partei-

---

64 *Bäumer*, AuR 1960, 225 (225); *Behnes*, S. 26; *Dieckhoff*, AuR 1968, 238 (239); *Radke*, BB 1957, 1112 (1113).

65 *GK-Thiele*, § 74 Rn. 52; *Meisel*, RdA 1976, 38 (40); *Richardi*, NJW 1962, 1374 (1376).

66 Vgl. *Meisel*, RdA 1976, 38 (40).

67 BB 1956, 109.

68 Vgl. nur *Palandt / Heinrichs*, § 133 Anm. 4 c.

politischen Betätigung anderer Personen zugleich eine eigene parteipolitische Betätigung der Betriebspartner gesehen werden kann.

a) Meinungsstand

Die wohl h. M.[69] bejaht diese Frage und verbindet damit größtenteils[70] eine Rechtspflicht für die Betriebspartner, gegen jegliche parteipolitische Betätigung im Betrieb einzuschreiten, während andere[71] allenfalls verlangen, daß sich Arbeitgeber und Betriebsrat durch eine entsprechende Stellungnahme von der parteipolitischen Betätigung zu distanzieren haben.

Überwiegend werden für die Pflicht zum Einschreiten keine weiteren Voraussetzungen aufgestellt, teilweise[72] wird aber doch zumindest verlangt, ein unbefangener Dritter müsse bei einer objektiven Betrachtung den Eindruck gewinnen können, die parteipolitische Betätigung sei vom Arbeitgeber oder Betriebsrat gebilligt worden. Man begründet diese Auffassung damit[73], schon die Verpflichtung aus § 2 I BetrVG, zum Wohl der Arbeitnehmer und des Betriebs vertrauensvoll zusammenzuarbeiten, verpflichte die Betriebspartner, gegen parteipolitische Agitation von Belegschaftsangehörigen oder Gewerkschaftsvertretern aktiv tätig zu werden. Weiter sei ohne die aktive Mitwirkung des Betriebsrats der diesem nach §§ 99 II Nr. 6, 104 BetrVG übertragene Schutz des Betriebsfriedens nicht im notwendigen Umfang gewährleistet[74]. Ohnehin sei das durch das Verbot parteipolitischer Betätigung geschützte Rechtsgut, die Wahrung des Betriebsfriedens, durch die Möglichkeit einer parteipolitischen Agitation von dritter Seite in gleicher Weise gefährdet wie bei einer eigenen Betätigung von Arbeitgeber und Betriebsrat[75]. Es dürfe nicht verkannt werden, daß in der bewußten Unterlassung eines Einschreitens eine „sehr handfeste" eigene Betätigung liegen könne[76]. Schließlich kann diese Meinung aus § 75 I 1 BetrVG ein

---

[69] *Behnes*, S. 31; *Dietz / Richardi*, § 74 Rn. 63; *Glaubitz*, BB 1972, 1277 (1278); *Hacker*, DB 1963, 962 (963); *Kammann / Hess / Schlochauer*, § 74 Rn. 35; *Kuhlendahl*, MitB 1961, 98 (100); *Meisel*, RdA 1976, 38 (40); *K. Molitor*, BB 1955, 167; *Rothe*, BlStSozArbR 1959, 189; *Rüthers*, BB 1958, 778; *Sahmer*, § 74 Anm. 4; *Stege / Weinspach*, § 74 Rn. 14.

[70] *Behnes*, S. 31; *Glaubitz*, BB 1972, 1277 (1278); *Hacker*, DB 1963, 962 (963); *Kuhlendahl*, MitB 1961, 98 (101); *K. Molitor*, BB 1955, 167 (167); *Rüthers*, BB 1958, 778 (778); *Stege / Weinspach*, § 74 Rn. 14.

[71] *Dietz / Richardi*, § 74 Rn. 63; *Richardi*, NJW 1962, 1374 (1376).

[72] Etwa *Dietz / Richardi*, § 74 Rn. 63 für die Pflicht der Stellungnahme; *Meisel*, RdA 1976, 38 (40).

[73] *Glaubitz*, BB 1972, 1277 (1278).

[74] *Glaubitz*, BB 1972, 1277 (1278).

[75] *Hacker*, DB 1963, 962 (963).

[76] *Rüthers*, BB 1958, 778.

Argument herleiten[77]. Wenn danach die Betriebspartner darüber zu wachen haben, daß die unterschiedliche Behandlung wegen deren politischer Anschauung unterbleibt, dann ist es von dieser Pflicht zur Überwachung[78] bis zu einer Verpflichtung zum Einschreiten bei der parteipolitischen Betätigung Dritter nur noch ein kleiner gedanklicher Schritt.

Eine starke Mindermeinung vertritt demgegenüber die Auffassung, im bloßen Dulden der parteipolitischen Betätigung Dritter sei keine eigene Betätigung zu erblicken[79]. Dies ist zunächst für diejenigen selbstverständlich, die den Begriff der Betätigung dahin verstehen, daß nur der Fall des konkreten und aktiven Tuns erfaßt werde[80]. Damit sei eine Pflicht zur positiven Einwirkung auf die Belegschaft nicht vereinbar[81]. Darüber hinaus habe der Betriebsrat — abgesehen von § 104 BetrVG — keine rechtliche Möglichkeit, gegenüber den Arbeitnehmern eine Unterlassung durchzusetzen[82]. Weiter sei es grundsätzlich Aufgabe des Arbeitgebers, nicht aber des Betriebsrats, gegen eine die zulässigen Grenzen des Arbeitsvertrags überschreitende parteipolitische Betätigung eines der Belegschaft angehörigen Arbeitnehmers vorzugehen, etwa mittels einer Abmahnung oder gar mit einer Kündigung, weil der Arbeitgeber insoweit die erforderlichen Möglichkeiten habe[83]. Anders sehe es nur dann aus, wenn ein Verbot parteipolitischer Betätigung für alle Arbeitnehmer in einer Betriebsvereinbarung niedergelegt worden sei. Dann nämlich würde der Betriebsrat seine Pflicht zur Kontrolle der Durchführung von Betriebsvereinbarungen nach § 80 I Nr. 1 BetrVG verletzen. Im Regelfall könne jedoch ein Dulden noch nicht als eigene politische Betätigung gewertet werden[84]. Darüber hinaus entstehe durch die ausschließlich an die Betriebsverfassungsorgane gerichtete Vorschrift des § 74 II 3 BetrVG weder eine besondere Überwachungspflicht von Arbeitgeber und Betriebsrat[85], noch habe das BetrVG einen der Betriebspartner mit einer Garantenstellung dahingehend belegt, daß jede parteipolitische Betätigung unterbleibt[86]. Schließlich müsse noch folgen-

---

[77] Vgl. *Fitting / Auffarth / Kaiser*, § 74 Rn. 9, die dieses Argument allerdings für unzutreffend halten.

[78] Vgl. *Dietz / Richardi*, § 75 Rn. 5; *Fitting / Auffarth / Kaiser*, § 75 Rn. 3.

[79] *Fitting / Auffarth / Kaiser*, § 74 Rn. 9; *GK-Thiele*, § 74 Rn. 56; *Kreutz*, BlStSozArbR 1972, 60 (66); *Radke*, BB 1957, 1112 (1113).

[80] *Radke*, BB 1957, 1112 (1113).

[81] *Kreutz*, BlStSozArbR 1972, 60 (66).

[82] *Radke*, BB 1957, 1112 (1114).

[83] *Joachim*, in: Posser / Wassermann, S. 255 (262).

[84] *Joachim*, in: Posser / Wassermann, S. 255 (262).

[85] *Fitting / Auffarth / Kaiser*, § 74 Rn. 9.

[86] *Richardi*, NJW 1962, 1374 (1376); sowie in: *Dietz / Richardi*, § 74 Rn. 63, wo er deswegen eine distanzierende Stellungnahme von Arbeitgeber oder Betriebsrat genügen läßt.

des praktische Argument bedacht werden[87]: Ist durch eine parteipolitische Betätigung seitens der Belegschaft bereits eine konkrete Störung des Betriebsfriedens erfolgt, kann jede zusätzliche Stellungnahme hierzu den Anlaß einer weiteren Verschärfung der Auseinandersetzung bilden und die Gemüter weiter erhitzen.

b) Stellungnahme

Dem zuletzt genannten Argument ist zuzustimmen, denn oft wird vorher nicht abschätzbar sein, ob eine Stellungnahme die Störung zu dämpfen vermag oder eher anheizende Wirkung hat. Zum Beleg soll hier ein ähnlicher Fall aus dem Arbeitskampfrecht angeführt werden. Bei den nicht gewerkschaftlich geführten Streiks der Jahre 1969 und 1973 gab es gerade in den Betrieben, wo die Betriebsräte offen gegen die Streikenden Stellung bezogen haben, die größten Streikaktionen, während dort, wo sich der Betriebsrat nicht eindeutig gegen den Streik stellte, weniger heftige Reaktionen stattfanden[88]. Ohnehin bemerkte das LAG Hamm in seiner Entscheidung zum Fall „Erwitte“[89] zu den Pflichten des Betriebsrats bei einer illegalen, jedoch durch das Verhalten des Arbeitgebers provozierten[90] Werksbesetzung, daß es dem Betriebsrat nicht in jeder Situation zugemutet werden könne, sich einer Aktion um jeden Preis entgegenzustellen. Außerordentlichen Situationen könne er nicht nach vorgefertigten Verhaltensmustern begegnen. Auch das BAG als Revisionsinstanz bemerkte, ohne allerdings auf den Begriff des Betriebsfriedens abzustellen[91], daß bei einer solchen Situation auch eine symbolische Distanzierung der Betriebsratsmitglieder von der übrigen Belegschaft diesen nicht zuzumuten sei und nach der Sachlage auch sinnlos sein könne. All dies wird man auch bei Unruhen aufgrund parteipolitischer Betätigung im Betrieb für zutreffend erachten müssen.

Noch weitere Gesichtspunkte sprechen für die Mindermeinung, die in dem Dulden keine eigene Betätigung sieht. Gerade diejenigen, welche vom Betriebsrat ein Eingreifen verlangen[92], übersehen, daß der Betriebsrat mit solchen Maßnahmen in die Nähe des Verbots des Eingriffs in die Betriebsleitung (§ 77 I 2 BetrVG) kommt oder je nach den Umständen bereits dagegen verstößt und damit selbst eine Amtspflichtverletzung begeht[93]. Der Arbeitgeber kann aufgrund seines Hausrechts,

---

[87] *Rüttgers*, S. 70.

[88] Vgl. dazu *Vollmer*, S. 85.

[89] LAG Hamm, DB 1976, 343 (344).

[90] *Hanau / Adomeit*, S. 102.

[91] BAG AP Nr. 58 zu Art. 9 GG Arbeitskampf unter 8 der Gründe.

[92] Vgl. oben Fn. 69.

[93] *Dietz / Richardi*, § 77 Rn. 10.

seines Eigentums oder mit arbeitsvertraglichen Sanktionen (Abmahnung, ggfs. mittels außerordentlicher Kündigung) gegen die Unruhestifter in der Belegschaft vorgehen. Ob der Betriebsrat die Entlassung oder Versetzung eines Arbeitnehmers nach § 104 Satz 1 BetrVG verlangt, liegt dagegen in seinem pflichtgemäßen Ermessen[94], sowohl hinsichtlich der Frage, ob er die Initiative ergreift als auch welche Maßnahme er wählt. Damit kann aus § 104 BetrVG kein zwingendes Argument für eine Pflicht zum Eingreifen hergeleitet werden. Denn nach § 104 BetrVG hat der Betriebsrat, um die Kategorien des Polizeirechts zu verwenden, Entschließungsermessen und Auswahlermessen[95].

Einen letzten Gesichtspunkt bildet die oben[96] dargestellte Differenzierung zwischen Kompetenzen des Betriebsrats einerseits und andererseits Maßnahmen, vermittels derer er seine Aufgaben wahrnehmen kann bzw. nicht wahrnehmen darf, wie z. B. durch parteipolitische Betätigung, also eine Verhaltenspflicht in Form einer Unterlassungspflicht, vgl. den Wortlaut des § 74 II 3 BetrVG. Die Verhaltenspflicht des § 74 II 3 BetrVG betrifft eben nur das eigene Verhalten der Betriebspartner, lädt ihnen aber keine Aufgabe auf, bei parteipolitischen Betätigungen Dritter einzugreifen. Um es anhand der sprachlichen Formulierungen des BRG und des BetrVG 1972 zu verdeutlichen: Es macht eben rechtlich einen Unterschied, ob — vgl. § 66 Nr. 3 BRG — der Betriebsrat die Aufgabe hat, den Betrieb vor Erschütterungen zu *bewahren* bzw. — vgl. § 66 Nr. 6 BRG — die Aufgabe hat, das Einvernehmen innerhalb der Arbeitnehmerschaft sowie zwischen ihr und dem Arbeitgeber zu *fördern* oder ob der Betriebsrat und der Arbeitgeber lediglich eine parteipolitische Betätigung zu *unterlassen* haben. *Mansfeld*[97] bemerkte bereits damals zum BRG, daß dem Betriebsrat mit dieser Aufgabe „fast Unmögliches zugemutet" werde, weswegen der Betriebsrat auch nicht für den Erfolg seiner Bemühungen einzustehen habe[98]; die Meinung, die in der Betätigung Dritter keine eigene Betätigung der Betriebspartner sieht, verdient daher den Vorzug.

Hiermit sollen jedoch nur die Fälle entschieden sein, wo die parteipolitische Betätigung nicht auf eine zurechenbare Veranlassung eines Betriebspartners zurückzuführen ist. Läßt demgegenüber etwa der Betriebsratsvorsitzende auf der Betriebsversammlung längere parteipolitische Redebeiträge zu oder agitiert ein Gewerkschaftsbeauftragter, den

---

[94] *Dietz / Richardi*, § 104 Rn. 12.

[95] Vgl. nur *Friauf*, in: v. Münch, Besonderes Verwaltungsrecht, Abschn. Polizeirecht, S. 220.

[96] Vgl. § 3 IV.

[97] *Mansfeld*, BRG § 66 Anm. 4a.

[98] Ähnlich *Nikisch* III, S. 236.

der Betriebsrat zu seiner Sprechstunde hinzugezogen hat[99], bei diesem Anlaß gegenüber den Arbeitnehmern in parteipolitischer Weise, ohne daß das Mitglied des Betriebsrats eingreift, wird man, sofern dem Betriebsratsmitglied ein Einwirken möglich ist, im Falle des Nichteingreifens dies dem Betriebsrat als eigene parteipolitische Betätigung zurechnen müssen[100].

4. Parteipolitik im privaten Gespräch im Betrieb

Durchweg wird im Schrifttum betont, dem Arbeitgeber und den Betriebsratsmitgliedern bleibe es unbenommen, ihre parteipolitischen Prioritäten und Ansichten auch im Betrieb im privaten Gespräch zu äußern[101]. Dieses Ergebnis erscheint dennoch auf den ersten Blick nicht als selbstverständlich. Denn mitunter vermag es gerade das individuelle Gespräch mehr als die an einen größeren und unbestimmten Personenkreis gerichtete parteipolitische Werbung und Agitation, die damit notwendig unpersönlich bleiben muß, jemanden von einer bestimmten politischen Partei und deren politischen Zielen zu überzeugen. Daß trotzdem das Tatbestandsmerkmal der Betätigung nicht gegeben ist, wird damit erklärt[102], in einem solchen Gespräch liege kein Verhalten, welches als Ursache für eine Störung des Betriebsfriedens angesehen werden könne, auch wenn dabei etwa zur Untermauerung einer Meinungsäußerung ein parteipolitisches Flugblatt vorgezeigt werde. Weiter sei es nicht Zweck des Verbots parteipolitischer Betätigung, im Betrieb eine politisch keimfreie Atmosphäre zu schaffen[103]. Mit dem BVerfG[104] könnte man weiter argumentieren, daß dies dann auch das Grundrecht des Art. 5 I GG auf den Plan rufen müßte, mit dessen elementarer Bedeutung es unvermeidbar wäre, wollte der Gesetzgeber die Freiheit der politischen Meinungsäußerung dem Bereich der betrieblichen Arbeitswelt, die die Lebensgestaltung zahlreicher Staatsbürger wesentlich bestimmt, schlechthin fernhalten.

Darüber hinaus läßt sich ein argumentum a majore ad minus aus § 15 I 2 SG herleiten. Der Soldat steht in einem besonderen Gewaltverhältnis[105]. Seine Grundrechte können (arg. ex Art. 17 a I GG) in weit

[99] Zur Zulässigkeit der Hinzuziehung vgl. *GK-Wiese*, § 39 Rn. 13.

[100] So rechnete das BAG in der Entscheidung BAG AP Nr. 1 zu § 42 BetrVG 1972 (unter II B 2 b am Ende) den Auftritt eines vom Betriebsrat eingeladenen Spitzenpolitikers dem Betriebsrat als eigene parteipolitische Betätigung zu.

[101] *Dieckhoff*, AuR 1958, 238 (239); *GK-Thiele*, § 74 Rn. 52; *Hacker*, DB 1963, 962 (964); *K. Molitor*, BB 1955, 167; *Richardi*, NJW 1962, 1374 (1377); *Rothe*, BlStSozArbR 1959, 189 (190); *Staudacher* in HBV Gruppe 15, S. 186.

[102] *Rüttgers*, S. 65.

[103] *Hacker*, DB 163, 962 (964).

[104] BVerfGE 42, 133 (139).

stärkerem Maße eingeschränkt werden als die der übrigen Bürger. Wenn aber schon dem Soldaten das Recht verbleibt, im Gespräch mit Kameraden seine eigene — auch politische — Meinung zu äußern, muß dies erst recht im Arbeitsverhältnis möglich bleiben.

Weiterhin fehlt dem privaten Gespräch die gewisse Öffentlichkeitswirkung, wie sie etwa im oben[106] genannten Grillfestbeispiel gegeben ist. Schließlich wäre, wollte man Gespräche über Parteien und deren Ziele als „Betätigung" i. S. des § 74 II 3 BetrVG ansehen, zwecks Aufspürung entsprechender Amtspflichtverletzungen (§ 23 I BetrVG) ein aufwendiges Kontroll- und Überwachungssystem notwendig, wodurch das Betriebsklima unerträglich belastet würde.

III. „Im Betrieb"

1. Auslegung

Die Betriebspartner haben nach § 74 II 3 BetrVG „im Betrieb" jede parteipolitische Betätigung zu unterlassen. Damit macht bereits der Wortlaut den Schwerpunkt des räumlichen Geltungsbereichs klar, nämlich das Betriebsgelände.

Nur wenige[107] sehen jedoch damit die Bedeutung des Tatbestandsmerkmals als erschöpft an. Es besteht vielmehr weitgehend Einigkeit, daß das Verbot auch in der unmittelbaren räumlichen Umgebung des Betriebes Geltung beansprucht, wenn dadurch in den Betrieb hinein- und auf die Belegschaft eingewirkt wird, weil auch auf diese Weise Unruhe im Betrieb entstehen kann[108]. Der Betrieb wird quasi durch eine Art „Bannmeile" vor Einwirkungen parteipolitischer Art geschützt. Praktische Bedeutung hat dies vor allem für die immer wieder vorkommenden Fälle[109], wo Betriebsratsmitglieder am Zugangsweg zum Betrieb oder am Werkstor Flugblätter parteipolitischen Inhalts verteilen oder aber Lautsprecheraktionen am Betriebseingang durchführen[110]. Auch wenn der Arbeitgeber[111] auf seinem direkt neben dem Betrieb ge-

105 *Hesse*, Rn. 322.

106 Vgl. § 4 I 3 b.

107 *Föhr*, S. 100; *Schmittner*, AuR 1968, 353 (360); wohl auch *Gnade / Kehrmann / Schneider / Blanke*, § 74 Rn. 29.

108 BAG AP Nr. 1 zu § 74 BetrVG 1972; BAG AP Nr. 4 zu § 13 KSchG; *Dietz / Richardi*, § 74 Rn. 62; *GK-Thiele*, § 74 Rn. 54; *Galperin / Löwisch*, § 74 Rn. 22.

109 Vgl. schon RAG ARS 7, 444 sowie BAG AP Nr. 1 zu § 74 BetrVG 1972; LAG Hamburg BB 1970, 1479; LAG Niedersachsen BB 1970, 1480; dazu auch *Oetker*, BlStSozArbR 1983, 321 (323).

110 LAG Hamburg BB 1970, 1479.

111 Beispiel von *Meisel*, RdA 1976, 38 (40).

legenen Privatgrundstück Tafeln mit überlebensgroßen Wahlplakaten einer politischen Partei aufstellt, ist dieser Zuordnungstatbestand erfüllt. Den Ausschlag gibt nicht der räumliche Standort des parteipolitisch Handelnden, sondern die Zielrichtung seiner parteipolitischen Aktion.

In zeitlicher Hinsicht gibt die Formulierung „im Betrieb" keinen Anhaltspunkt zur Differenzierung. Das Verbot gilt daher nicht nur während der Arbeitsstunden, sondern auch vor und nach der Arbeitszeit sowie während der Pausen[112]. Darüber hinaus ist es aber selbstverständlich, daß es dem Arbeitgeber wie jedem Betriebsratsmitglied freisteht sich außerhalb des Betriebes in seiner Privatsphäre parteipolitisch zu betätigen[113]. Wirkt sich diese private parteipolitische Betätigung innerbetrieblich nicht aus, prüft das BAG[114] eine wegen dieser parteipolitischen Betätigung gegenüber Betriebsratsmitgliedern ausgesprochene außerordentliche Kündigung schon gar nicht unter dem rechtlichen Gesichtspunkt des Verbots parteipolitischer Betätigung im Betrieb nach § 74 II 3 BetrVG, sondern lediglich unter dem Aspekt der arbeitsvertraglichen Pflichtverletzung wegen unzulässiger parteipolitischer Betätigung[115].

In schwierigeren Fällen führt indessen die räumliche Komponente des Merkmals „im Betrieb" kaum weiter. Hier hilft nur das Abstellen auf die finale Zielrichtung des parteipolitisch Handelnden und damit der Herstellung eines Bezuges zum Betrieb und der Belegschaft, um auf *diese* einzuwirken[116]. Dieser Gesichtspunkt ist etwa dann erfüllt, wenn[117] ein Betriebsratsmitglied vor politischen Wahlen Hausbesuche bei Arbeitnehmern der Belegschaft unternimmt, um dabei unter Hinweis auf seine Betriebsratseigenschaft für eine bestimmte politische Partei zu werben. Auch wenn ein Betriebsratsmitglied unter Ausnutzung der ihm bekannten Adressenkartei des Betriebes und unter Bezugnahme auf seine Betriebsratsmitgliedschaft Schriften parteipolitischen Inhalts an die Betriebsangehörigen verschickt[118], liegt eine finale Handlung mit Bezug auf den Betrieb und die Belegschaft vor.

---

112 *Dietz / Richardi*, § 74 Rn. 61; *Meisel*, RdA 1976, 38 (40).

113 *Dietz / Richardi*, § 74 Rn. 62; *Fitting / Auffarth / Kaiser*, § 74 Rn. 8a.

114 BAG AP Nr. 57 zu § 626 BGB; BAG AP Nr. 28 zu § 66 BetrVG 1952.

115 Vgl. dazu ausführlich unten § 5 I 2.

116 Von *Oetker*, BlStSozArbR 1983, 321 (323), räumlich-funktionale Betrachtungsweise genannt.

117 Beispiel von *Hacker*, DB 1963, 962 (964).

118 Beispiel von *Löwisch*, Anm. zu BAG AP Nr. 1 zu § 74 BetrVG 1972.

2. Außerdienstlicher Hinweis auf das Betriebsratsamt

a) Meinungsstand

Das am meisten diskutierte Sonderproblem zum Tatbestandsmerkmal „im Betrieb“ besteht hinsichtlich der Frage, ob ein Betriebsratsmitglied außerhalb seines Betriebes bei seiner parteipolitischen Betätigung, beispielsweise auf Parteiversammlungen oder Wahlreden, auf seine Eigenschaft als Betriebsratsmitglied hinweisen darf oder ob dem § 74 II 3 BetrVG entgegensteht[119]. Ein Teil des Schrifttums hält einen solchen Hinweis auf die Betriebsratsmitgliedschaft für unvereinbar mit § 74 II 3 BetrVG[120]. Die politische Tätigkeit unter Hinweis auf die Stellung als Betriebsratsmitglied müsse bei Außenstehenden zu dem Eindruck führen, das Betriebsratsmitglied trete im Auftrag der Belegschaft auf. Die Tätigkeit des Betriebsrats könne nur in diesem engen Zusammenhang mit dem Betrieb und seiner Belegschaft gesehen werden[121]. Auch sei durch einen solchen Hinweis das von § 74 II 3 BetrVG geschützte Rechtsgut des Betriebsfriedens gefährdet[122], weil auch dadurch „politischer Zündstoff“[123] in den Betrieb hineingetragen werde, etwa wenn sich politisch Andersdenkende aus der Belegschaft in ihrer Auffassung verletzt fühlen. Schließlich komme einem solchen Hinweis in der Tendenz der Zweck zu, Betriebsangehörige unter Ausschaltung ihrer eigenen Meinung politisch zu beeinflussen. Es liege darin die Aufforderung, die Betriebsangehörigen sollten etwa bei Wahlaufrufen vor politischen Wahlen für diejenige Partei ihre Stimme abgeben, der die Betriebsratsmitglieder angehören. Die Identifikation der Belegschaft mit ihren Repräsentanten solle damit für parteipolitische Überzeugungsarbeit in der Art eines Zielgruppenwahlkampfes fruchtbar gemacht werden[124]. Die Betriebsratseigenschaft sei keine Berufsbezeichnung, sondern die Zugehörigkeit zu einem auf Gesetz beruhenden Gremium im Rahmen der betrieblichen Ordnung des sozialen Rechtsstaates und nur auf den Betrieb als solchen beschränkt[125].

---

119 Ausführlich *Hacker*, DB 1963, 962; *Oetker*, BlStSozArbR 1983, 321 (323); *Schäcker*, BB 1963, 856.

120 *Dietz / Richardi* (5. Aufl.), § 74 Rn. 36; *Glaubitz*, BB 1972, 1277 (1278); *Hacker*, DB 1963, 962; *Meisel*, RdA 1976, 38 (42); *Neumann-Duesberg*, NJW 1964, 1697 (1701); *Oetker*, BlStSozArbR 1983, 321 (323); *Rothe*, BlStSozArbR 1959, 189; *Schäcker*, BB 1963, 856 (857).

121 *Hacker*, DB 1963, 962 (963); *Oetker*, BlStSozArbR 1983, 321 (323).

122 *Hacker*, DB 1963, 962 (964); *Meisel*, RdA 1976, 38 (42).

123 *Rothe*, BlStSozArbR 1959, 189.

124 *Oetker*, BlStSozArbR 1983, 321 (323).

125 *Schäcker*, BB 1963, 856 (857).

Die Gegenmeinung sieht in einem Hinweis der genannten Art keinen Verstoß gegen das Verbot parteipolitischer Betätigung[126]. *Nikisch*[127] hält dies für eine Übertreibung, die man nicht gutheißen könne und auch vom Zweck der gesetzlichen Norm nicht gefordert werde. Wenn ein Betriebsratsmitglied einer Partei angehöre, für diese arbeite, in Wahlversammlungen spreche oder sich als Wahlkandidat aufstellen lasse, so werde das im Betrieb alsbald bekannt, auch wenn bei seinen öffentlichen Auftritten seine Stellung im Betrieb nicht angegeben werde. Kein vernünftiger Arbeitnehmer komme auf den Gedanken, das Betriebsratsmitglied wolle dabei zugleich für die ganze Belegschaft handeln. Es sei nicht einzusehen, wie eine solche Betätigung den Betriebsfrieden gefährden könne. Konsequenterweise müßte man dann nicht nur den Betriebsratsmitgliedern die politische Betätigung auch außerhalb des Betriebes untersagen, sondern es müßte sich insbesondere der Arbeitgeber jeder politischen Tätigkeit enthalten, weil in ihr viel eher als bei einem Betriebsratsmitglied eine Aufforderung an die Betriebsangehörigen gesehen werden könne, sich seiner politischen Meinung anzuschließen[128].

Weiter spreche für diese Auffassung[129], daß durch die zuerst dargestellte Meinung der Geltungsbereich des Verbots parteipolitischer Betätigung zu weit ausgedehnt und dabei in die geschützte Privatsphäre der Arbeitnehmer, auch soweit sie dem Betriebsrat angehören, eingegriffen werde. Hinzu kommt das Argument[130], dem Betriebsrat und seinen Mitgliedern oblägen außerhalb des Betriebes keinerlei betriebsverfassungsrechtliche Aufgaben. Hieraus folge, daß ein Auftreten in der Öffentlichkeit bei parteipolitischen Veranstaltungen keinesfalls den Eindruck einer Repräsentation der Belegschaft des betreffenden Betriebes hervorzurufen vermag. Es könne dem Betriebsratsmitglied nicht verwehrt werden, bei der Mitwirkung an der politischen Willensbildung auf sein Amt aufmerksam zu machen, um dadurch etwa größeres Interesse an seinen Ausführungen zu wecken. Schließlich sei es ein berechtigtes Anliegen der politischen Parteien, darauf hinzuweisen, daß derjenige, der für sie auftritt, Betriebsratsmitglied und damit für entsprechende Fragen fachlich kompetent sei[131].

---

[126] *Burkhardt*, S. 287; *Dietz / Richardi*, § 23 Rn. 8, § 74 Rn. 62; *Fitting / Auffarth / Kaiser*, § 74 Rn. 8a; *GK-Thiele*, § 74 Rn. 54; *Gnade*, ArbRdGgw, Bd. 14 (1977), 59 (72); *Gnade / Kehrmann / Schneider / Blanke*, § 74 Rn. 30; *Nikisch* III, S. 239; *Schmittner*, AuR 1968, 353 (360); *Vollmer*, S. 70; LAG Frankfurt, DB 1967, 430 (431); für den einzelnen Arbeitnehmer verneint von ArbG München, DB 1984, 512.

[127] *Nikisch III*, S. 239.

[128] Vgl. auch *Gnade*, ArbRdGgw, Bd. 14 (1977), 59 (73).

[129] So *Hacker*, DB 1963, 962 (963), der aber der Gegenmeinung folgt (vgl. oben Fn. 120).

[130] *Schmittner*, AuR 1968, 353 (360).

Eine vermittelnde Meinung[132] will zwar einen Hinweis auf die Eigenschaft als Betriebsratsmitglied zulassen, nicht aber die Nennung des Firmennamens.

b) Stellungnahme

Derjenigen Auffassung, die einen Hinweis auf die Betriebsratsmitgliedschaft nicht als Verstoß gegen § 74 II 3 BetrVG ansieht[133], soll hier der Vorzug gegeben werden. Zunächst kann das Hauptargument der zuerst vorgestellten Meinung, außenstehende Dritte könnten den Eindruck gewinnen, das Betriebsratsmitglied handele im Auftrag und als Repräsentant der Belegschaft, nicht überzeugen. Derjenige, bei dem dieser Eindruck entsteht, befindet sich schlicht in einem Irrtum. Der Umstand, daß jemand eine bestimmte Äußerung wie den Hinweis auf die Betriebsratsmitgliedschaft falsch deutet oder deuten kann, erlaubt noch keine Einschränkung der politischen Betätigung in der Privatsphäre des Betriebsratsmitglieds. Auch eine Verletzung des Namensrechts des Betriebes, der Firma (vgl. §§ 17, 37 HGB) oder des Unternehmens nach § 12 BGB liegt nicht vor[134]; denn es handelt sich nicht um einen unter den Schutzzweck des § 12 BGB fallenden Namensgebrauch, sondern um eine davon zu unterscheidende, zulässige bloße Namensnennung[135]. Andererseits liegt selbstverständlich eine gegen § 74 II 3 BetrVG verstoßende parteipolitische Betätigung vor[136], wenn das Betriebsratsmitglied bei objektiver Betrachtungsweise den Eindruck oder den Anschein erweckt, daß er im Auftrag der gesamten Belegschaft handele[137]. Auch ein Blick auf das Soldatenverhältnis stützt die hier vertretene Auffassung. § 15 III SG untersagt es den Soldaten, bei politischen Veranstaltungen die Uniform zu tragen. Dies sicher auch deshalb, um in der Öffentlichkeit nicht den Eindruck entstehen zu lassen, Angehörige der staatlichen Einrichtung Bundeswehr und damit letztlich der Staat selbst identifiziere sich mit der politischen Organisation, die für die Veranstaltung verantwortlich zeichnet oder befürworte die politischen Ziele, die auf der Veranstaltung zur Sprache kommen[138]. Dann aber läßt sich — argu-

---

131 *Vollmer*, S. 69.

132 *Behnes*, S. 39.

133 Vgl. oben Fn. 126.

134 Vgl. dazu auch ArbG München, DB 1984, 512 für den einzelnen Arbeitnehmer.

135 Vgl. *Palandt / Heinrichs*, § 12 Anm. 5 a aa.

136 Vgl. *Vollmer*, S. 70.

137 Erklärt beispielsweise ein Betriebsratsmitglied in einer Zeitungsanzeige: „Namens des Betriebsrats und der Belegschaft der Z-AG fordere ich alle Arbeitnehmer in A-Stadt auf, die B-Partei zu wählen", ist der Verstoß gegen § 74 II 3 BetrVG evident.

138 Keine Erklärung des Uniformverbots findet sich bei *Scherer*, § 15 Rn. 10—13.

mentum e contrario — aus dem Fehlen einer entsprechenden Formulierung im BetrVG schließen, daß ein Betriebsratsmitglied im Rahmen seiner politischen Betätigung auf seine Zugehörigkeit zum Betriebsrat hinweisen darf.

Weiter kann das Betriebsratsmitglied, etwa bei der Erstellung einer Parteiliste für die Gemeinderatswahl oder anläßlich der Kandidatenauswahl einer Partei für einen Wahlkreis anläßlich der Bundestagswahl, ein erhebliches Interesse daran haben, seine Eigenschaft als Betriebsratsmitglied mit in die Waagschale zu werfen. Enthält beispielsweise das Wahlprogramm einer Partei zum Bundestag die Reformvorschläge zum Betriebsverfassungrecht und will sie diesen Programmpunkt personell dadurch absichern, daß sie eine entsprechende Anzahl von Kandidaten aufstellt, die das Arbeitsleben auch als Betriebsratsmitglied kennengelernt haben, wird es bei der Kandidatenauswahl im einzelnen Wahlkreis für das kandidierende Betriebsratsmitglied zur unumgänglichen Notwendigkeit, auf seine Tätigkeit im Betriebsrat hinzuweisen.

Weiterhin bestimmt § 37 I BetrVG, daß die Mitglieder des Betriebsrats ihr Amt unentgeltlich als *Ehrenamt* führen. Dem Wort Ehrenamt wird bei der Interpretation dieser Vorschrift keinerlei Bedeutung beigemessen[139]. Der Schwerpunkt der Auslegung des § 37 I BetrVG liegt eindeutig bei dem Merkmal der Unentgeltlichkeit[140]. Wenn man der Bezeichnung Ehrenamt eine Bedeutung zukommen lassen will, dann vielleicht angesichts der herausgehobenen Position des Betriebsratsmitglieds im Betrieb doch in dem ursprünglichen Sinne die, daß es ein ehrenvolles und mit Ansehen verbundenes Amt ist, auf welches das Betriebsratsmitglied „stolz" sein kann[141]. Ist mit dem Amt aber ein gewisses Ansehen verbunden, besteht kein Anlaß, hierauf, auch im Zusammenhang mit einer parteipolitischen Betätigung, nicht hinweisen zu dürfen.

Die oben[142] vorgestellte vermittelnde Meinung überzeugt deswegen nicht, weil es durchaus einen Unterschied macht, ob jemand als Betriebsobmann (vgl. § 9 Satz 1 BetrVG) eines kleinen Handwerkerbetriebes fungiert oder ob er das Amt eines Betriebsratsvorsitzenden einer Aktiengesellschaft mit mehreren tausend Betriebsangehörigen innehat.

---

139 Vgl. *Dietz / Richardi*, § 37 Rn. 5; *Fitting / Auffarth / Kaiser*, § 37 Rn. 7; *GK-Wiese*, § 37 Rn. 4.

140 Vgl. *Dietz / Richardi*, § 37 Rn. 5—11; *Fitting / Auffarth / Kaiser*, § 37 Rn. 8—13a; *GK-Wiese*, § 37 Rn. 5—7.

141 Siehe zur parallelen Erscheinung des Ehrenbeamten (vgl. §§ 3 II BRRG, 5 III BBG) *Stober*, S. 69 zum hier untersuchten „Auszeichnungszweck".

142 Vgl. Fn. 132.

Der Hinweis auf die Betriebsratsmitgliedschaft unterliegt also unter dem Gesichtspunkt des § 74 II 3 BetrVG solange keinen Bedenken, als damit bei objektiver Betrachtungsweise nicht der Eindruck erweckt wird, das Betriebsratsmitglied handele im Auftrag der Belegschaft.

IV. Erscheinungsformen parteipolitischer Betätigung

An dieser Stelle sollen einmal sämtliche, als parteipolitische Betätigungen in Frage kommenden Handlungen, die bisher Gegenstand gerichtlicher Entscheidungen waren, zusammengestellt werden.

1. Verbotene Betätigungen

— Das Sammeln von Unterschriften für die Unterstützung politischer Aktionen der KPD[143].

— Das Verteilen von „Wahlzetteln", wobei die Arbeitnehmer des Betriebes aufgefordert werden, bei bevorstehenden Wahlen eine bestimmte Partei zu wählen[144]. Im Fall des BAG[145] schob das Betriebsratsmitglied die als 10-DM-Scheine getarnten Wahlzettel zwischen leere Lohntüten.

— Verteilung von Flugblättern parteipolitischen Inhalts auf dem Betriebsgelände[146] (in der Kantine, am Arbeitsplatz), am Betriebseingang[147] oder auf dem Zugangsweg zum Betrieb[148].

— Von Parteien durch ihnen angehörige Betriebsratsmitglieder vor dem Werkstor durchgeführte Lautsprecheraktionen[149].

— Sammlung von Geldspenden im Betrieb für die Finanzierung einer Zeitungsanzeige gegen das Urteil des BVerfG zur Neuregelung des § 218 a StGB[150], wobei die Richter als CDU-freundliche Verfassungsrichter bezeichnet werden, und sich die Frage anschloß „darum CDU?"[151].

---

143 LAG Tübingen, BB 1952, 58; ArbG Duisburg, BB 1952, 377.
144 LAG Hannover, BB 1956, 109.
145 BAG AP Nr. 2 zu § 13 KSchG.
146 BAG AP Nr. 1 zu § 87 BetrVG 1972 Betriebsbuße.
147 BAG AP Nr. 1 zu § 74 BetrVG 1972; LAG Niedersachsen BB 1970, 1480.
148 BAG AP Nr. 4 zu § 13 KSchG.
149 LAG Hamburg BB 1970, 1479.
150 Vgl. BVerfGE 35, 1 ff.
151 LAG Berlin ARSt 1976, Nr. 76.

— Parteipolitische Reden von Betriebsratsmitgliedern und Jugendvertretern auf Betriebs- bzw. Jugendversammlungen (vgl. §§ 71 Satz 2, 45 Satz 1, 74 II 3 BetrVG)[152].

— Abhalten eines Referats über ein an und für sich zulässiges sozialpolitisches Thema durch einen Spitzenpolitiker während des Wahlkampfes in seinem Wahlkreis[153] auf einer Betriebsversammlung[154].

— Das Tragen einer Ansteckplakette durch ein Betriebsratsmitglied, worauf gegen den Kanzlerkandidaten der CDU/CSU Stellung bezogen wurde („Stoppt Strauß")[155].

2. Von § 74 II 3 BetrVG nicht verbotene Handlungen

— Es wurde hingegen nicht als parteipolitische Betätigung im Betrieb angesehen, wenn ein Betriebsratsmitglied in der Nähe des Betriebes außerhalb der Arbeitszeit in einer Gaststätte an einer parteipolitischen Wahlveranstaltung teilgenommen und Redebeiträge erbracht hatte[156].

— Auch das Tragen der „Atomkraft? Nein danke!"-Plakette durch ein Betriebsratsmitglied stellt nach hier vertretener Auffassung keine parteipolitische Betätigung dar[157]. Die Anti-Atomkraft-Plakette enthält zwar eine Meinungsäußerung zu einer seit Jahren in der Öffentlichkeit innerhalb und außerhalb der politischen Parteien heftig diskutierten politischen Frage[158]. Indessen wird mit dieser Meinungsäußerung[159] keinerlei Bezug zu einer bestimmten Partei, etwa den „Grünen" oder den sog. „Alternativen Listen" hergestellt, da sich Befürworter und Gegner der Atomenergie nach wie vor in fast allen politischen Parteien finden[160]. Bei der „Atomkraft? Nein danke!"-

---

152 LAG Düsseldorf DB 1977, 2191, wo der Sachverhalt für eine endgültige Beurteilung allerdings zu knapp ist; ArbG Kiel BB 1974, 1250.

153 Vgl. BAG AP Nr. 1 zu § 42 BetrVG 1972; zuvor LAG Düsseldorf DB 1975, 1849 und ArbG Wuppertal DB 1975, 1177.

154 Zu den damit verbundenen Problemen vgl. ausführlich unten § 8 VI.

155 Vgl. LAG Düsseldorf DB 1981, 1986; zu BAG DB 1983, 2578 vgl. *v. Hoyningen-Huene / R. Hofmann*, BB 1984, 1050; *Kohte*, AuR 1984, 125; *Roemheld*, SAE 1984, 162.

156 Vgl. LAG Hamburg DB 1970, 1479; a. A. die Vorinstanz ArbG Hamburg KJ 1970, 225.

157 Die bisher ergangenen Entscheidungen betrafen allerdings nur Arbeitnehmer, keine Betriebsratsmitglieder, vgl. etwa BAG AP Nr. 8 zu Art. 5 I GG Meinungsfreiheit; ArbG Hamburg BB 1980, 104.

158 Vgl. BAG AP Nr. 8 zu Art. 5 I GG Meinungsfreiheit.

159 A. A. *Mummenhoff*, DB 1981, 2539 (2540).

160 *GK-Thiele*, § 74 Rn. 52; *Oetker*, BlStSozArbR 1983, 321 (325). Zu politischen Plaketten im Betrieb ausführlich *v. Hoyningen-Huene / R. Hofmann*, BB 1984, 1050.

Plakette handelt es sich demnach um eine allgemeinpolitische Plakette, die nicht dem Verbot aus § 74 II 3 BetrVG unterfällt und daher grundsätzlich von Arbeitgeber und Betriebsratsmitgliedern im Betrieb getragen werden darf.

— Die Mitgliedschaft in einer Partei als solcher, insbesondere in einer kommunistisch orientierten Partei, bildet, solange sich keinerlei Auswirkungen im Betrieb zeigen, keine parteipolitische Betätigung des Betriebsratsmitglieds; denn die Mitgliedschaft als solche kann noch nicht als Handlung angesehen werden[161].

— In dem vom BVerfG[162] zu entscheidenden Sachverhalt, wo ein Betriebsratsmitglied einen gewerkschaftlichen Aufruf zu einer Kommunalwahl im Betrieb verteilte, liegt nach hier vertretener Auffassung ebenfalls keine parteipolitische Betätigung vor. In dem Handzettel wurde aufgefordert, aktive Arbeitnehmer zu wählen. Acht Personen, die der IG-Metall angehörten, waren namentlich benannt, wobei sechs Kandidaten der SPD, einer der CSU und ein weiterer einer Wählervereinigung angehörten. Auf diese Parteimitgliedschaft wurde jedoch nicht hingewiesen. Das BVerfG führt selbst aus[163], bei dem sachlich gehaltenen Wortlaut des Aufrufs, den das Betriebsratsmitglied verteilte, hätte es nahegelegen, in dieser Wahlwerbung keine „parteipolitische Betätigung“ zu sehen. Der Umstand, daß darin die Namen von Kandidaten mehrerer Parteien — anzufügen wäre: wenn auch im Verhältnis 6 : 1 — standen, deute mehr auf gewerkschaftliche Informationstätigkeit als auf parteipolitische Aktion hin[164].

— Keine verbotene parteipolitische Betätigung stellt es dar, wenn der Betriebsrat am schwarzen Brett ein Plakat des DGB zu dessen Aktion „5 Mahnminuten für den Frieden“ aufgehängt hat[165]. Zum einen handelt es sich um einen lediglich allgemeinpolitischen Beitrag zu einem tagespolitischen Thema (Nachrüstung, Raketenstationierung), bei dem keine einheitliche parteipolitische Zuordnung möglich ist[166], solange die Aktion nicht eindeutig von einer Partei getragen wird. Zum anderen wird nicht auf eine politische Partei, sondern auf eine Arbeitnehmerkoalition Bezug genommen[167].

---

[161] Vgl. BAG AP Nr. 28 zu § 66 BetrVG 1952; BAG AP Nr. 57 zu § 626 BGB; vgl. weiter *Depenbrock*, RdA 1961, 186.

[162] BVerfGE 42, 133.

[163] BVerfGE 42, 133 (141).

[164] A. A. jedoch *Galperin / Löwisch*, § 74 Rn. 21, wonach der Aufruf nahelegen sollte, daß die Arbeitnehmer die Liste wählten, auf der sechs Gewerkschaftsmitglieder standen, und nicht die, auf der nur eines stand.

[165] Vgl. ArbG Essen, AiB 1983, 162; a. A. ArbG Stuttgart, DB 1984, 835.

[166] ArbG München, DB 1984, 512.

[167] Vgl. *Berg / Bobke / Wolter*, BlStSozArbR 1983, 353 (356).

3. Folgerungen

Neben den soeben[168] dargestellten Fällen, die die Praxis der Gerichte beschäftigt haben, finden sich in der Literatur[169] eine Fülle weiterer Beispiele, auf die hier im einzelnen nicht näher eingegangen werden soll. Bei der Durchsicht der der Rechtsprechung entstammenden Sachverhalte fällt auf, daß es sich bei den in Bezug genommenen Parteien meist um Stellungnahmen für kommunistische Parteien oder aber die Sozialdemokratische Partei Deutschlands sowie Aktionen, die von diesen Parteien getragen werden, handelt. Mehrmals kommen auch Stellungnahmen gegen die CDU/CSU vor. Deswegen wird auch zu bedenken gegeben[170], bei der erstmaligen gesetzlichen Normierung des Verbots parteipolitischer Betätigung in § 51 Satz 2 BetrVG 1952 habe die damalige CDU-geführte Regierung unter Konrad Adenauer die damals noch nicht verbotene[171] Kommunistische Partei Deutschlands (KPD) im Auge gehabt. Die KPD betrachtete die Betriebe als günstiges Feld für ihre Agitation. Die damit verbundenen Gefahren für die Betriebe im kleinen und die Demokratie im großen sollen der politische Grund für die Statuierung eines Verbots parteipolitischer Betätigung gewesen sein[172].

Eine nähere Betrachtung der Sachverhalte zeigt weiter, daß die von der Rechtsprechung bevorzugte weite Auslegung dessen, was unter einer parteipolitischen Betätigung zu verstehen ist[173], und dem hier vertretenen Kriterium der Bezugnahme auf eine politische Partei in den entschiedenen Fällen fast immer zu den gleichen Ergebnissen geführt hätte. In aller Regel wird dort für oder gegen eine bestimmte Partei Stellung bezogen oder es wird die Aktion von einer politischen Partei getragen und von Betriebsratsmitgliedern durchgeführt. Eine Ausnahme bildet die BAG-Entscheidung[174] zum Stahlhelm-Aufmarsch. Dort faßte die Betriebsversammlung eines in Bremen ansässigen Betriebes unter Mitwirkung mehrerer Betriebsratsmitglieder eine Resolution, in welcher die Belegschaft gegen den Stahlhelm-Aufmarsch in einem in Hessen gelegenen Ort protestierte und ein entsprechendes Telegramm an die hessische Landesregierung sandte[175]. Der Stahlhelm läßt sich nicht als

---

168 Unter 1. und 2.

169 Vgl. *Glaubitz*, BB 1972, 1277; *Hacker*, DB 1963, 962 (964); *Meisel*, RdA 1976, 38 ff.; *Molitor*, BB 1955, 167.

170 *Nikisch* III, S. 237.

171 Vgl. BVerfGE 5, 85.

172 *Behnes*, S. 20.

173 Vgl. oben § 4 I 1.

174 BAG AP Nr. 1 zu § 44 BetrVG; Vorinstanz: LAG Bremen BB 1953, 946.

175 Zum Stahlhelm, Bund der Frontsoldaten, vgl. das Stichwort „Stahlhelm" in: der Große Brockhaus, Bd. 11, S. 14.

Partei oder deren Untergliederung im hier gebrauchten Sinne auffassen. So entwickelte das BAG seine weite Auslegung des Begriffs „parteipolitisch" denn auch in dieser Entscheidung. Richtigerweise hätte das BAG bereits bei der Abklärung der auf einer Betriebsversammlung zulässigen Themen zu dem Ergebnis kommen müssen, daß eine Resolution zum Stahlhelm-Aufmarsch außerhalb des zulässigen Themenkreises liegt (vgl. § 45 BetrVG). Im entschiedenen Fall kam eine konkrete Störung des Betriebsfriedens (§ 74 II 2 BetrVG) hinzu, so daß sich die Amtspflichtverletzung der Betriebsratsmitglieder zwangslos auch über diese Norm hätte begründen lassen.

Sowohl der Umfang als auch die Qualität der dargestellten parteipolitischen Betätigungen zeigen aber auch, daß Befürchtungen über „radikale Kader", die durch „subversive Wühlarbeit Agitation für einen gesellschaftspolitischen Umsturz" betreiben[176], an der Wirklichkeit des Arbeitslebens vorbeigehen.

V. Ergebnis

Der Begriff „parteipolitisch" ist restriktiv dahingehend auszulegen, daß hierunter nur jede ausdrücklich oder stillschweigend bezugnehmende Stellungnahme für oder gegen eine politische Partei i. S. von Art. 21 I GG, § 2 I ParteiG, deren organisatorische Untergliederungen oder führende Repräsentanten fällt. Eine „Betätigung" liegt grundsätzlich nur bei einer aktiven Tätigkeit vor. Die Betätigung muß nicht im eigenen Interesse des Handelnden oder im Interesse einer Partei erfolgen, vielmehr beurteilt sich die Betätigung in Form einer bezugnehmenden Stellungnahme aus der Sicht des Empfängers, auf den die Betätigung einwirkt. Die Duldung parteipolitischer Betätigung anderer Belegschaftsmitglieder oder Dritter stellt nur dann eine eigene Betätigung der Betriebspartner dar, wenn diese die parteipolitische Betätigung zurechenbar veranlaßt haben. Der parteipolitische Meinungsaustausch im privaten Gespräch auch im Betrieb ist keine Betätigung i. S. von § 74 II 3 BetrVG. Das Merkmal „im Betrieb" kann nicht nur räumlich verstanden werden, vielmehr ist auf die Zweckrichtung des parteipolitisch Handelnden, in den Betrieb oder auf die Belegschaft einzuwirken, abzustellen. Außerhalb des Betriebes darf ein Betriebsratsmitglied ohne Verstoß gegen § 74 II 3 BetrVG auf sein Amt hinweisen, solange nicht die konkrete Äußerung ergibt, daß das Betriebsratsmitglied auf die Belegschaft einwirken will oder die Behauptung aufstellt, im Namen der Belegschaft parteipolitisch zu handeln. Die praktisch wichtigsten Erscheinungsformen parteipolitischer Betätigung, die auch die Rechtspre-

---

176 So *Galperin*, BB 1971, 137 (139).

chung mehrfach beschäftigt haben, bilden die Verteilung von Flugblättern im Betrieb oder vor dem Werkstor, parteipolitische Reden auf der Betriebsversammlung sowie neuerdings das Tragen von Ansteckplaketten parteipolitischen Inhalts.

§ 5 Adressatenkreis

Bezüglich des vom Verbot parteipolitischer Betätigung betroffenen Adressatenkreises verweist § 74 II 3 BetrVG („sie") auf § 74 II 2 BetrVG und die dort genannten Betriebsverfassungsorgane Arbeitgeber und Betriebsrat. Im Schrifttum, teilweise auch in der Rechtsprechung, wird jedoch der Adressatenkreis erheblich ausgeweitet. Dies erscheint, soweit das BetrVG ausdrückliche Vorschriften erhält, wie etwa § 51 VI BetrVG für den Gesamtbetriebsrat, §§ 59 I, 51 VI BetrVG für den Konzernbetriebsrat, in § 71 Satz 2 BetrVG für die Betätigung der Jugendvertretung in der Jugendversammlung kaum problematisch. Bei den darüber hinausgehend ins Auge gefaßten Adressaten[1] muß jedoch eingehender untersucht werden, ob das Verbot parteipolitischer Betätigung nach Sinn und Zweck analog Anwendung finden kann. Dabei wird zweckmäßigerweise die Rechtslage beim einzelnen Arbeitnehmer vorangestellt. Dies rechtfertigt sich weniger daraus, daß im Schrifttum erwogen wird, das Verbot aus § 74 II 3 BetrVG auch auf den einzelnen Arbeitnehmer anzuwenden. Gewichtiger erscheint der Umstand, daß nach der ganz herrschenden sog. „Simultantheorie"[2] eine Handlung sowohl eine Amtspflichtverletzung wie einen Verstoß gegen die Pflichten aus dem Arbeitsvertrag darstellen kann. Dies gilt auch und gerade bei einer parteipolitischen Betätigung eines Arbeitnehmers, der zugleich Betriebsratsmitglied ist[3]. Die Rechtslage bei einer parteipolitischen Betätigung des einzelnen Arbeitnehmers erlangt damit als Ausgangspunkt und Vergleichsmöglichkeit auch Bedeutung für das Verständnis des Verbots parteipolitischer Betätigung aus § 74 II 3 BetrVG bei dessen Anwendung auf die betriebsverfassungsrechtlichen Funktionsträger.

---

[1] Vgl. etwa *Dietz / Richardi*, § 74 Rn. 64—66; *Galperin / Löwisch*, § 74 Rn. 23; *Meisel*, RdA 1976, 38 (40).

[2] Vgl. *Bieback*, RdA 1978, 82 (84); *Buchner*, Fälle, S. 65; *Dietz / Richardi*, § 23 Rn. 15; *G. Hueck*, in: Hueck, KSchG, § 15 Rn. 45.

[3] Vgl. BAG AP Nr. 2 zu § 13 KSchG; BAG AP Nr. 4 zu § 13 KSchG; LAG Hamburg, BB 1970, 1479; *Dietz / Richardi*, § 23 Rn. 8; kritisch: *Bieback*, RdA 1978, 82 (90 f.) und *F.-J. Meyer*, S. 119 ff. Ausführlicher zur Simultantheorie, insbesondere wegen der dadurch möglichen Rechtsfolgen, unten § 6 V 1 c.

I. Der einzelne Arbeitnehmer

1. Geltung des § 74 II 3 BetrVG

Umstritten ist die Frage, ob auch ein Arbeitnehmer, welcher nicht dem Betriebsrat angehört, dem Verbot parteipolitischer Betätigung nach § 74 II 3 BetrVG unterliegt.

a) Meinungsstand

Unter der Geltung des BetrVG 1952 entsprach es der h. M.[4], daß das Verbot parteipolitischer Betätigung des § 51 Satz 2 BetrVG 1952 auch auf die einzelnen Arbeitnehmer Anwendung finden sollte. Diese Auffassung wurde damit begründet, der Betriebsfrieden habe in jedem Falle im Vordergrund zu stehen. Für dessen Erhaltung hätten nicht nur Arbeitgeber und Betriebsrat zu sorgen, sondern in gleichem Maße auch die anderen Arbeitnehmer. Da aber auch die parteipolitische Betätigung eines einfachen Arbeitnehmers diesen Frieden in gleichem Maße beeinträchtige, müsse jedem Betriebsangehörigen ein parteipolitisches Handlungsverbot auferlegt werden. Das BAG[5] dehnte ebenfalls das Verbot zumindest bei provozierender parteipolitischer Betätigung „im Hinblick auf den maßgebenden Grundsatz der Erhaltung des Betriebsfriedens" auf alle Arbeitnehmer aus.

Seit dem Inkrafttreten des BetrVG 1972 befindet sich diese Meinung auf dem Rückzug[6]. Es wird argumentiert, das Verbot richte sich deshalb an alle Betriebsangehörigen, weil es im Sinn des BetrVG und der in ihm festgelegten betrieblichen Friedenspflicht liege, die parteipolitische Betätigung am Arbeitsplatz und damit eine Politisierung des Betriebes auszuschließen[7]. Das Verbot müsse zumindest bei provozierendem Verhalten für alle Arbeitnehmer gelten[8]. Man könne gleichsam von einer „Drittwirkung" des § 74 II 2 und 3 BetrVG sprechen, da sie Grundregeln für das Zusammenleben der Mitarbeiter im Betrieb darstellen. Daher würden jedenfalls bei provozierender parteipolitischer Betätigung alle Arbeitnehmer erfaßt[9], weil dadurch erfahrungsgemäß Differenzen

---

[4] BAG AP Nr. 4 zu § 13 KSchG; LAG Bayern, BB 1958, 844; *Dietz*, § 51 Rn. 16 b; *Hohn*, BB 1965, 545 (548); *Mager / Wisskirchen*, § 51 Rn. 12; *Molitor*, BB 1954, 134 (135); *Rothe*, BlStSozArbR 199, 189; a. A. *Säcker*, in: Hueck / Nipperdey, II/2, S. 1347; *Nikisch*, III, S. 237; *Neumann-Duesberg*, S. 442.

[5] BAG AP Nr. 4 zu § 13 KSchG.

[6] Sie wird noch vertreten von *Kammann / Hess / Schlochauer*, § 74 Rn. 34; *Meisel*, RdA 1976, 38 (43); *K. Nipperdey / Seifert*, S. 56; *Stege / Weinspach*, § 74 Rn. 11.

[7] *Kammann / Hess / Schlochauer*, § 74 Rn. 34.

[8] *Stege / Weinspach*, § 74 Rn. 11.

in der Belegschaft auftreten würden. Das BAG hat die Frage, ob § 74 II 3 BetrVG auch für sämtliche Arbeitnehmer gilt[10], ausdrücklich offengelassen.

Demgegenüber formuliert das BVerfG[11], die Vorschrift wende sich sowohl an die Arbeitgeber als auch an solche Arbeitnehmer, die als Betriebsangehörige besondere Funktionen im Betrieb wahrnehmen. Damit wird man das BVerfG der mittlerweile ganz h. M. hinzurechnen dürfen, die die Anwendung des § 74 II 3 BetrVG auf alle Arbeitnehmer ablehnt[12]. Diese Meinung hat zunächst den Wortlaut der Vorschrift auf ihrer Seite, der den Anwendungsbereich auf Arbeitgeber und Betriebsrat begrenzt[13]. Des weiteren erscheint eine solche individualrechtliche Verpflichtung des einzelnen Arbeitnehmers systemfremd[14], weil das BetrVG — abgesehen von §§ 81—86 BetrVG[15] — kollektivrechtliche Normen enthält.

Auch wird zur Begründung der in § 45 Satz 1, Hs. 2 BetrVG enthaltene Verweis auf § 74 II BetrVG herangezogen. Dieser Verweis habe das Ziel, das Verbot parteipolitischer Betätigung über die Betriebspartner hinaus auf die anderen Teilnehmer der Betriebsversammlung zu erstrecken, für die es sich aus § 74 II 3 BetrVG nicht unmittelbar ergebe[16]. Weiter richte das Verbot sich auch deswegen nur an die Exponenten des Betriebes — Arbeitgeber und Betriebsrat —, weil die Gefahr von Störungen des Betriebsfriedens wegen deren herausgehobener Stellung erhöht sei. Größere Machtzuteilung erfordere auch größere Beschränkungen auf anderen Gebieten[17]. Darüber hinaus wird das Grundrecht auf Meinungsfreiheit aus Art. 5 I 1 GG angeführt. Ein Verbot jeglicher politischer Betätigung im Betrieb für alle Betriebsangehörigen würde angesichts der Tatsache, daß der Arbeitnehmer den größten Teil seines wachen Lebens im Betrieb verbringt, bereits den Wesensgehalt

---

9 *Meisel*, RdA 1976, 38 (43); *ders.*, SAE 1977, 91 (93); nur hinsichtlich einer „Drittwirkung" des § 74 II 2 BetrVG zustimmend *Konzen*, in: Festschrift für Mühl, S. 365 (381).

10 In einer Entscheidung vom 13. 10. 1977, BAG AP Nr. 1 zu § 1 KSchG 1969 Verhaltensbedingte Kündigung, Leitsatz 2 sowie unter II 4 der Gründe.

11 BVerfGE 42, 133 (140).

12 *Däubler*, Bd. 2, 5.8.2.4.; *Dietz / Richardi*, § 74 Rn. 65; *Fitting / Auffarth / Kaiser*, § 74 Rn. 9; *Galperin / Löwisch*, § 74 Rn. 23 a; *GK-Thiele*, § 74 Rn. 55; *Gnade / Kehrmann / Schneider / Blanke*, § 74 Rn. 32; *Siebert / Degen / Becker*, § 74 Rn. 18.

13 *Bieback*, RdA 1978, 82 (91).

14 *Richardi*, NJW 1962, 1374.

15 Die Regelung dieser Individualrechte im BetrVG wird daher auch allgemein als verfehlt angesehen, vgl. *v. Hoyningen-Huene*, § 13 III.

16 *Rüttgers*, S. 47; vgl. zur Richtigkeit dieser Argumentation unten § 8 III 2 a, c.

17 *Behnes*, S. 47.

(Art. 19 II GG) seines Grundrechts aus Art. 5 I 1 GG antasten[18]. Im übrigen werde die Ausdehnung des Verbots auf alle Arbeitnehmer dazu benutzt, um die Beschäftigten zu disziplinieren und den Betrieb zur grundgesetzfreien Zone zu deklarieren[19].

b) Stellungnahme

Der früher h. M. wurde nicht zu Unrecht vorgeworfen[20], am Ende der Tatbestandsinterpretation des Verbots parteipolitischer Betätigung stünde „das Bild eines Arbeitnehmers als eines Menschen minderer Grundrechte, eines apolitischen Arbeitnehmers, der in lebensfremde Zwänge gepreßt" würde. Dies ergebe sich als Summe, wenn man in die „Betätigung" das Dulden politischer Aktivitäten anderer Arbeitnehmer einbeziehe[21], den Begriff „parteipolitisch" weit fasse und auch „allgemeinpolitische Fragen" dazu zähle[22] und schließlich als selbstverständlich unterstelle, daß sich das Verbot auch noch auf alle Arbeitnehmer beziehe.

Soweit die Vertreter der hier abgelehnten Auffassung das Verbot des § 74 II 3 BetrVG auf alle Arbeitnehmer nur bei einer „provozierenden" parteipolitischen Betätigung anwenden wollen[23], ist dem entgegenzuhalten, daß hierdurch neue Unschärferelationen in den persönlichen Anwendungsbereich des Verbots hineingetragen werden. Nur zu leicht kommt hier die subjektive Sicht Andersdenkender ins Spiel[24]. Die abweichenden Entscheidungen zur Frage der Zulässigkeit des Tragens von Ansteckplaketten machen dies deutlich[25]. Von der Bildung einer Rechtsfigur der provozierenden parteipolitischen Betätigung sollte daher Abstand genommen werden. Mit dieser verfehlten Rechtskonstruktion — der Anwendung des § 74 II 3 BetrVG auf alle Arbeitnehmer bei „provozierender" Betätigung — wird ohnehin nur das angestrebt, was der Arbeitnehmer nach seinem Arbeitsvertrag als Nebenpflicht schuldet, nämlich konkrete Störungen des Betriebsfriedens durch parteipolitische

[18] *Säcker*, AuR 1965, 353 (359).

[19] *Siebert / Degen / Becker*, § 74 Rn. 18.

[20] *Joachim*, in: Posser / Wassermann, S. 255.

[21] Vgl. dazu oben § 4 II 3.

[22] Vgl. oben § 4 I 1.

[23] Vgl. oben Fn. 8, 9.

[24] *Otto*, AuR 1980, 289 (296).

[25] Vgl. ArbG Berlin BB 1968, 251 einerseits, LAG Berlin, Berliner Entscheidungskalender 1968/287 ff. andererseits „Enteignet Springer"; ArbG Hamburg NJW 1979, 2638; ArbG Hamburg EzA Nr. 5 zu Art. 5 GG; VerwG Berlin NJW 1979, 2629 einerseits, BAG AP Nr. 8 zu Art. 5 GG Meinungsfreiheit; VerwG Hamburg NJW 1979, 2164 andererseits zur „Atomkraft? Nein danke!"-Plakette.

Betätigung zu unterlassen[26]; denn was mit dem Terminus „provozierend“ gemeint ist, dürfte gerade die Sachverhalte abdecken, bei denen eine Störung des Betriebsfriedens prima facie zumindest naheliegt. Auch in dieser Frage des Adressatenkreises[27] läßt sich aus § 15 I SG, wo jedem Soldaten die Pflicht auferlegt wird, sich im Dienst nicht für oder gegen eine bestimmte politische Richtung zu betätigen, ein Argument gewinnen: Selbst wenn es noch hinnehmbar wäre, daß Arbeitgeber und Betriebsrat wegen ihrer exponierten Stellung im Betrieb jedes politische Handeln untersagt werden kann[28], dürfte doch umgekehrt nur um den Preis der Einführung von Kasernenhofdisziplin das strenge Verbot aus § 74 II 3 BetrVG auch auf jeden Arbeitnehmer im Betrieb ausgedehnt werden. Dann aber würde in der Tat die zwischenmenschliche Kommunikation im Betrieb auf die Erörterung der Spielergebnisse der Fußball-Bundesliga oder die Urlaubserlebnisse auf Mallorca reduziert[29].

2. Arbeitsvertragliche Grenzen parteipolitischer Betätigung

Obwohl sich § 74 II 3 BetrVG nicht an die Arbeitnehmer des Betriebes richtet, kann daraus nicht gefolgert werden, die Arbeitnehmer würden hinsichtlich einer parteipolitischen Betätigung im Betrieb keinen rechtlichen Grenzen unterliegen. Für diesen Personenkreis ergeben sich die Beschränkungen aus dem Arbeitsvertrag[30].

a) Dogmatische Herleitung

Diese rechtlichen Grenzen bei der parteipolitischen Betätigung bestehen auch unabhängig davon, wie man sich bei der Streitfrage über die Rechtsnatur des Arbeitsverhältnisses als Austausch- oder Gemeinschaftsverhältnis[31] entscheidet.

Dennoch erscheint es unmittelbar einsichtig, daß ein Verständnis des Arbeitsverhältnisses als personenrechtliches Gemeinschaftsverhältnis, verbunden mit einer umfassenden Treuepflicht des Arbeitnehmers[32], die

---

[26] Vgl. dazu sogleich unter 2 b bb.

[27] Vgl. schon oben § 4 I 3 zur Frage der Interpretation des Merkmals „parteipolitisch“.

[28] Vgl. auch § 15 IV SG.

[29] So pointiert *Birk*, S. 321.

[30] *Dietz / Richardi*, § 74 Rn. 65; *Galperin / Löwisch*, § 74 Rn. 23 a; *GK-Thiele*, § 74 Rn. 55; *Gnade*, ArbRdGgw 1977 (Bd. 14), S. 59 (68); *v. Hoyningen-Huene*, § 4 IV.

[31] Vgl. dazu *Schwerdtner*, Fürsorgetheorie und Entgelttheorie im Recht der Arbeitsbedingungen; *Wiedemann*, Das Arbeitsverhältnis als Austausch- und Gemeinschaftsverhältnis.

[32] So *Hueck / Nipperdey*, Bd. I, § 37 I; *Nikisch*, Bd. I, § 34 I 1.

Formulierung rechtlicher Grenzen bei parteipolitischer Betätigung des Arbeitnehmers leichter macht. Denn wer den Inhalt der Treuepflicht darin sieht[33], der Arbeitnehmer habe sich nach besten Kräften für die Interessen des Arbeitgebers und das Gedeihen des Betriebes einzusetzen und alles zu unterlassen, was dem Arbeitgeber oder dem Betrieb abträglich sein könnte, wird eher geneigt sein, die Grenzen einer parteipolitischen Betätigung des Arbeitnehmers im Betrieb eng zu ziehen[34]. Vertrat doch auch das BAG in zwei älteren Entscheidungen[35] die Auffassung, eine parteipolitische Betätigung sei erfahrungsgemäß in besonderem Maße geeignet, den Betriebsfrieden zu gefährden, ja, es spräche sogar eine tatsächliche Vermutung dafür, daß durch eine provozierende parteipolitische Betätigung im Bereich des Betriebes der Betriebsfrieden gefährdet werde.

Andererseits leugnen auch die Vertreter derjenigen Auffassung, die das Arbeitsverhältnis als bloßes schuldrechtliches Austauschverhältnis mit personenrechtlichem Einschlag begreifen[36], nicht, daß es rechtliche Grenzen der parteipolitischen Betätigung des Arbeitnehmers im Betrieb geben muß. Diese werden abgeleitet aus den nach der modernen Schuldrechtsdogmatik zu jedem Schuldverhältnis gehörenden gegenseitigen Pflichten der Rücksichtnahme, des Schutzes und der Förderung des Vertragszwecks. Positiv-rechtliche Grundlage für diese arbeitsrechtliche Nebenpflicht ist der Maßstab von Treu und Glauben, § 242 BGB[37]. Bei der insoweit vorzunehmenden Bestimmung der Pflichtenstruktur des Arbeitsverhältnisses bedarf es allerdings einer sorgsameren Analyse und Argumentation als bei der Annahme einer umfassenden Treuepflicht[38]. Das BAG sprach bei der Beurteilung einer parteipolitischen Betätigung eines Arbeitnehmers einmal[39] von einer entsprechenden arbeitsvertraglichen Nebenpflicht, ein anderes Mal[40] von einer wesentlichen arbeitsvertraglichen Pflicht.

Festzuhalten bleibt noch, daß es bei dem einzelnen Arbeitnehmer nicht um ein grundsätzliches oder absolutes Verbot parteipolitischer Be-

---

33 *Nikisch*, Bd. I, § 34 I 1.

34 Vgl. *Buchner*, ZfA 1979, 335 (349).

35 BAG vom 4. 5. 1955, AP Nr. 1 zu § 44 BetrVG; BAG vom 13. 1. 1956, AP Nr. 4 zu § 13 KSchG; neuerdings wieder LAG Hamm, BB 1980, 1803.

36 *Schwerdtner*, Fürsorgetheorie und Entgelttheorie im Recht der Arbeitsbedingungen, insbesondere S. 79 ff.; *ders.*, JZ 1973, 377 (380); weiter *Hanau / Adomeit*, S. 139 f.; *Otto*, AuR 1980, 289 (294).

37 Allg. *Schwerdtner*, Fürsorgetheorie und Entgelttheorie im Recht der Arbeitsbedingungen, S. 91; speziell zur parteipolitischen Betätigung des Arbeitnehmers *Otto*, AuR 1980, 289 (294).

38 *Buchner*, ZfA 1979, 335 (345); *Schwerdtner*, JZ 1973, 377 (380).

39 BAG AP Nr. 28 zu § 66 BetrVG.

40 BAG AP Nr. 69 zu § 626 BGB.

tätigung im Betrieb geht, sondern um das Aufzeigen von Grenzen. Der Betrieb stellt weder eine politische Enklave[41] dar, noch wäre es mit der elementaren Bedeutung des Grundrechts aus Art. 5 GG vereinbar, würde „die Freiheit der politischen Meinungsäußerung dem Bereich der betrieblichen Arbeitswelt, die die Lebensgestaltung zahlreicher Staatsbürger wesentlich bestimmt, schlechthin ferngehalten“[42].

b) Bestimmung der Grenzen

Das BAG hat bisher in einer langen Reihe von Entscheidungen[43] seinen Ausgangspunkt in immer wieder ähnlichen Formulierungen dahingehend gefaßt, daß eine politische oder eine parteipolitische Betätigung des einzelnen Arbeitnehmers nur unzulässig sei, wenn dadurch das Arbeitsverhältnis konkret berührt werde, sich also betriebliche Auswirkungen zeigten. Dieser Obersatz wird sodann in vier Funktionskreise des Arbeitsverhältnisses aufgefächert. Es könne betroffen sein im Leistungsbereich, im Bereich der betrieblichen Verbundenheit aller Mitarbeiter (Betriebsordnung, Betriebsfrieden), im personalen Vertrauensbereich der Vertragspartner oder auch im Unternehmensbereich[44]. Weiter ist davon auszugehen, daß die Grenzen der parteipolitischen Betätigung um so enger sind, je höher der Arbeitnehmer in der betrieblichen Hierarchie als Vorgesetzter, Abteilungsleiter oder Meister angesiedelt ist[45], weil seine Loyalitätspflichten gegenüber dem Arbeitgeber im gleichen Maße ansteigen und er zunehmend Arbeitgeberfunktionen wahrnimmt[46]. Berücksichtigt werden muß dabei jedoch stets, daß das „Haben einer Überzeugung“ und die Mitteilung davon an andere so lange unerheblich ist, als dadurch die verschiedenen Ebenen des Arbeitsverhältnisses nicht berührt werden[47].

Diese vier vom BAG aufgezeigten Kriterien Leistungsbereich, betriebliche Verbundenheit aller Mitarbeiter, Vertrauens- und Unternehmensbereich wird man nicht als abschließende Systematik mit sich jeweils

---

41 *Schaub*, § 53 II 5.

42 So BVerfGE 42, 133 (140) und BAG DB 1983, 2578.

43 BAG AP Nr. 28 zu § 66 BetrVG; BAG AP Nr. 57 zu § 626 BGB; BAG AP Nr. 58 zu § 626 BGB; BAG AP Nr. 83 zu § 1 KSchG; BAG AP Nr. 2 zu § 134 BGB; BAG AP Nr. 1 zu § 15 KSchG 1969; BAG AP Nr. 5 zu § 611 BGB Beschäftigungspflicht; BAG AP Nr. 1 zu § 1 KSchG 1969 Verhaltensbedingte Kündigung; AG AP Nr. 69 zu § 626 BGB; BAG DB 1983, 2578.

44 Bezüglich dieser vier Bereiche folgt das BAG weitgehend der Einteilung von *König*, RdA 1969, 8 (13).

45 *Bäumer*, BlStSozArbR 1981, 337 (340); *Galperin / Löwisch*, § 74 Rn. 23 a; *Löwisch*, Anm. zu BAG EzA § 74 Nr. 3, S. 4.

46 *Otto*, AuR 1980, 289 (291), mit Fn. 19.

47 BAG AP Nr. 1 zu § 15 KSchG 1969; *Stahlhacke*, Rn. 779.

ausschließenden Tatbeständen verstehen dürfen. Vielmehr ist anzunehmen, daß das BAG lediglich besonders wichtige und naheliegende Aspekte des Arbeitsverhältnisses nennt, um die doch vage Formel der konkreten Berührung des Arbeitsverhältnisses durch die parteipolitische Betätigung etwas näher zu beschreiben[48]. Das Schrifttum folgt dem Ausgangspunkt des BAG denn auch weitgehend[49].

aa) Leistungsbereich

Der Leistungsbereich ist dann konkret berührt, wenn infolge der parteipolitischen Betätigung der Arbeitnehmer seine Arbeitspflicht nicht bzw. nicht ordnungsgemäß erfüllt, etwa wenn der Arbeitnehmer von der Arbeit fernbleibt, um an einer Demonstration teilzunehmen[50]. Ein nicht ordnungsgemäßes Erbringen der Arbeitsleistung ist auch anzunehmen, wenn ein Arbeitnehmer mit Kundenkontakt an seiner Kleidung eine parteipolitische Ansteckplakette trägt, weil dies zu Mißstimmungen bei den Kunden und mithin zu einer Beeinträchtigung der Kundenbeziehungen führen kann[51].

bb) Betriebliche Verbundenheit aller Mitarbeiter

Der Bereich der betrieblichen Verbundenheit aller Mitarbeiter wird konkret beeinträchtigt, wenn der Betriebsfrieden oder die betriebliche Ordnung durch Handlungen gestört werden, die das friedliche Zusammenarbeiten der Arbeitnehmer untereinander und mit dem Arbeitgeber in erheblichem Maße erschüttern und nachteilige betriebliche Wirkungen zeitigen, etwa wenn es zu Beschwerden einzelner Arbeitnehmer oder Arbeitnehmergruppen kommt[52]. Der Gesichtspunkt der Störung des Betriebsfriedens wird vom BAG teilweise der Beeinträchtigung des Leistungsbereiches[53], teilweise aber auch der Beeinträchtigung der betrieblichen Verbundenheit aller Mitarbeiter[54] zugeordnet.

---

[48] So auch *König*, RdA 1969, 8 (13).

[49] *Buchner*, ZfA 1982, 49 (51); *Dütz*, Anm. zu BAG EzA Nr. 2 zu § 611 BGB Beschäftigungspflicht (unter II 2 a); *Gamillscheg* I, Nr. 25; *KR-Becker*, § 1 Rn. 262; *Löwisch*, Anm. zu BAG EzA Nr. 3 zu § 74 BetrVG 1972 (unter II); *Otto*, Personale Freiheit, S. 88; *Stahlhacke*, Rn. 779.

[50] *Hoechst*, AuR 1960, 134 (137); *KR-Becker*, § 1 KSchG Rn. 262.

[51] *Gamillscheg*, Arbeitsrecht I, Nr. 209c; *Löwisch / Schönfeld*, Anm. zu BAG EzA Art. 5 GG Nr. 10, S. 71; *Mummenhoff*, DB 1981, 2539 (2541).

[52] *KR-Becker*, § 1 KSchG Rn. 262; nur angemerkt sei, daß das, was das BAG in umständlichem Juristendeutsch als Bereich der betrieblichen Verbundenheit aller Mitarbeiter bezeichnet, im österreichischen Arbeitsrecht schlicht „Verträglichkeitsgebote" heißt, vgl. *Mayer-Maly*, in: Tomandl, Innerbetriebliche Arbeitnehmerkonflikte aus rechtlicher Sicht, S. 59 (61 ff.).

[53] So in BAG AP Nr. 57 zu § 626 BGB; BAG AP Nr. 28 zu § 66 BetrVG; BAG DB 1983, 2578.

[54] BAG AP Nr. 58 zu § 626 BGB; BAG AP Nr. 69 zu § 626 BGB.

Des weiteren ist beim gegenwärtigen Stand der Rechtsprechung unklar, wie weit der Betriebsfrieden bereits gestört sein muß. Verlangt das BAG einmal[55], daß die Störung des Betriebsfriedens sich in einzelnen, genau feststellbaren und festzustellenden Umständen äußern muß[56], läßt es das BAG ein anderes Mal genügen, ob es, wenn noch keine konkrete Störung des Betriebsfriedens festgestellt werden kann, nicht doch erfahrungsgemäß zu einer Störung kommt[57].

cc) Personaler Vertrauensbereich

Eine konkrete Beeinträchtigung des personalen Vertrauensbereiches der Vertragspartner soll nach einer Auffassung[58] nur für solche Arbeitnehmer in Betracht kommen, denen aufgrund ihrer betrieblichen Aufgabenstellung eine Vertrauensposition zukommt, etwa als leitende Angestellte oder sonstige Arbeitnehmer mit eigenverantwortlichen Aufgaben. Das BAG sah diesen Tatbestand jedoch bereits mehrmals auch bei „einfachen" Arbeitnehmern erfüllt[59]. In allen drei Fällen ging es um die Beurteilung von Kündigungen, die der Arbeitgeber ausgesprochen hatte, weil er in von den betroffenen Arbeitnehmern verteilten Flugblättern politischer Parteien angegriffen worden war. In Vorwürfen wie „Vertuschen von schweren Betriebsunfällen", „Arbeitshetze und verschärfte Ausbeutung" sowie „Entlassungsterror"[60] oder „ausgeklügelte Antreibermethoden" sowie „Überstundenschinderei"[61] sah das BAG den personalen Vertrauensbereich deshalb unmittelbar berührt, weil durch diese Vorwürfe der Arbeitgeber diskriminiert und in der öffentlichen Meinung herabgesetzt worden sei.

dd) Unternehmensbereich

Eine konkrete Beeinträchtigung des Unternehmensbereiches durch die parteipolitische Betätigung des Arbeitnehmers liegt vor, wenn dadurch Kunden oder Lieferanten des Arbeitgebers von der Aufnahme von Geschäftsbeziehungen abgehalten oder zum Abbruch derselben veranlaßt

---

55 BAG AP Nr. 57 zu § 626 BGB.

56 Derartige Tatsachenfeststellungen finden sich auch in BAG DB 1983, 2578.

57 BAG AP Nr. 5 zu § 611 BGB Beschäftigungspflicht; ihm folgen *W. Blomeyer*, ZfA 1972, 85 (101); *Gamillscheg*, Arbeitsrecht I, Nr. 25 und *Meisel*, RdA 1976, 38 (43); wohl auch *Gamillscheg*, AcP 164, 385 (434), wenn er eine „schwere und nachhaltige" Gefährdung des Betriebsfriedens durch die parteipolitische Äußerung verlangt.

58 *KR-Becker*, § 1 KSchG Rn. 262.

59 BAG AP Nr. 2 zu § 134 BGB; BAG AP Nr. 1 zu § 1 KSchG Verhaltensbedingte Kündigung; BAG AP Nr. 69 zu § 626 BGB.

60 BAG AP Nr. 69 zu § 626 BGB.

61 So BAG AP Nr. 1 zu § 1 KSchG 1969 Verhaltensbedingte Kündigung.

werden[62]. Das BAG verwendet einmal zur Charakterisierung des Unternehmensbereichs den Begriff „Betriebsgefährdung“[63], nähere Ausführungen fehlen jedoch. Das oben[64] erwähnte Beispiel des eine parteipolitische Plakette tragenden Arbeitnehmers mit Kundenkontakt paßt auch für die Fallgruppe des Unternehmensbereiches, weil bei jenem Arbeitnehmer gerade aus Rücksicht auf Verstimmung bei politisch andersdenkenden Kunden das Anstecken einer Plakette als Verstoß gegen seine arbeitsvertraglichen Pflichten ausgelegt wird. In diesem Fall ist also sowohl der Leistungsbereich als auch der Unternehmensbereich tangiert. Nehmen an der Plakette die Arbeitskollegen mehrfach Anstoß und kommt es hierüber zu Diskussionen, die den Arbeitsablauf erheblich verzögern oder den Betriebsfrieden beeinträchtigen, ist das Arbeitsverhältnis auch insoweit berührt, als zusätzlich die Fallgruppe betriebliche Verbundenheit aller Mitarbeiter[65] einschlägig ist[66].

ee) Art. 5 GG und die Schranken der Grundregeln über das Arbeitsverhältnis

Besteht die parteipolitische Betätigung des Arbeitnehmers — wie in aller Regel — in einer Meinungsäußerung, fällt dies in den Schutzbereich des Art. 5 I GG. Dabei kann es dahinstehen, ob diese Verfassungsnorm unmittelbar[67] oder nur mittelbar[68] in den Privatrechtsverkehr und damit auch in das Arbeitsverhältnis hineinwirkt. Jedenfalls prägt das Grundrecht der Meinungsfreiheit auch die Beziehungen der Arbeitsvertragsparteien[69]. Als Schranken des Grundrechts auf freie Meinungsäußerung nennt Art. 5 II GG u. a. die allgemeinen Gesetze. Hierzu zählt das BAG auch die Grundregeln über das Arbeitsverhältnis[70]. Als solche Grundregeln formuliert das BAG dann genau jene Grenzen[71], die das Gericht als arbeitsvertragliche Beschränkungen dem Arbeitnehmer hinsichtlich einer parteipolitischen Betätigung im Betrieb auferlegt hat. Zu diesen maßgebenden Grundregeln gehöre das Pflichtengebot, sich so zu verhalten, daß der Betriebsfrieden nicht ernstlich und schwer gefähr-

---

62 *KR-Becker*, § 1 KSchG Rn. 262.

63 BAG AP Nr. 58 zu § 626 BGB.

64 Unter aa.

65 Vgl. oben bb.

66 Vgl. zu diesem Fall BAG DB 1983, 2578.

67 So BAG AP Nr. 2 zu § 13 KSchG; offengelassen von BAG AP Nr. 2 zu § 134 BGB.

68 So BVerfGE 7, 198 (205); *Dürig*, in: Festschrift für Nawiasky, S. 157 (176 ff.).

69 So BAG AP Nr. 1 zu § 1 KSchG 1969 Verhaltensbedingte Kündigung.

70 BAG AP Nr. 2 zu § 13 KSchG; BAG AP Nr. 2 zu § 134 BGB; BAG AP Nr. 5 zu § 611 BGB Beschäftigungspflicht.

71 Vgl. soeben aa—dd.

det werde und daß die Zusammenarbeit mit den übrigen Arbeitnehmern und mit dem Arbeitgeber für diese zumutbar bleibt[72]. Zu diesen Grundregeln gehöre es weiter, eine provozierende parteipolitische, insbesondere verfassungsfeindliche Betätigung zu unterlassen[73]. Dazu zähle schließlich, daß der Arbeitnehmer öffentlich, insbesondere in der Betriebsöffentlichkeit, keine bewußt wahrheitswidrigen Behauptungen über den Arbeitgeber aufstellen, ihn also nicht diffamieren darf[74].

c) Kritik des Schrifttums an der BAG-Rechtsprechung

Die Kritik des Schrifttums an der Rechtsprechung des BAG setzt vor allem an den folgenden drei Punkten an.

aa) Tatsächliche Vermutung für Störung des Betriebsfriedens

Kritisiert wird zunächst die in früheren Entscheidungen vertretene Auffassung, daß eine tatsächliche Vermutung für die Störung des Betriebsfriedens spreche, wenn sich der Arbeitnehmer parteipolitisch betätige[75]. Eine dahingehende Vermutung widerspreche der heutigen Auffassung vom mündigen Staatsbürger. Man könne nicht mehr politisches Engagement und Mitdenken in der Gesellschaft verlangen und zugleich politische Diskussionen aus dem Betrieb verbannen wollen[76]. Wer von vornherein unterstelle, daß dies zu Konfrontationen führe, die den Betriebsfrieden stören, verstehe unter „Betriebsfrieden" Grabesstille[77]. Im übrigen müsse man sich vergegenwärtigen, daß das BAG mittels einer prozessualen Hilfskonstruktion, nämlich der Beweiserleichterung der tatsächlichen Vermutung[78], die Schranken des Grundrechts der freien Meinungsäußerung konkretisiert, welches umgekehrt die „grundsätzliche Vermutung für die Freiheit der Rede in allen Bereichen"[79] für sich habe[80].

---

72 BAG AP Nr. 2 zu § 13 KSchG; vgl. die Schranke oben bb.

73 BAG AP Nr. 4 zu § 13 KSchG; BAG AP Nr. 69 zu § 626 BGB; BAG DB 1983, 2578.

74 BAG AP Nr. 5 zu § 611 BGB Beschäftigungspflicht; BAG AP Nr. 1 zu § 1 KSchG 1969 Verhaltensbedingte Kündigung; vgl. die Schranke oben cc.

75 BAG AP Nr. 1 zu § 44 BetrVG; BAG AP Nr. 4 zu § 13 KSchG; LAG Hamm, DB 1980, 1803.

76 *W. Blomeyer*, ZfA 1972, 85 (101).

77 *Joachim*, in: Posser / Wassermann, S. 255 (261); ArbG München, DB 1984, 512 („Friedhofsruhe").

78 Vgl. dazu *Jauernig*, Zivilprozeßrecht, § 51 VII.

79 So BVerfGE 7, 198 (208).

80 ArbG Frankfurt, KJ 1983, 69 (74).

bb) Prognose einer erfahrungsgemäßen Störung des Betriebsfriedens

Kritik hat das BAG weiterhin erfahren für das von ihm[81] formulierte Kriterium, es müsse, wenn eine konkrete Störung des Betriebsfriedens aufgrund der parteipolitischen Betätigung nicht feststellbar sei, weiter geprüft werden, ob es nicht erfahrungsgemäß zu einer solchen Störung komme.

Es sei zwar einleuchtend, daß ein verständiger Arbeitgeber es nicht zu einer konkreten Störung kommen lassen wolle[82]. Dennoch sei dieser Gedanke abzulehnen, weil unklar bleibe, auf wessen Erfahrung es ankommen solle: auf die des Arbeitnehmers, auf die des Arbeitgebers oder auf die des Richters. Außerdem bleibe fraglich, was gelten soll, wenn eine Störung entgegen der Erfahrung ausbleibe[83]. Es sei auch keine unzumutbare Belastung des Arbeitgebers, wenn er mit etwaigen Sanktionen abwarten müsse, bis durch die politische Meinungsäußerung eine tatsächliche Störung des Betriebsfriedens eingetreten sei[84]. Anderenfalls wäre eine politische Meinungsäußerung am Arbeitsplatz kaum noch möglich, sondern praktisch unterbunden[85]. Unsicherheit bestünde ohnehin schon bei der Frage, wann eine Störung des Betriebsfriedens vorliege[86]. Was für den einen eine erhebliche Störung darstelle, könne für den anderen eine „quantité négligeable“ sein. Die Störung könne auch dadurch entstehen, daß andere Arbeitnehmer in überzogener Weise auf eine an sich zu tolerierende, tragbare Meinungsäußerung eines Arbeitnehmers reagieren. Nicht derjenige störe den Betriebsfrieden, der von seinem Freiheitsrecht Gebrauch mache, sondern vielmehr derjenige, welcher an der in einer demokratischen Gesellschaft geforderten Meinungsauseinandersetzung Anstoß nehme. Richtigerweise wird man daher verlangen müssen, was andere[87] als Voraussetzung für ein Entlassungsverlangen des Betriebsrats wegen Störung des Betriebsfriedens gemäß § 104 BetrVG fordern, nämlich objektiv meßbare Zeichen von Unruhe und damit physische Merkmale, etwa nachlassende Arbeitsleistung,

---

[81] BAG AP Nr. 5 zu § 611 BGB Beschäftigungspflicht.

[82] Vgl. *Otto*, Anm. zu ArbG Iserlohn EzA Nr. 4 zu Art. 5 GG, S. 24 c.

[83] *Hj. Weber*, Anm. zu BAG AP Nr. 5 zu § 611 BGB Beschäftigungspflicht.

[84] *KR-Becker*, § 1 KSchG Rn. 262; *Hj. Weber*, Anm. zu BAG AP Nr. 5 zu § 611 BGB Beschäftigungspflicht.

[85] *Bäumer*, BlStSozArbR 1981, 337 (341); *Hj. Weber*, Anm. zu BAG AP Nr. 5 zu § 611 BGB Beschäftigungspflicht.

[86] Zum folgenden *Söllner*, in: Festschrift für Herschel, S. 389 (395); *Zachert*, AiB 1984, 27 (28).

[87] *W. Blomeyer*, ZfA 1972, 85 (111); wie hier jedoch *G. Hueck*, in: Hueck, KSchG, § 1 Rn. 93.

„Zusammenrottungen im Betrieb", heftige Diskussionen oder Handgreiflichkeiten, aber auch[88] die Verhinderung oder Verzögerung der Arbeitsabläufe.

cc) Grundregeln des Arbeitsverhältnisses als Schranken i. S. von Art. 5 II GG

Am heftigsten wird die Konstruktion des BAG[89] kritisiert, die Grundregeln über das Arbeitsverhältnis könnten als allgemeine Gesetze i. S. von Art. 5 II GG Schranken für die freie Meinungsäußerung bilden.

Das Grundrecht auf freie Meinungsäußerung könne nur durch Gesetze eingeschränkt werden, die im formellen Gesetzgebungsverfahren zustande gekommen seien, nicht aber durch Richterrecht[90]. Methodisch gesehen erliege das BAG einem Zirkelschluß[91]. Aus den Grundregeln über das Arbeitsverhältnis werde die Verpflichtung zur Wahrung des Betriebsfriedens auch bei parteipolitischer Betätigung als Ausfluß der dem Arbeitnehmer obliegenden Treuepflicht abgeleitet. Die Treuepflicht selbst könne aber nur Teil der von der Rechtsprechung interpretativ festgelegten Grundregeln über das Arbeitsverhältnis sein. Der allgemeine Begriff („Grundregeln über das Arbeitsverhältnis") könne aber nicht aus einem speziellen Begriff, der in ihm enthalten ist („Treuepflicht"), abgeleitet werden. Dadurch würden im übrigen aus einer vertraglichen Nebenpflicht Regeln mit Gesetzesrang hervorgehen. Schließlich erlaube die wahlweise Heranziehung so offener und ausfüllungsbedürftiger Begriffe wie „Grundregeln über das Arbeitsverhältnis", „Treuepflicht" oder „Betriebsfrieden" es dem jeweiligen Rechtsanwender, seine persönliche Überzeugung an die Stelle einer sauberen Subsumtion zu setzen, ohne dies offen ausweisen zu müssen[92].

dd) Stellungnahme

Die Kritik des Schrifttums an der Rechtsprechung ist zutreffend. Richtigerweise geht es bei der Frage, inwieweit der Arbeitnehmer bei einer parteipolitischen Betätigung den Betriebsfrieden beachten muß, ihn insbesondere nicht stören darf, um die richtige Bestimmung der Pflichten-

---

88 Vgl. BAG AP Nr. 3 zu § 1 GesamthafenbetriebsG; *Zachert*, AiB 1984, 27 (28).

89 Vgl. oben b ee mit Nachweisen aus der Rechtsprechung.

90 *Däubler*, Bd. 2, 5.8.2.1.; *Föhr*, S. 275; *Zachert*, AiB 1984, 27 (28) dagegen aber *Bäumer*, BlStSozArbR 1981, 337 (339); *Herzog*, in: Maunz / Dürig, Art. 5 Rn. 248.

91 ArbG Frankfurt, KJ 1983, 69 (73); *Bäumer*, BlStSozArbR 1981, 337 (339).

92 *Bäumer*, BlStSozArbR 1981, 337 (339); kritisch zu dem Gesichtspunkt der Grundregeln über das Arbeitsverhältnis auch *Mayer-Maly*, AuR 1968, 1 (8) („Konstruktiv wirkendes Argument"); *v. Münch*, in: ders. (Hrsg.), GG-Kommentar Art. 5 Rn. 50.

struktur des Arbeitsverhältnisses[93]. Bei der Bestimmung dieses Pflichtengefüges bildet Art. 5 GG dann jedoch einen wichtigen Auslegungsgesichtspunkt[94]. Die Feststellung, ob der Arbeitnehmer mit einer parteipolitischen Betätigung seine Pflichten aus dem Arbeitsvertrag verletzt, muß unter Abwägung der gegenseitigen Interessen von Arbeitgeber und Arbeitnehmer erfolgen. Angesichts der „grundsätzlichen Vermutung für die Freiheit der Rede in allen Bereichen"[95] obliegt die Argumentationslast, die Meinungsfreiheit aus Art. 5 I GG zugunsten unternehmerischer Interessen einzuschränken, bei demjenigen, der diese Interessen gegenüber der freien Meinungsäußerung ins Feld führt[96]. Denn der materielle Gehalt verbürgter Freiheitsrechte braucht sich nicht in der verbalen Konstatierung ihrer Geltung bewähren, sondern muß im „grauen Alltag" vom Arbeitnehmer auch als freiheitlich erfahren werden können[97].

3. Verbot parteipolitischer Betätigung durch Betriebsvereinbarung

a) Meinungsstand

Wie soeben gezeigt, besteht für den einzelnen Arbeitnehmer die arbeitsvertragliche Nebenpflicht, konkrete Beeinträchtigungen des Betriebsfriedens und des Arbeitsablaufes auch mittels parteipolitischer Betätigung zu unterlassen. Wer meint, damit sei dem Interesse des Arbeitgebers an der Wahrung des Betriebsfriedens Genüge getan, muß sich durch die Aufnahme eines Verbots parteipolitischer Betätigung in sog. „Arbeitsordnungen" eines Besseren belehren lassen. Die darin enthaltenen Formulierungen ähneln denen des § 74 II 3 BetrVG und verbieten häufig auch ausdrücklich die[98] bereits geschilderten Erscheinungsformen parteipolitischer Betätigung wie Flugblattverteilung, Unterschriftenaktionen, Geldsammlungen etc.[99]. Damit soll im praktischen

---

[93] *v. Münch*, in: ders. (Hrsg.), GG-Kommentar, Art. 5 Rn. 50 im Anschluß an *Schwerdtner*, JZ 1973, 377 (380).

[94] *Schwerdtner*, JZ 1973, 377 (380).

[95] So BVerfGE 7, 198 (208).

[96] *Buchner*, ZfA 1982, 49 (59).

[97] *Bäumer*, BlStSozArbR 1981, 337 (338); *Plander*, DVBl. 1980, 581 (589).

[98] Vgl. oben § 4 IV 1.

[99] Vgl. folgende Muster von Arbeitsordnungen bei: *Hromadka*, S. 158, 171 f. (Arbeitsordnungen der Hoechst-AG); *Federlin / Fuchs / Halberstadt / Hunold / Ristau*, Musterbetriebsvereinbarung 2, Arbeitsordnung, § 19; *Koch*, § 6 (1) d, § 26 (2); *Schaub*, Arbeitsgerichtliche Formularsammlung und Arbeitsgerichtsverfahren, S. 160 (170), dort §§ 29, 30; *Schwerdtner*, Studienkurs, S. 153 ff. unter § 4.4.29; *Koch*, § 6 (1) d nennt in einem Atemzug Störung des Betriebsfriedens, Beleidigung, Verleumdung oder Tätlichkeiten gegenüber Vorgesetzten und Mitarbeitern sowie parteipolitische Betätigung.

Ergebnis erreicht werden, daß für die einzelnen Arbeitnehmer die parteipolitische Betätigung im gleichen Umfang unzulässig wird wie für Arbeitgeber und Betriebsrat. Nach ihrer Rechtsnatur handelt es sich bei einer solchen Betriebs- oder Arbeitsordnung um eine zwischen Arbeitgeber und Betriebsrat abgeschlossene Betriebsvereinbarung gemäß § 77 II—VI BetrVG, deren Regelungsgegenstand nach § 87 I Nr. 1 BetrVG Fragen der Ordnung des Betriebes und des Verhaltens der Arbeitnehmer im Betrieb bilden[100]. Der Inhalt einer solchen Betriebsvereinbarung wirkt nach § 77 IV 1 BetrVG unmittelbar und zwingend, also normativ auf die betroffenen Arbeitsverhältnisse ein, ohne jedoch deren Bestandteil zu werden[101]. Geklärt werden muß daher die Frage, ob ein solches Verbot parteipolitischer Betätigung und die damit fraglos verbundene Einschränkung der Meinungsfreiheit des einzelnen Arbeitnehmers zulässigerweise in einer Betriebsvereinbarung festgelegt werden kann.

Die Befürworter einer solchen Möglichkeit[102] weisen darauf hin, daß solche Betriebsvereinbarungen das Rechtsgut des Betriebsfriedens schützen. Dieses Rechtsgut könne im vorliegenden Zusammenhang grundsätzlich einen höheren Rang als die Meinungsfreiheit aus Art. 5 I 1 GG beanspruchen. Auch sei es anerkannt, daß die Vorschriften einer Betriebsvereinbarung wegen ihrer normativen Wirkung allgemeine Gesetze i. S. des Art. 5 II GG darstellten.

Die Gegenauffassung[103] betont zunächst den hohen Rang des Grundrechts der Meinungsfreiheit[104] und verlangt, daß eine solche Betriebsvereinbarung im Geiste dieses Grundrechts[105] restriktiv ausgelegt werden müsse[106]. Es gehe nicht an, alle Werksangehörigen im Wege einer Betriebsvereinbarung „mundtot" zu machen[107]. Die Geltung der Grundrechte für Betriebsvereinbarungen sei unzweifelhaft[108]. Der Arbeitnehmer halte sich nämlich keineswegs aus freiem Entschluß zurück[109]. In

---

100 *v. Hoyningen-Huene*, § 12 II 1; *Joachim*, in: Posser / Wassermann, S. 255 (261).

101 Vgl. zum ganzen *v. Hoyningen-Huene*, § 11 III 1.

102 *Behnes*, S. 51; *Galperin / Löwisch*, § 74 Rn. 23 a; *Galperin / Siebert*, § 51 Rn. 91; *Molitor*, BB 1954, 134 (135); *Neumann-Duesberg*, S. 442.

103 *Birk*, S. 320 mit Fn. 50; *Gnade*, ArbRdGgw, Bd. 14 (1977), S. 59 (68 f.); *Joachim*, in: Posser / Wassermann, S. 255 (261); *Otto*, AuR 1980, 289 (297); *ders.*, Anm. zu ArbG Hamburg, EzA Nr. 3 zu Art. 5 GG (unter I 2); *Rüttgers*, S. 43; *Schmittner*, AuR 1968, 353 (363); *Vollmer*, S. 149.

104 *Otto*, AuR 1980, 289 (297).

105 Vgl. BVerfGE 7, 198 (205 ff.).

106 *Gnade*, ArbRdGgw, Bd. 14 (1977), 59 (68 f.); *Schmittner*, AuR 1968, 353 (359).

107 *Schmittner*, AuR 1968, 353 (359).

108 *Otto*, AuR 1980, 289 (297).

einer Betriebsvereinbarung könne daher nur parteipolitische Agitation im engen Wortsinn verboten werden[110]. Im übrigen sei ein Grundrecht illusorisch, wenn die bloße Befürchtung einer Störung des Betriebsfriedens bereits seine Verdrängung durch präventive Maßnahmen wie einer Betriebsvereinbarung erlauben würde[111]. Darüber hinaus seien Arbeitgeber und Betriebsrat gemäß § 75 II BetrVG zur positiven Förderung der Persönlichkeitsentfaltung (auch hinsichtlich der parteipolitischen Betätigung) verpflichtet[112]. Daher sei eine Einschränkung nur möglich, soweit der Frieden des Betriebs beeinträchtigt werde. Des weiteren wird darauf hingewiesen, die berechtigten Interessen des Arbeitgebers würden bereits bei richtiger Auslegung in ausreichendem Maße durch die Regelung des Schuldrechts geschützt[113].

Andere[114] lehnen ein Verbot parteipolitischer Betätigung in einer Betriebsvereinbarung ab, weil ein solches Verbot zwar für Arbeitgeber und Betriebsrat wegen deren exponierter Stellung und der damit verbundenen Möglichkeit zu Störungen des Betriebsfriedens angebracht sei, nicht aber für einzelne Arbeitnehmer, bei denen solche besonderen Einwirkungsmöglichkeiten nicht bestünden.

b) Stellungnahme

Zunächst muß Klarheit in rechtskonstruktiver Hinsicht geschaffen werden. Es erscheint mißverständlich, wenn von einer „Ausdehnung des Verbots parteipolitischer Betätigung aus § 74 II 3 BetrVG auf alle Arbeitnehmer" gesprochen wird[115]. Vielmehr ergäbe sich — unterstellt man einmal die Zulässigkeit der Regelung in einer Betriebsvereinbarung — die Kompetenz der Betriebspartner hierzu unmittelbar aus § 87 I Nr. 1 BetrVG als Frage der betrieblichen Ordnung und des Verhaltens der Arbeitnehmer. Sachlich soll derjenigen Auffassung der Vorzug gegeben werden, die ein vereinbartes Verbot parteipolitischer Betätigung in einer Betriebsvereinbarung für unzulässig hält oder es zumindest restriktiv auslegt. Enthält eine Betriebsvereinbarung ein solches Verbot, bedeutet es nicht mehr als eine Klarstellung und Wiederholung dessen,

---

[109] *Otto*, AuR 1980, 289 (297).

[110] *Schmittner*, AuR 1968, 353 (363).

[111] *Birk*, S. 320 mit Fn. 50.

[112] *Gnade*, ArbRdGgw, Bd. 14 (1977), 59 (68 f.); *Joachim*, in: Posser / Wassermann, S. 255 (261); *Otto*, AuR 1980, 289 (297); *ders.*, Anm. zu ArbG Hamburg, EzA Nr. 3 zu Art. 5 GG; ähnlich *Galperin / Löwisch*, § 75 Rn. 33 (allerdings nur auf das private politische Gespräch unter Arbeitskollegen bezogen); ebenso *Löwisch*, AuR 1972, 359 (360).

[113] *Vollmer*, S. 149.

[114] *Rüttgers*, S. 43.

[115] *Behnes*, S. 48; *Rüttgers*, S. 42.

was der Arbeitnehmer aufgrund seines Arbeitsvertrages als Nebenpflicht ohnehin in Bezug auf die Wahrung des Betriebsfriedens schuldet. Es ist auch kein darüber hinausgehendes schützenswertes Interesse des Arbeitgebers erkennbar, jedem Arbeitnehmer in einer Betriebsvereinbarung jegliche parteipolitische Betätigung zu verbieten. Eine solche Betriebsvereinbarung schafft daher kein absolutes Verbot parteipolitischer Betätigung für alle Arbeitnehmer.

II. Betriebsrat als Gremium

Aus dem Wortlaut des § 74 II 3 BetrVG ergibt sich zwingend, daß das wichtigste Organ der Betriebsverfassung[116], der Betriebsrat als Gremium, dem Verbot parteipolitischer Betätigung unterfällt[117]. Der Betriebsrat darf sich also in seinem Wirkungsbereich und all seinen Verlautbarungen nicht parteipolitisch betätigen, sei es durch Resolutionen im Anschluß an Betriebsratssitzungen, durch parteipolitische Stellungnahmen am „Schwarzen Brett" oder durch entsprechende Artikel in der von ihm herausgegebenen Werkszeitung[118].

III. Das einzelne Betriebsratsmitglied

Ein weiterer naheliegender Adressatenkreis des Verbots nach § 74 II 3 BetrVG sind die einzelnen Betriebsratsmitglieder. Dabei muß beachtet werden, daß § 74 II 3 BetrVG ausdrücklich nur Arbeitgeber und Betriebsrat, also das Betriebsratsgremium nennt, nicht aber die Betriebsratsmitglieder.

1. In amtlicher Eigenschaft

Es ist jedoch weitgehend[119] unstreitig, daß das Verbot als Amtspflicht in Form einer Verhaltenspflicht[120] immer dann gilt, wenn ein Betriebs-

[116] Vgl. *v. Hoyningen-Huene*, § 6 I 1 a.

[117] Vgl. nur *GK-Thiele*, § 74 Rn. 55.

[118] Nach *Zöllner*, § 44 VII 2 c, soll gerade in Betriebszeitschriften in der Praxis am häufigsten gegen das Verbot parteipolitischer Betätigung verstoßen werden.

[119] Lediglich *Zachert*, Betriebliche Mitbestimmung, S. 74 und *Siebert / Degen / Becker*, § 45 Rn. 4, § 74 Rn. 17 beschränken die Anwendung des § 74 II 3 BetrVG auf das Betriebsratsgremium unter Hinweis auf den Wortlaut der Vorschrift und verneinen jegliche Geltung für das einzelne Betriebsratsmitglied.

[120] *Berg / Bobke / Wolter*, BlStSozArbR 1983, 353 (356); *Buchner*, in: Festschrift für G. Müller, S. 97—100; *Gnade / Kehrmann / Schneider / Blanke*, § 74 Rn. 35; *Vollmer*, S. 60.

ratsmitglied in Ausübung betriebsverfassungsrechtlicher Aufgaben tätig wird. Dies ermöglicht zunächst eine erste Differenzierung zwischen von der Arbeit freigestellten Betriebsratsmitgliedern (vgl. § 38 BetrVG) und den sonstigen Betriebsratsmitgliedern (vgl. §§ 9, 37 BetrVG). Während sich erstere sozusagen immer im Amt befinden und über die ganze betriebliche Arbeitszeit nur Aufgaben nach dem BetrVG erledigen, können die nicht freigestellten Betriebsratsmitglieder nur dann betriebsverfassungsrechtliche Aufgaben wahrnehmen, wenn nach § 37 II BetrVG die Voraussetzungen für die Arbeitsbefreiung vorliegen.

Zu berücksichtigen ist freilich, daß der Betriebsrat als Gremium nur in wenigen Fällen als ganzes tätig wird[121]. Vielmehr werden Aufgaben nach §§ 27, 28 BetrVG auf Ausschüsse übertragen, in der Sprechstunde (vgl. § 39 BetrVG) des Betriebsrats werden häufig nur einzelne Betriebsratsmitglieder zugegen sein, Beobachtungen hinsichtlich der „allgemeinen Aufgaben" nach § 80 I BetrVG oder von Mißständen, die gegen die Grundsätze des § 75 I BetrVG verstoßen, werden des öfteren nur von einzelnen Betriebsratsmitgliedern gemacht werden. In all diesen Fällen kann das Verbot parteipolitischer Betätigung auch gegenüber dem einzelnen Betriebsratsmitglied Geltung beanspruchen.

2. Als Arbeitnehmer des Betriebes

a) Meinungsstand

Demgegenüber ist die Frage heftig umstritten, ob das Verbot nach § 74 II 3 BetrVG für die Betriebsratsmitglieder auch eingreift, wenn sich diese lediglich in ihrer Eigenschaft als Arbeitnehmer und ohne Zusammenhang mit dem Betriebsratsamt im Betrieb parteipolitisch betätigen oder ob dann nicht lediglich die für die sonstigen Arbeitnehmer aufgestellten Grundsätze[122] gelten.

Die h. M. bejaht die Anwendung des § 74 II 3 BetrVG auf die Betriebsratsmitglieder ohne eine zeitliche oder funktionelle Differenzierung[123]. Begründet wird diese Auffassung zunächst damit[124], das einzelne

---

[121] *Vollmer*, S. 60.

[122] Vgl. soeben I 2 b.

[123] BAG AP Nr. 1 zu § 87 BetrVG Betriebsbuße; unklar BAG AP Nr. 1 zu § 74 BetrVG 1972 unter II 2 a gg der Gründe einerseits, unter II 2 a ee der Gründe andererseits; *Dietz / Richardi*, § 74 Rn. 64; *Galperin / Löwisch*, § 74 Rn. 7 a, 23; *GK-Thiele*, § 74 Rn. 55; *Staudacher* in: HBV 1/185; unklar auch BVerfG in BVerfGE 42, 133 (140), wenn es formuliert, die Vorschrift wende sich an solche Arbeitnehmer, die als Betriebsratsangehörige besondere Funktionen im Betrieb wahrnehmen.

[124] *Meisel*, SAE 1977, 91 (93); *ders.*, RdA 1976, 38 (40).

Betriebsratsmitglied könne das Verbot nicht mit der Behauptung unterlaufen, es werde nicht in seiner Amtsfunktion, sondern in seiner Eigenschaft als Arbeitnehmer tätig. Auch sei bei einer parteipolitischen Betätigung von Betriebsratsmitgliedern im Betrieb eine deutliche Loslösung von ihrem Amt kaum möglich[125]. Schließlich wolle das Verbot gerade jeglichen parteipolitischen Einfluß seitens des Betriebsrats und seiner Mitglieder von der Belegschaft fernhalten[126].

Demgegenüber vertritt eine im Vordringen begriffene Mindermeinung den Standpunkt, das Verbot des § 74 II 3 BetrVG gelte nur insoweit, als das Betriebsratsmitglied in seiner amtlichen Funktion tätig werde[127]. Dabei wird zunächst auf den Wortlaut des § 74 II 3 BetrVG verwiesen, der die Betriebsratsmitglieder gerade nicht nennt[128]. Wenn als Normadressat eindeutig nur der Betriebsrat als Kollektivorgan benannt ist, dem nach der Konzeption des BetrVG allein auch die Amtsbefugnisse zustehen, werde daraus deutlich, daß die Pflicht aus § 74 II 3 BetrVG ein einzelnes Betriebsratsmitglied nur in seiner Eigenschaft als Teil dieses Organs treffen könne[129]. Weiterhin mache auch § 74 III BetrVG für die gewerkschaftliche Betätigung deutlich, daß eine Trennung der Pflichten als Arbeitnehmer und als Betriebsratsmitglied möglich ist und deswegen einem Rollenwechsel auch bei parteipolitischer Betätigung rechtlich nichts im Wege steht[130]. Wenn behauptet werde, ein Betriebsratsmitglied könne seine Amtseigenschaft überhaupt nicht ablegen[131], gehe diese Argumentation von einer unbewiesenen Vermutung über die Rolle des Betriebsrats und das Differenzierungsvermögen der Belegschaft aus[132]. Weiterhin ergebe ein Blick auf die Schutzbestimmungen des § 78 BetrVG und die Geheimhaltungspflicht nach § 79 BetrVG, daß dann, wenn das BetrVG die einzelnen Betriebsratsmitglieder im Auge habe, es diese auch ausdrücklich benenne[133]. Schließlich leitet diese

---

125 *Bohn*, SAE 1979, 67 (68); vgl. schon RAG, ARS 7, 444 (445).

126 Vgl. *Bohn*, soeben Fn. 125.

127 *Becker / Leimert*, BlStSozArbR 1972, 53 (58); *Bieback*, RdA 1978, 82 (89 ff.); *Buchner*, ZfA 1982, 49 (65 f.); *ders.*, in: Festschrift für G. Müller, S. 97 (98 ff.); *Fitting / Auffarth / Kaiser*, § 74 Rn. 9; *Germelmann*, S. 141; *Gnade / Kehrmann / Schneider / Blanke*, § 74 Rn. 35; *Joachim*, in: Posser / Wassermann, S. 255; *F.-J. Meyer*, S. 131 (133 ff.).,

128 *Gnade / Kehrmann / Schneider / Blanke*, § 74 Rn. 35; *Siebert / Degen / Becker*, § 74 Rn. 17.

129 *Bieback*, RdA 1978, 82 (91); *Buchner*, ZfA 1982, 49 (65 f.); *Neumann-Duesberg*, ArbRdGgw, Bd. 3 (1965), S. 101 (107).

130 *Bieback*, RdA 1978, 82 (89).

131 Vgl. *Bohn*, SAE 1979, 67 (68); *Meisel*, RdA 1976, 38 (40); *Schwerdtner*, Studienkurs, S. 227; zum Parallelproblem bei der gewerkschaftlichen Betätigung vgl. *Hanau*, BB 1971, 485 (488); *Kraft*, ZfA 1973, 243 (257).

132 *Bieback*, RdA 1978, 82 (92).

133 *Bieback*, RdA 1978, 82 (91).

Auffassung einen Gesichtspunkt aus Art. 5 I 1 GG her[134]. Eine derartig weite Einschränkung des Grundrechts auf freie Meinungsäußerung der Betriebsratsmitglieder, wie sie § 74 II 3 BetrVG vorsehe, sei zwar für deren amtliche Eigenschaft durch den Amtscharakter gerechtfertigt, da die Betriebsratsmitglieder eine Vielzahl von Belegschaftsangehörigen mit unterschiedlichen Meinungen zu repräsentieren hätten, nicht jedoch in ihrer Eigenschaft als Arbeitnehmer, wenn sie für sich selbst sprächen.

b) Stellungnahme

Bei dieser Streitfrage hat nach hier vertretener Auffassung die zuletzt dargestellte Mindermeinung die besseren Argumente auf ihrer Seite. Berücksichtigt man darüber hinaus, daß die nicht freigestellten Betriebsratsmitglieder vom zeitlichen Umfang her lediglich ein Drittel der Arbeitszeit für betriebsverfassungsrechtliche Aufgaben verwenden, hingegen zwei Drittel der Zeit ihrer Arbeitspflicht als Arbeitnehmer nachgehen[135], erscheint es bei wertender Betrachtung als unangemessen streng, den Betriebsratsmitgliedern für die ganze Zeit im Betrieb das Verbot aus § 74 II 3 BetrVG aufzuerlegen. Selbstverständlich darf das Betriebsratsmitglied bei seiner parteipolitischen Betätigung im Betrieb als Arbeitnehmer weder auf sein Betriebsratsamt hinweisen noch den Anschein erwecken, daß es als Betriebsratsmitglied handelt. Es bleibt weiter zu bedenken, daß das Betriebsratsmitglied auch in seiner Eigenschaft als Arbeitnehmer das gesteigerte Risiko trägt, den Betriebsfrieden zu stören. Als Betriebsratsmitglied hat es zu gewärtigen, daß bei seinen parteipolitischen Stellungnahmen aufgrund seines relativ hohen Bekanntheitsgrades im Betrieb leichter durch öftere und heftigere Diskussionen die rechtliche Grenze aus dem Arbeitsvertrag, nämlich durch parteipolitische Betätigung nicht den Betriebsfrieden zu stören, erreicht oder überschritten sein wird. Wegen dieser faktisch vorverlagerten rechtlichen Grenze, die bei Überschreitung eine außerordentliche Kündigung nach § 15 I KSchG nach sich ziehen kann, besteht auch kein rechtliches Bedürfnis, das Verbot des § 74 II 3 BetrVG auf ein Betriebsratsmitglied in seiner Eigenschaft als Arbeitnehmer anzuwenden, da das Interesse des Arbeitgebers an der Wahrung des Betriebsfriedens so oder so wegen der entsprechenden arbeitsvertraglichen Nebenpflicht letztlich im Kern gewahrt bleibt.

Aus all diesen Überlegungen geht es entgegen der h. M. nicht an, etwa nach dem Motto, ein (nicht freigestelltes) Betriebsratsmitglied befinde sich immer im Amt, § 74 II 3 BetrVG auch auf dessen Stellung als Arbeitnehmer am Arbeitsplatz auszudehnen[136].

---

[134] *Buchner*, ZfA 1982, 49 (64 ff.); *Germelmann*, S. 141.

[135] Vgl. *v. Hoyningen-Huene*, § 10 II a.

IV. Die Arbeitgeberseite

1. Der Arbeitgeber und sein Vertreter

Ausdrücklich richtet sich das Verbot auch gegen den Arbeitgeber. Darunter versteht das BetrVG nicht nur den Vertragspartner des Arbeitnehmers, sondern in erster Linie den Betriebsinhaber, dem die Funktion als Partner oder Gegenspieler zu den übrigen Betriebsverfassungsorganen zukommt[137]. Der Arbeitgeber kann aus praktischen Gründen nicht sämtliche ihm nach dem BetrVG zustehenden Rechte und Pflichten selbst wahrnehmen. Er kann sich daher vertreten lassen, bei juristischen Personen durch seine gesetzlichen oder satzungsmäßigen Vertreter, im übrigen aber durch Bevollmächtigte[138]. Soweit diese Personen für den Arbeitgeber betriebsverfassungsrechtliche Rechte und Pflichten ausüben bzw. erfüllen, muß sich der Arbeitgeber eine in diesem Zusammenhang vorkommende parteipolitische Betätigung dieser von ihm eingesetzten Personen zurechnen lassen; denn der Arbeitgeber kann sich seiner Pflicht aus § 74 II 3 BetrVG nicht entledigen, indem er Bevollmächtigte oder Vertreter für sich handeln läßt.

2. Leitende Angestellte

a) Meinungsstand

Umstritten ist, ob das Verbot parteipolitischer Betätigung aus § 74 II 3 BetrVG auch analog für die leitenden Angestellten eines Betriebes gilt. Soweit dies bejaht wird, bleibt es meist bei formelhaften Begründungen wie, leitende Angestellte seien Repräsentanten des Arbeigebers[139]. Andere[140] lassen das Verbot dann eingreifen, wenn dieser Personenkreis als Beauftragter des Arbeitgebers handelt. Schließlich soll das Verbot Anwendung finden, wenn der leitende Angestellte seiner betrieblichen Stellung nach zum Unternehmensbereich gezählt wird, nicht aber dann, wenn er eine dem Arbeitnehmer entsprechende Stellung inne-

---

136 Pointiert ausgedrückt: das Betriebsratsmitglied muß in seiner Eigenschaft als Arbeitnehmer nicht entsprechend jenem geflügelten Wort (vgl. *Büchmann*, S. 171) von sich sagen: „Ich hab hier bloß ein Amt und keine Meinung“ (vgl. Schiller, Wallensteins Tod, Zeile 266). Vielmehr gilt der Satz von Wallenstein (vgl. Schiller, Die Piccolomini, Zeile 1295 f.): „Ich weiß den Mann von seinem Amt zu unterscheiden.“

137 *v. Hoyningen-Huene*, § 3 III 1.

138 Vgl. etwa §§ 2 II, 43 II, 108 II BetrVG sowie zu Einzelheiten *Dietz / Richardi*, § 1 Rn. 26—30, § 29 Rn. 43, § 43 Rn. 18; *v. Hoyningen-Huene*, § 8 III 1.

139 *Fitting / Auffarth / Kaiser*, § 74 Rn. 8 a; *M. Rehbinder*, Schaubild 12; *Schäcker*, BB 1963, 856 (357).

140 *Meisel*, RdA 1976, 38 (40); *ders.*, SAE 1977, 91 (93).

hat[141]. Es gibt aber auch Stimmen, die die Ausdehnung des Verbots auf die leitenden Angestellten ablehnen, dem Arbeitgeber aber eine Überwachungspflicht hinsichtlich der Personen auferlegen, die Arbeitgeberfunktionen ausüben[142].

b) Stellungnahme

Ausgangspunkt einer Lösung muß zunächst § 5 III BetrVG sein, der die leitenden Angestellten von der Anwendung des BetrVG ausnimmt, soweit dieses selbst nicht ausdrücklich etwas anderes vorsieht, was für die hier interessierende Norm des § 74 II 3 BetrVG nicht erkennbar ist. Indessen wird man das Zusammenspiel mit dem betriebsverfassungsrechtlichen Arbeitgeberbegriff nicht völlig außer acht lassen dürfen. Wenn insoweit — dies gilt sowohl in sachlicher als auch in zeitlicher Hinsicht — der Arbeitgeber einem leitenden Angestellten die Ausübung seiner betriebsverfassungsrechtlichen Rechte und Pflichten überträgt — und gerade dieser Personenkreis wird häufig als Bevollmächtigter in Betracht kommen[143] — hat der leitende Angestellte dabei auch § 74 II 3 BetrVG zu beachten, wenn auch eine Pflichtverletzung betriebsverfassungsrechtlich nicht den leitenden Angestellten trifft, sondern dem Arbeitgeber zugerechnet wird, da nur gegen ihn mit den Sanktionen des § 23 III BetrVG vorgegangen werden kann. Rechtskonstruktiv folgt diese Pflicht, § 74 II 3 BetrVG zu berücksichtigen, aber aus dem Arbeitsvertrag des leitenden Angestellten mit dem Arbeitgeber. Denn der leitende Angestellte übt nur — vgl. § 857 III ZPO — die betriebsverfassungsrechtlichen Rechte und Pflichten des Arbeitgebers aus, wird aber nicht selbst Zuordnungssubjekt und damit Träger dieser Rechte. So wie der leitende Angestellte bei seiner Tätigkeit in anderen Bereichen etwa wettbewerbs- oder gesellschaftsrechtliche Vorschriften einhalten muß, so hat er bei der Erledigung betriebsverfassungsrechtlicher Angelegenheiten § 74 II 3 BetrVG zu beachten.

Führt der leitende Angestellte im Rahmen seines Arbeitsvertrages andere als ihm vom Arbeitgeber zur Ausübung übertragene betriebsverfassungsrechtliche Aufgaben aus, also etwa seine tägliche Führungsaufgabe, besteht kein Anlaß, ihm das Verbot aus § 74 II 3 BetrVG aufzuerlegen.

Selbstverständlich unterliegt auch der leitende Angestellte genau wie der sonstige Arbeitnehmer[144] aufgrund seines Arbeitsvertrages der Pflicht, parteipolitische Betätigungen zu unterlassen. Dabei kann es von

---

[141] *Behnes*, S. 52.

[142] *GK-Thiele*, § 74 Rn. 57.

[143] Vgl. *v. Hoyningen-Huene*, § 3 III 1.

[144] Dazu oben I 2 b.

der Tendenz her keinem Zweifel unterliegen, daß, je weiter ein Arbeitnehmer etwa als Meister, Abteilungsleiter oder namentlich als leitender Angestellter innerhalb der betrieblichen Hierarchie „oben" angesiedelt ist, die arbeitsvertragliche Pflicht, den Betriebsfrieden und Arbeitsablauf störende parteipolitische Betätigungen zu unterlassen, an Intensität zunimmt[145]. Mit *Bäumer*[146] wird man in Umkehrung eines lateinischen Sprichwortes insoweit sagen dürfen „quod licet bovi non licet jovi".

V. Sonstige betriebsverfassungsrechtliche Funktionsträger

Das Schrifttum[147] und teilweise auch die Rechtsprechung wenden das Verbot parteipolitischer Betätigung aus § 74 II 3 BetrVG auch auf sonstige betriebsverfassungsrechtliche Funktionsträger an. Wie weit dies zutreffend geschieht, soll im folgenden im einzelnen untersucht werden.

1. Überbetriebliche Ebene

a) Gesamtbetriebsrat und seine Mitglieder

Für den Gesamtbetriebsrat und dessen Mitglieder ordnet § 51 VI BetrVG die Geltung des Verbots parteipolitischer Betätigung an, indem diese Norm auch die Vorschriften über die Rechte und Pflichten des Betriebsrats grundsätzlich für anwendbar erklärt. Denn hierzu zählen neben dem Gebot zur vertrauensvollen Zusammenarbeit (§ 2 I BetrVG) die in §§ 74 ff. BetrVG festgelegten Grundsätze über die Mitwirkung und Mitbestimmung[148]. Unter der Geltung des BetrVG 1952 vertrat namentlich *Säcker*[149] die Auffassung, das Verbot gelte für das Gesamtbetriebsratsmitglied nicht in sämtlichen unternehmenszugehörigen Betrieben, sondern nur sozusagen im „Stammbetrieb" des Gesamtbetriebsratsmitglieds. Der Gesamtbetriebsrat habe zwar die Aufgabe, die unternehmensbezogenen Beteiligungsrechte der Belegschaft wahrzunehmen, Friedenserhaltungsfunktionen hinsichtlich einzelner Betriebe oblägen ihm jedoch nicht.

---

145 Vgl. *Bäumer*, BlStSozArbR 1981, 337 (340); *Löwisch*, Anm. zu BAG EzA Nr. 3 zu § 74 BetrVG, S. 4.

146 Soeben Fn. 145.

147 Vgl. nur *Dietz / Richardi*, § 74 Rn. 64; *Galperin / Löwisch*, § 74 Rn. 7 a, 23; *Meisel*, RdA 1976, 38 (40).

148 *GK-Fabricius*, § 51 Rn. 94; *Galperin / Löwisch*, § 51 Rn. 32; *Kammann / Hess / Schlochauer*, § 51 Rn. 38; *Oetker*, BlStSozArbR 1983, 321 (324) mit Fn. 55.

149 In AuR 1965, 353 (360).

Selbst wenn diese Auffassung unter dem früheren Rechtszustand zutreffend gewesen sein mag, muß ihr heute die Gefolgschaft versagt werden. Das BetrVG 1952 enthielt keine dem § 51 VI BetrVG entsprechende Vorschrift. Des weiteren ist kein sachlicher Grund zu erkennen, die Aufgabenzuständigkeit (vgl. § 50 BetrVG) des Gesamtbetriebsrats in der einen oder anderen Weise abweichend von den betriebsverfassungsrechtlichen Pflichten dieses Organs oder seiner Mitglieder zu beruteilen. Wegen dieser Kongruenz von Aufgaben, Zuständigkeiten und Pflichten gilt das Verbot parteipolitischer Betätigung gemäß §§ 51 VI, 74 II 3 BetrVG für alle Betriebe, die zum Zuständigkeits- und Amtsbereich des Gesamtbetriebsrats oder seiner Mitglieder gehören[150]. Dieser Kongruenzgesichtspunkt soll auch für die Beurteilung des „umgekehrten" Falles ausschlaggebend sein. Wenn sich also ein Betriebsratsmitglied, das nicht dem Gesamtbetriebsrat angehört, in oder vor einem anderen Betrieb desselben Unternehmens parteipolitisch betätigt, indem es dort Flugblätter verteilt, greift das Verbot des § 74 II 3 BetrVG nicht ein[151]. Demgegenüber wird zu bedenken gegeben, es stünde das funktional zu verstehende Tatbestandsmerkmal „im Betrieb"[152] entgegen[153], wonach auf die finale Zielrichtung des parteipolitisch Handelnden, auf den Betrieb und die Belegschaft einzuwirken, abzustellen ist. Diese Auffassung übersieht jedoch, daß sich eventuelle Auswirkungen dieser parteipolitischen Betätigung in erster Linie in diesem anderen Betrieb zeigen werden, nicht aber im „Stammbetrieb" des Betriebsratsmitglieds, für den die funktionale Betrachtungsweise gilt.

b) Konzernbetriebsrat und seine Mitglieder

Für diesen Adressatenkreis gilt das Verbot parteipolitischer Betätigung über die Normenkette der §§ 59 I, 51 VI, 74 II 3 BetrVG wie für den Gesamtbetriebsrat[154].

---

150 *Dietz / Richardi*, § 74 Rn. 62.

151 *Dietz / Richardi*, § 74 Rn. 62; *GK-Thiele*, § 74 Rn. 54; *Oetker*, BlStSozArbR 1983, 321, (324).

152 Vgl. dazu oben § 4 III 1.

153 *Meisel*, RdA 1976, 38 (42); ohne Begründung vertreten die Gegenauffassung *Glaubitz*, BB 1972, 1277; *Lepke*, DB 1968, 2037 (2038) und *Schwerdtner*, Studienkurs, S. 229.

154 Vgl. *GK-Fabricius*, § 59 Rn. 40.

2. Betriebliche Ebene

a) Jugendvertretung und ihre Mitglieder

aa) Meinungsstand

Eine weitere Frage, die auch bereits die Gerichte beschäftigt hat[155], besteht darin, ob das Verbot parteipolitischer Betätigung aus § 74 II 3 BetrVG auch auf die Jugendvertretung und deren Mitglieder Anwendung findet. Bezug genommen auf § 74 II 3 BetrVG wird nur in § 71 Satz 2 BetrVG mit der Verweisung auf § 45 Satz 1 BetrVG. Damit gilt das Verbot direkt nur für die Tätigkeit der Jugendvertretung in der Jugendversammlung, nicht aber für die übrigen Aktivitäten der Jugendvertretung.

Fraglich ist also, ob § 74 II 3 BetrVG insoweit analog angewandt werden kann. Die ganz h. M.[156] bejaht diese Frage, ohne allerdings auch nur an einer Stelle eine Begründung anzugeben. Das BAG[157] hat die Frage bisher ausdrücklich offengelassen, während das ArbG Kiel[158] die Frage ebenfalls bejaht[159]. Da es zumeist heißt, das Verbot gelte für sonstige betriebsverfassungsrechtliche Amtsträger und dabei in erster Linie die Jugendvertretung genannt wird[160], darf man annehmen, daß die h. M. wegen der Stellung und Bedeutung der Jugendvertretung in der Betriebsverfassung diesem Gremium und seinen Mitgliedern auch das Verbot parteipolitischer Betätigung auferlegen will[161].

Eine andere Auffassung lehnt die entsprechende Anwendung des § 74 II 3 BetrVG ab[162]. Argumentiert wird zunächst damit, daß die Verweisung auf § 74 II 3 BetrVG nur in der Vorschrift enthalten ist (vgl. § 71 Satz 2 BetrVG), die für die Jugendversammlung gilt. Eine Ausdehnung auf die sonstige Tätigkeit der Jugendvertretung sehe das Gesetz nicht vor. Im übrigen werde in § 65 BetrVG auf alle Vorschriften des BetrVG verwiesen, die auf die Jugendvertretung entsprechende Anwendung

---

155 Vgl. BAG AP Nr. 1 zu § 15 KSchG 1969; ArbG Kiel, BB 1974, 1250.

156 *Brecht*, § 74 Rn. 8; *Dietz / Richardi*, § 74 Rn. 69; *Galperin / Löwisch*, § 74 Rn. 23; *GK-Thiele*, § 74 Rn. 55; *Meisel*, RdA 1976, 38 (40); *Staudacher*, in: HBV 1/185.

157 BAG AP Nr. 1 zu § 15 KSchG 1969 (unter II 3 c der Gründe).

158 ArbG Kiel, BB 1974, 1250.

159 Im dortigen Fall einer parteipolitischen Betätigung eines Mitglieds der Jugendvertretung in der Jugendversammlung wäre es jedoch auf die analoge Anwendung des § 74 II 3 BetrVG nicht angekommen, weil dort das Verbot — wie ausgeführt — über §§ 71 Satz 2, 45 Satz 1 BetrVG direkt gilt.

160 Vgl. die in Fn. 156 Genannten.

161 In diese Richtung *Meisel*, RdA 1976, 38 (40).

162 *Glaubitz*, BB 1972, 1277 Fn. 6; *Gnade / Kehrmann / Schneider / Blanke*, § 74 Rn. 31.

finden. Darüber hinaus könne die Funktion der Jugendvertretung nicht mit der des Betriebsrats ohne weiteres verglichen werden, da dessen Rechte eindeutig stärker ausgeprägt seien. Für eine analoge Anwendung des § 74 II 3 BetrVG auf die Jugendvertretung sei daher kein Raum.

bb) Stellungnahme

Der h. M. fällt die Begründung für die entsprechende Anwendung des § 74 II 3 BetrVG offensichtlich schwer. Da sie vom Ergebnis her der Jugendvertretung ein Verbot parteipolitischer Betätigung auferlegen will, hätte sie immerhin die Möglichkeit, das — inhaltsgleiche — Verbot parteipolitischer Betätigung, welches die §§ 62 Satz 1, 67 I 3 BPersVG[163] für die Jugendvertretung in der Dienststelle[164] anordnen, entsprechend dieser Vorschrift auf die Jugendvertretung im Betrieb anzuwenden.

Dennoch soll hier der Mindermeinung gefolgt werden. Dabei legt nicht nur § 71 Satz 2 i. V. m. § 45 Satz 1 BetrVG für die Jugendversammlung sowie § 45 Satz 1 BetrVG für die Betriebsversammlung, sondern insbesondere § 51 VI BetrVG für den Gesamtbetriebsrat und § 59 I BetrVG für den Konzernbetriebsrat den Schluß nahe, daß der Gesetzgeber, wenn er die Geltung des Verbots parteipolitischer Betätigung will, dies auch ausdrücklich normiert hat. Im Gegenschluß folgt daraus, daß das Verbot für die sonstige Tätigkeit der Jugendvertretung nicht gilt. Darüber hinaus kommt der Jugendvertretung nicht die eigenständige Stellung wie dem Betriebsrat zu, sie ist kein „Jugendbetriebsrat“[165] mit selbständiger Stellung gegenüber dem Arbeitgeber, sondern muß hinsichtlich ihrer betriebsverfassungsrechtlichen Einwirkungsmöglichkeiten gemäß §§ 67—70 BetrVG den Weg über den Betriebsrat wählen[166] und mit diesem zusammenwirken[167]. Wenn aber Bedeutung und Kompetenzen der Jugendvertretung gegenüber derjenigen des Betriebsrats weit zurückbleiben, besteht auch kein dringendes Bedürfnis im Sinne der für eine Analogie notwendigen Gleichheit der Interessenlage[168], die Jugendvertretung dem Verbot parteipolitischer Betätigung zu unterwerfen. Noch gewichtiger erscheint auch ein gewisses erzieherisches Moment, welches in der Normierung der Jugendvertretung in §§ 60—73 BetrVG zum Ausdruck kommt. Die wenigen Kompetenzen der Jugendvertretung zeigen an, daß die jungen Arbeitnehmer langsam an die Be-

---

163 Ebenso §§ 62 Satz 1, 67 I 3 bad.-württ. LPersVG.

164 Vgl. dazu *Dietz / Richardi*, Komm. zum BPersVG, § 62 Rn. 18.

165 So die Formulierung bei *v. Hoyningen-Huene*, § 6 IV 1.

166 *v. Hoyningen-Huene*, § 6 IV 1.

167 Vgl. BAG AP Nr. 1—3 zu § 65 BetrVG 1972; *Dietz / Richardi*, § 70 Rn. 25.

168 Zu den Voraussetzungen einer Analogie vgl. *Larenz*, Methodenlehre, S. 365 ff.

triebsverfassung und die damit verbundene Verantwortung herangeführt werden sollen. Es wäre daher unausgewogen, wollte man der Jugendvertretung und ihren Mitgliedern zwar nur wenig Rechte, dafür aber die vollen Pflichten des Betriebsrats und dessen Mitgliedern, etwa aus § 74 II 3 BetrVG, aufbürden. Vielmehr wird man der Jugendvertretung und ihren Mitgliedern denselben Freiraum zur parteipolitischen Betätigung im Betrieb zugestehen müssen wie den sonstigen Arbeitnehmern nach dem Arbeitsvertrag. Die Grenze der Störung des Betriebsfriedens und des Arbeitsablaufs bleibt dabei allemal gewahrt[169]. Die Geltung des Verbots in der Jugendversammlung ist dabei allerdings konsequent: Dort kann es leichter zu den Betriebsfrieden störenden Tumulten kommen[170]. Das hier betonte erzieherische Moment wird durch §§ 42 Satz 1, 67 I 3 BPersVG nur bestätigt: Die politische(!) Betätigung der Beschäftigten im öffentlichen Dienst wird eben durch § 39 DRiG, § 52 II BBG, § 35 II BRRG sowie § 8 I BAT[171] in der Dienststelle stärker beschränkt als bei Arbeitnehmern in der privaten Wirtschaft. Diesen Unterschied gilt es zu beachten, wenn man das Verbot parteipolitischer Betätigung für die Jugendvertretung in der Dienststelle (§§ 62 Satz 1, 67 I 3 BPersVG) mit der Rechtslage nach dem BetrVG vergleicht.

Im Ergebnis gilt für die Tätigkeit der Jugendvertretung im Betrieb weder das Verbot des § 74 II 3 BetrVG, noch das Verbot gemäß §§ 62 Satz 1, 67 II 3 BPersVG entsprechend[172].

b) Ersatzmitglieder

Als weiterer Adressat des § 74 II 3 BetrVG werden auch die Ersatzmitglieder des Betriebsrats genannt[173]. Die Rechtsprechung[174] beschäftigte der Fall, daß ein Ersatzmitglied wegen urlaubsbedingter Verhinderung des ordentlichen Betriebsratsmitglieds bereits nachgerückt war und in diesem Zeitraum eine Ansteckplakette mit der Aufschrift „Stoppt Strauß“ an seiner Kleidung trug.

---

169 Vgl. dazu oben § 5 I 2.

170 Sowohl die Entscheidung des BAG AP Nr. 1 zu § 15 KSchG als auch die des ArbG Kiel, BB 1974, 1250 betrafen denn auch Äußerungen auf der Jugendversammlung.

171 Vgl. dazu BAG AP Nr. 8 zu Art. 5 I GG Meinungsfreiheit.

172 Zur psychologisch „richtigen“ Reaktion von Vorgesetzten, Ausbildern und Arbeitgebern auf politische Diskussionen von Jugendlichen und Jugendvertretern am Arbeitsplatz vgl. den Fall 16 (Die politische Auseinandersetzung) bei *Rischar*, Konfliktfälle aus der betrieblichen Praxis, S. 147 ff.

173 *Meisel*, RdA 1976, 38 (40); *ders.*, SAE 1977, 91 (93).

174 LAG Düsseldorf, BB 1981, 1986.

Die namentlich von *Meisel* vertretene Auffassung[175] nimmt freilich keinerlei zeitliche und funktionsbezogene Differenzierung hinsichtlich des Ersatzmitglieds vor, sondern behauptet eine generelle Geltung des Verbots parteipolitischer Betätigung mit der Erwägung, auch dieser Personenkreis sei im Betrieb exponiert.

Dem kann in dieser Allgemeinheit nicht gefolgt werden. Die Anwendung des § 74 II 3 BetrVG auf Ersatzmitglieder mit noch so nachgeordneten Plätzen auf den jeweiligen Vorschlagslisten (§ 6 WO 1972) erscheint durch nichts gerechtfertigt. Richtigerweise wird man für das Eingreifen des § 74 II 3 BetrVG die Grundsätze über die Rechtsstellung der Ersatzmitglieder anzuwenden haben[176]. Danach rückt das Ersatzmitglied erst dann kraft Gesetzes in den Betriebsrat ein, wenn die gesetzlichen Voraussetzungen des § 25 I BetrVG vorliegen. Erst dann aber auch erhält das Ersatzmitglied die Stellung eines Betriebsratsmitglieds mit allen Rechten und Pflichten[177], also wohl auch der Pflicht aus § 74 II 3 BetrVG. Dem könnte man entgegenhalten, daß dem einmal als Betriebsratsmitglied tätig gewordenen Ersatzmitglied auch der nachwirkende Kündigungsschutz des § 15 I 2 KSchG zugute komme[178], das Ersatzmitglied also eine erweiterte kündigungsschutzrechtliche Rechtsstellung wie ein Betriebsratsmitglied innehabe, mithin auch hinsichtlich seiner parteipolitschen Betätigung über § 74 II 3 BetrVG stärkere Einschränkungen hinnehmen müsse. Indessen zeigt gerade § 15 I 2 KSchG, eine Norm also, die systematisch zum Individualarbeitsrecht gehört, daß das Rechtsverhältnis zwischen dem Arbeitgeber und dem nicht mehr amtierenden Ersatzmitglied auf die Ebene des Individualarbeitsrechts „zurückgeholt“ werden soll. Im übrigen bewirkt jedoch schon die mit dem nachwirkenden Kündigungsschutz bezweckte „Abkühlungsphase“[179], daß sich das Ersatzmitglied bei der parteipolitischen Betätigung zurückhalten wird. Die Abkühlung würde um so weniger eintreten, je mehr das Ersatzmitglied in dieser Zeit durch parteipolitische Aktivitäten im Betrieb auffällt. Es besteht daher auch kein sachlicher Grund, das betriebsverfassungsrechtliche Verbot des § 74 II 3 BetrVG auf das nicht amtierende Betriebsratsmitglied anzuwenden. Die arbeitsvertraglichen Beschränkungen reichen auch insoweit aus.

---

[175] Vgl. soeben Fn. 171.

[176] Vgl. *Dietz / Richardi*, § 25 Rn. 33 ff.; *GK-Thiele*, § 25 Rn. 33—40.

[177] *Dietz / Richardi*, § 25 Rn. 34; *GK-Thiele*, § 25 Rn. 35.

[178] Vgl. dazu BAG AP Nr. 7 zu § 15 KSchG 1969; weiter *Dietz / Richardi*, § 25 Rn. 40; *Fitting / Auffarth / Kaiser*, § 25 Rn. 6.

[179] Vgl. BAG AP Nr. 6 zu § 15 KSchG 1969; *Dietz / Richardi*, § 25 Rn. 40.

c) Wahlvorstand und Wahlbewerber

aa) Wahlvorstand

Die von *Meisel*[180] aufgeworfene und bejahte Frage, ob das Verbot des § 74 II 3 BetrVG auch für den Wahlvorstand und dessen Mitglieder Geltung beanspruchen kann, hat bisher keinerlei praktische Bedeutung erlangt. Die Aufgaben des Wahlvorstandes bestehen gemäß § 18 I BetrVG in der Einleitung und Durchführung der Betriebsratswahl sowie in der Feststellung des Wahlergebnisses (vgl. weiter §§ 18 III, 29 I BetrVG). Eine parteipolitische Betätigung des Wahlvorstandes gehört somit nicht zu dessen Aufgaben. Da eine parteipolitische Betätigung u. U. den reibungslosen Ablauf der Wahl beeinträchtigen kann, wird man darin eine unzweckmäßige Maßnahme des Wahlvorstandes sehen müssen. Denkbar wäre im Einzelfall auch eine Wahlbehinderung i. S. von § 20 I 1 BetrVG oder ein Grund zur Wahlanfechtung nach § 19 I BetrVG[181]. Unzweckmäßige Maßnahmen rechtfertigen je nach der Intensität der parteipolitischen Betätigung die Abberufung des Wahlvorstandes, wenn die Durchführung der Wahl geradezu vereitelt wurde[182]. Bei einer parteipolitischen Betätigung geringeren Ausmaßes kann diese zum Gegenstand eines arbeitsgerichtlichen Beschlußverfahrens gemacht werden. In eiligen Fällen kann das Arbeitsgericht gegen den Wahlvorstand gemäß § 85 II ArbGG eine einstweilige Verfügung erlassen[183]. Die aufgezeigten Möglichkeiten belegen, daß es sich bei der Betriebsratswahl um einen, was den Betriebsfrieden als das durch § 74 II 3 BetrVG geschützte Rechtsgut anbelangt, sensiblen Bereich handelt. Eine Wiederholung der Wahl wäre nicht nur mit erheblichen Umständlichkeiten für den Betriebsaublauf, sondern auch mit hohen Kosten für den Arbeitgeber verbunden. Andererseits ist die Betriebsratswahl keine „besinnliche Veranstaltung“[184]. Angesichts dessen tut der Wahlvorstand durchaus gut daran, für einen reibungslosen Ablauf der Betriebsratswahlen zu sorgen, eher ausgleichend zu wirken und nicht seinerseits mit einer eigenen parteipolitischen Betätigung noch „Öl ins Feuer“ zu gießen. Um dies auch präventiv sicherzustellen, wird man § 74 II 3 BetrVG auf den Wahlvorstand während seiner Amtstätigkeit analog anwenden können.

---

180 RdA 1976, 38 (40); *ders.*, SAE 1977, 91 (93).

181 *Kammann / Hess / Schlochauer*, § 18 Rn. 12.

182 *Fitting / Auffarth / Kaiser*, § 18 Rn. 21; *Kammann / Hess / Schlochauer*, § 18 Rn. 12.

183 *Fitting / Auffarth / Kaiser*, § 18 Rn. 21; *Kammann / Hess / Schlochauer*, § 18 Rd. 12.

184 *Pfarr*, Anm. zu BAG AP Nr. 1 zu § 15 KSchG 1969 Verhaltensbedingte Kündigung.

bb) Wahlbewerber

Im Schrifttum wird weiter vorgeschlagen[185], das Verbot parteipolitischer Betätigung aus § 74 II 3 BetrVG auf die Wahlbewerber auszudehnen. Das BAG hatte bereits zweimal über Fälle zu entscheiden, wo gegenüber Arbeitnehmern und Wahlbewerbern wegen Betriebsratswahlen vorgekommener politischer[186] Aktionen in Form von Flugblattverteilungen Kündigungen ausgesprochen worden waren. Dabei wurde in einem Fall[187] auch auf eine Partei Bezug genommen. Dennoch nahm das BAG keine verbotene parteipolitische Betätigung nach § 74 II 3 BetrVG an, weil dieser Vorgang auf den Wahlkampf zur Betriebsratswahl bezogen sei und der Einsatz der Mittel hierfür grundsätzlich den Wahlkämpfern überlassen bleibe[188]. Die parteipolitische Betätigung aus Anlaß der Betriebsratswahl wird also von der Betriebsratsarbeit, für die § 74 II 3 BetrVG gilt, abgeschichtet und vom Verbot ausgenommen mit der Folge, daß für die Wahlbewerber bezüglich ihrer parteipolitischen Betätigung die Grundsätze gelten, die für alle Arbeitnehmer Platz greifen.

Die parteipolitische Betätigung bei den Betriebsratswahlen kommt in der Praxis häufiger vor. Dabei zeigt sich, daß die Bereitschaft der Betriebsratskandidaten, ihre parteipolitische Präferenz öffentlich aufzuzeigen, mit der Betriebsgröße erheblich zunimmt[189]. Dies läßt den Schluß zu, daß, je größer die persönliche Anonymität in einem Betrieb ist und je weniger ein Betriebsratskandidat persönlich bekannt ist, die Bewerber um so öfter — trotz der im BetrVG und der Wahlordnung grundsätzlich vorgesehenen Listenwahl (vgl. § 11 I WO 1972) — zu dem Mittel der parteipolitischen Betätigung greifen, um sich ein gewisses Persönlichkeitsprofil zu verschaffen. Von daher kann insbesondere für die Arbeitgeberseite ein Interesse, den Wahlbewerbern das Verbot des § 74 II 3 BetrVG aufzuerlegen, nicht verkannt werden.

Dennoch wird man im Ergebnis eine solche Analogie ablehnen müssen. Wegen der vom BAG[190] erwogenen Argumente ist darauf hinzuweisen, daß der Wahlkampf um Positionen in der betrieblichen Interessenvertretung keine kontemplative Angelegenheit darstellt. Das Aufeinanderprallen unterschiedlicher Meinungen auch in harten Formulierun-

---

185 *Meisel*, RdA 1976, 38 (40); *ders.*, SAE 1977, 91 (93).

186 BAG AP Nr. 69 zu § 626 BGB; AP Nr. 1 zu § 15 KSchG 1969 Verhaltensbedingte Kündigung.

187 BAG AP Nr. 1 zu § 15 KSchG 1969 Verhaltensbedingte Kündigung.

188 BAG AP Nr. 1 zu § 15 KSchG 1969 Verhaltensbedingte Kündigung unter II 4 b der Gründe.

189 So legen in Betrieben mit mehr als 500 Belegschaftsangehörigen rund ein Drittel der Kandidaten die politische Partei, der sie sich zurechnen, offen, vgl. die Angaben bei *Niedenhoff*, Betriebsräte, S. 45.

190 Vgl. Fn. 188.

gen erscheint damit durchaus sozialüblich[191]. Die besondere Situation im Wahlkampf muß berücksichtigt werden[192]. Nicht jeder — auch parteipolitische — Profilierungsversuch der Betriebsratskandidaten darf mit allzu strengen Maßstäben betrachtet werden, zu denen § 74 II 3 BetrVG angesichts seines absoluten Verbotscharakters jedoch gehört. Um die Offenheit des Betriebsratswahl„kampfes" zu ermöglichen und zu gewährleisten, wird man parteipolitische Aktivitäten der Wahlkandidaten bis zur ohnehin arbeitsvertraglich geltenden Grenze der Betriebsfriedensstörung hinzunehmen haben.

cc) Zulässigkeit sog. Parteilisten

In diesen Zusammenhang gehört auch die Frage, ob bei Betriebsratswahlen Vorschlagslisten von Wahlbewerbern, die einer politischen Partei angehören und sich darauf berufen, zulässig sind, oder ob damit gegen § 74 II 3 BetrVG verstoßen wird. In der Praxis kommen Listen der zur SPD gehörigen Arbeitsgemeinschaft für Arbeitnehmerfragen (AfA) oder der Christlich-Demokratischen-Arbeitnehmerschaft (CDA), einer Unterorganisation der CDU, vor[193]. Die Zulässigkeit solcher parteipolitischen Wahlvorschläge wird abgelehnt mit der Begründung, die Wahl gebe dem Betriebsrat nicht die rechtliche Legitimation, eine bestimmte parteipolitische Meinung zu vertreten[194]. Andere[195] halten die Aufstellung solcher Parteilisten für zulässig, weil Betriebsratskandidaten noch keine amtlichen Funktionen innehaben. Trennt man im Anschluß an das BAG[196] zwischen den Bereichen Betriebsratswahl einerseits und Betriebsratstätigkeit andererseits, bestehen keine Bedenken, Listen politischer Parteien bei Betriebsratswahlen zuzulassen. Die Gefahr, die dabei besteht, liegt eher darin, daß die späteren Betriebsratsmitglieder über ihre parteipolitische Listenverbundenheit eher dazu neigen könnten, gegen das Verbot aus § 74 II 3 BetrVG zu verstoßen und zu einer Polarisierung im Betriebsrat beizutragen. Demgegenüber geht das BetrVG von der Einheit des Betriebsrats aus, einzelne „Fraktionen"[197] innerhalb des Gremiums spielen rechtlich keine Rolle, sondern allenfalls faktisch, etwa bei Abstimmungen[198]. Es wird deshalb bei der Betriebsratsarbeit besonders darauf zu achten sein, daß die über die

---

191 *Pfarr*, Anm. zu BAG AP Nr. 1 zu § 15 KSchG Verhaltensbedingte Kündigung.

192 So auch *G. Hueck*, in: Hueck, KSchG, § 1 Rn. 97.

193 Vgl. *Niedenhoff*, Betriebsräte, S. 8.

194 *Frauenkron*, Kommentar § 74 Anm. 10.

195 *Vollmer*, S. 202.

196 BAG AP Nr. 1 zu § 15 KSchG 1969 Verhaltensbedingte Kündigung.

197 Vgl. zu dieser Frage *v. Hoyningen-Huene*, ZRP 1978, 181 ff.

198 *v. Hoyningen-Huene*, § 7 IV 2.

Parteiliste gewählten Betriebsratsmitglieder nicht über die ostentative Hervorhebung ihres „Fraktionsstatus“ Parteipolitik in den Betrieb hineintragen. Dies würde gegen das Verbot parteipolitischer Betätigung aus § 74 II 3 BetrVG verstoßen. Ein solcher Verstoß wäre bereits immer dann anzunehmen, wenn diese Betriebsratsmitglieder unnötigerweise und ohne sachlichen Grund auf ihren Listennamen Bezug nehmen und dadurch objektiv der Eindruck entstehen muß, damit sei eine Werbemaßnahme für die jeweilige Partei verbunden.

VI. Arbeitnehmervertreter im Aufsichtsrat

Auch für die Arbeitnehmervertreter im Aufsichtsrat soll nach einer im Schrifttum vertretenen Auffassung[199] das Verbot parteipolitischer Betätigung aus § 74 II 3 BetrVG im Interesse des Betriebsfriedens und der Zusammenarbeit im Betrieb Anwendung finden.

Dem kann aus mehreren Gründen nicht zugestimmt werden. Zunächst legt diese Meinung das Verbot nicht auch gleichzeitig den von der Arbeitgeberseite entsandten Aufsichtsratsmitgliedern auf. Eine lediglich einseitige Belastung der Arbeitnehmervertreter mit dieser Pflicht aus § 74 II 3 BetrVG erscheint aber durch nichts gerechtfertigt. Nähme z. B. ein Vertreter der Arbeitgeberseite zu einem Gesetzgebungsvorhaben der im Parlament vertretenen A-Partei in zustimmender Weise und mit Kundgabe seiner Sympathie für die A-Partei auf einer Aufsichtsratssitzung Stellung, wäre eine angemessene Reaktion der Arbeitnehmerseite bei deren Bindung durch § 74 II 3 BetrVG u. U. verhindert. Des weiteren bestimmen sich die Rechte und Pflichten der Aufsichtsratsmitglieder nach dem je einschlägigen Gesetz (AktG, BetrVG 1952 oder Mitbestimmungsgesetze) und der jeweiligen Satzung[200]. Darüber hinaus enthalten die Mitbestimmungsgesetze auch keine Sanktionen bei einer Pflichtverletzung durch unzulässige parteipolitische Betätigung, wie sie § 23 BetrVG für Arbeitgeber, Betriebsrat und dessen Mitglieder vorsieht. Hinzu kommt, daß im Aufsichtsrat keine für die belegschaftsangehörigen Arbeitnehmer unmittelbar spürbare Frontstellung etwa zwischen der Anteilseignerseite (vgl. § 2 MitbestG) und den Arbeitnehmervertretern gegeben ist, wie sie umgekehrt bei den häufig auftretenden und von Interessengegensätzen geprägten Konflikten zwischen Arbeitgeber und Betriebsrat für die Belegschaft eher konkret erfahrbar sein kann.

---

[199] *Meisel*, RdA 1976, 38 (40); *ders.*, SAE 1977, 91 (93); *Säcker*, Informationsrechte, S. 7.

[200] *MüKo-Söllner*, § 611 Rn. 116.

Von daher erscheint auch der Betriebsfrieden durch eine parteipolitische Betätigung der Arbeitnehmervertreter im Aufsichtsrat weniger gefährdet. Die Begrenzung, wonach durch eine parteipolitische Betätigung der Betriebsfrieden nicht konkret gestört werden darf, gilt ohnehin auch für die Arbeitnehmervertreter im Aufsichtsrat, soweit sie als Arbeitnehmer dem Unternehmen angehören. Diese Pflicht ergibt sich jedoch — wie bei den sonstigen Arbeitnehmern — aus dem Arbeitsvertrag, nicht aber aus einer analogen Anwendung des § 74 II 3 BetrVG[201]. Und wie bei den übrigen Arbeitnehmern besteht bei einer Verletzung der Pflicht, den Betriebsfrieden nicht zu stören, die Möglichkeit der ordentlichen oder außerordentlichen Kündigung[202]. Denn die Arbeitnehmervertreter im Aufsichtsrat unterliegen keinem besonderen Kündigungsschutz, insbesondere ist § 15 KSchG nach ganz h. M. auf diesen Personenkreis nicht analog anwendbar[203]. Soweit die betreffende Person in ihrer Eigenschaft als Arbeitnehmervertreter im Aufsichtsrat handelt oder auch speziell während der Aufsichtsratssitzungen, mag man ein Verbot parteipolitischer Betätigung aus der allgemeinen gesellschaftsrechtlichen Treuepflicht, die auch für die Arbeitnehmervertreter gilt[204], ableiten. Nicht zur Tagesordnung gehörende, unsachliche parteipolitische Stellungnahmen auf Aufsichtsratssitzungen wird man in schweren Fällen oder bei wiederholten derartigen Vorkommnissen auch zum Anlaß nehmen können, gegen den Arbeitnehmervertreter das gerichtliche Verfahrhen auf Ausschluß aus dem Aufsichtsrat gem. § 103 III AktG zu betreiben[205], weil dann ein wichtiger Grund i. S. dieser Vorschrift in Form der parteipolitischen Betätigung gegeben sein kann. Die politische Einstellung als solche oder gelegentliche politische Meinungsäußerungen im Aufsichtsrat reichen jedoch für die Annahme eines wichtigen Grundes allein nicht aus, weil dadurch das ordnungsgemäße Funktionieren des Aufsichtsrats nicht in Frage gestellt wird[206]. Festzuhalten ist jedoch, daß auch bei dieser Konstellation nicht das Verbot des § 74 II 3 BetrVG eingreift, sondern eine Verletzung der gesellschaftsrechtlichen Treuepflicht zu prüfen ist.

Im Ergebnis gelten also einerseits die arbeitsvertraglichen Grenzen einer parteipolitischen Betätigung, wenn der Arbeitnehmervertreter in

---

201 So BAG AP Nr. 1 zu § 626 Arbeitnehmervertreter im Aufsichtsrat unter V 2 der Gründe.

202 Vgl. BAG AP Nr. 1 zu § 626 BGB Arbeitnehmervertreter im Aufsichtsrat; *Hanau / Ulmer*, § 26 Rn. 17.

203 Vgl. *Hoffmann / Lehmann / Weinmann*, § 26 Rn. 16 m. w. N.

204 Vgl. *v. Hoyningen-Huene*, DB 1979, 2422 (2423); *Säcker*, Informationsrechte, S. 77.

205 Vgl. dazu *G. Hueck*, Gesellschaftsrecht, § 24 I 4.

206 Vgl. *Geßler*, in: Geßler / Hefermehl / Eckhardt / Kropf, § 103 Rn. 40; *Mayer-Landrut*, in: Großkommentar AktG, § 103 Anm. 7.

seiner Eigenschaft als Arbeitnehmer handelt, andererseits die aus der gesellschaftsrechtlichen Treuepflicht folgenden Schranken einer parteipolitischen Betätigung, wenn der Arbeitnehmervertreter als Aufsichtsratsmitglied auftritt.

VII. Gewerkschaften

1. Meinungsstand

Teilweise wird im Schrifttum befürwortet, das Verbot parteipolitischer Betätigung aus § 74 II 3 BetrVG auch auf die Gewerkschaften anzuwenden. Begründet wird dies einmal damit[207], das Verbot wäre ausgehöhlt, würde es nur die Betriebsverfassungsorgane, nicht aber auch die Gewerkschaften binden, die ein Zutrittsrecht zum Betrieb geltend machten. Auch dürfe unter dem Vorwand der Gewerkschaftswerbung nicht parteipolitisch agitiert werden[208]. § 74 II 3 BetrVG sei eine mittelbar grundrechtsprägende Norm, die parteipolitische Aussagen der Gewerkschaften nicht zulasse[209]. Schließlich könnten Gewerkschaftsvertreter, die sich im Betrieb aufhalten, als Berater des Betriebsrats nicht weitergehende Rechte im Betrieb haben als dieser selbst. Da sich die Gewerkschaftsvertreter deshalb ebenfalls in dem vom BetrVG gesteckten Rahmen einfügen müßten, gelte auch für sie § 74 II 3 BetrVG[210].

Andere Autoren verneinen die Anwendbarkeit des Verbots aus § 74 II 3 BetrVG auf die Gewerkschaften. Der hinter dem Verbot stehende Gedanke, um des Betriebsfriedens willen Polarisierungen im Betrieb zu vermeiden, passe allenfalls auf das Verhältnis zwischen Arbeitgeber und Betriebsrat, nicht aber für die Stellung der Gewerkschaften[211]. Daß sich § 74 II 3 BetrVG ausschließlich auf Arbeitgeber und Betriebsrat beziehe, nicht aber auf die gewerkschaftliche Betätigung, sei auch aus §§ 74 III, 2 III BetrVG ersichtlich, wonach die gewerkschaftliche Betätigung ausdrücklich nicht berührt werde[212]. Andere halten eine Anwendung des § 74 II 3 BetrVG auch nicht für erforderlich, weil sich ein Verbot parteipolitischer Betätigung auch aus anderen rechtsdogmatischen Grundsätzen folgern läßt[213]. Werde etwa eine Gewerkschaft im Rahmen der Betriebsverfassung tätig, ergebe sich bereits aus dem be-

---

[207] *Säcker*, AuR 1979, 39 Fn. 7; *ders.*, Anm. zu BAG AR-Blattei D-Blatt „Berufsverbände“ Entsch. 14—16 Bl. 8.

[208] *Hohn*, BB 1975, 376.

[209] *Säcker*, Zutrittsrechte, S. 12.

[210] *Glaubitz*, BB 1972, 1277; *Meisel*, RdA 1976, 38 (40); *Vollmer*, S. 199.

[211] *Däubler*, Gewerkschaftsrechte im Betrieb, § 11 I 2; *Däubler*, AiB 1983, 27.

[212] *Müller-Guercke*, S. 149.

[213] *Dietz / Richardi*, § 74 Rn. 66.

grenzten betriebsverfassungsrechtlichen Aufgabenbereich, daß sich ihre Beauftragten bei deren Wahrnehmung nicht politisch betätigen dürften. Werde die Gewerkschaft zur Mitgliederbetreuung und -werbung im Betrieb tätig, sei es eine immanente Schranke dieser koalitionsrechtlichen Befugnis, parteipolitische Betätigungen ohne Bezug zum Koalitionszweck zu unterlassen.

2. Stellungnahme

Der zuletzt genannten, bereits im Ansatz differenzierenden Auffassung[214], kann grundsätzlich zugestimmt werden. Daß zwischen der koalitionsrechtlichen Stellung der Gewerkschaften einerseits und der betriebsverfassungsrechtlichen Stellung andererseits unterschieden werden und nach den je eigenen Rechtssätzen dieser Teilgebiete des kollektiven Arbeitsrechts beurteilt werden muß, folgt zwingend aus den §§ 74 III, 2 III BetrVG, die die Abschichtung der beiden Rechtsgebiete deutlich hervorheben. Insoweit spricht man von einem System der Trennung[215]. Was das Betriebsverfassungsrecht anbelangt, folgt das Verbot parteipolitischer Betätigung aus dem beschränkten Aufgabenbereich[216], der den Gewerkschaften dort insbesondere in Form von Unterstützungs-, Überwachungs-, Initiativ- oder Teilnahmerechten zukommt[217]. Angesichts dieser im Verhältnis zu der zentralen Bedeutung des Betriebsrats doch stark abfallenden Rechtsstellung der Gewerkschaften besteht kein Anlaß, den Gewerkschaften noch zusätzliche Verhaltenspflichten in Form von Unterlassungspflichten aufzuerlegen, wie dies für den Betriebsrat in § 74 II BetrVG u. a. mit dem Verbot parteipolitischer Betätigung geschehen ist. Das oben[218] abgelehnte Kompetenzargument, welches die Verhaltenspflicht des § 74 II 3 BetrVG für den Betriebsrat gerade nicht erklären kann, greift für die Gewerkschaften im Rahmen der Betriebsverfassung voll durch. Sie dürfen sich parteipolitisch nicht betätigen, weil ihnen diesbezüglich im BetrVG keine Kompetenz eingeräumt ist. Zur Begründung braucht § 74 II 3 BetrVG aber nicht herangezogen werden.

Was das Koalitionsrecht und damit die koalitionsspezifische Betätigung der Gewerkschaften im Betrieb betrifft, ist diese durch Art. 9 III GG im Kernbereich geschützt, soweit es für die Erhaltung und Sicherung der Existenz der Koalition unerläßlich ist[219]. Dieser koalitionsspezi-

---

214 *Dietz / Richardi*, § 74 Rn. 66.

215 Vgl. *v. Hoyningen-Huene*, § 5 I.

216 *Dietz / Richardi*, § 74 Rn. 66; *GK-Thiele*, § 74 Rn. 54.

217 Vgl. dazu etwa *Däubler*, Gewerkschaftsrechte im Betrieb, §§ 5 und 7; *Dietz / Richardi*, § 2 Rn. 71—116; *v. Hoyningen-Huene*, § 5 V.

218 Vgl. § 2 IV.

219 Vgl. zu dieser Formulierung etwa BAG AP Nr. 30 zu Art. 9 GG; BAG AP Nr. 35 zu Art. 9 GG; zur neueren Rechtsprechung des BAG zur gewerkschaft-

fischen Betätigung hat das BAG[220] inhaltliche Schranken auch hinsichtlich parteipolitischer Betätigung gesetzt. Danach muß sich die Betätigung der Koalition nach Art. 9 III GG auf die Regelung der Arbeits- und Wirtschaftsbedingungen beschränken. Werbe- und Informationsmaterial darf keinen parteipolitischen Inhalt haben. Aber auch Informationen allgemeinpolitischen Inhalts sind durch das Informations- und Werberecht nach Art. 9 III GG nur dann gedeckt, wenn diese politischen Fragen mit der Wahrung der Arbeits- und Wirtschaftsbedingungen i. S. des Art. 9 III GG in unmittelbarem Zusammenhang stehen. Auch in diesem koalitionsrechtlichen Rahmen können Schwierigkeiten auftauchen, wann ein parteipolitischer Inhalt anzunehmen ist. Auch hier wird teilweise angenommen[221], daß ein solcher Inhalt schon dann gegeben sei, wenn die Aussagen zu einer Polarisierung im Betrieb führen könnten (Partei als Parteinahme)[222]. Andere verlangen auch in diesem Zusammenhang ein bewußtes Engagement für eine Partei, das sich etwa in der Nennung ihres Namens oder in der Aufforderung zur Unterstützung zeigen kann[223]. Problematisch kann es bei umfangreichem oder periodisch erscheinendem gewerkschaftlichen Werbematerial werden, wenn dabei einzelne Artikel in einzelnen Ausgaben einer Zeitung unzulässigen politischen oder parteipolitischen Inhalt haben. Dies allein wird zum Verbot der Verteilung des Werbematerials im Betrieb kaum ausreichen[224]. Letztlich können die exakten Grenzen, denen die Gewerkschaften im Betrieb hinsichtlich der parteipolitischen Betätigung unterliegen, hier dahingestellt bleiben. Entscheidend ist, daß ein Verbot parteipolitischer Betätigung für die durch Art. 9 III GG geschützte koalitionsspezifische Betätigung im Betrieb als Schranke dieser Grundrechtsnorm fungiert und aus ihr hergeleitet und entwickelt wird, nicht aber aus § 74 II 3 BetrVG.

---

lichen Betätigung im Betrieb vgl. *Hanau*, ArbRdGgw 1979 (Bd. 17), S. 37 ff.; *Konzen*, ArbRdGgw 1980 (Bd. 18), S. 19 ff.

220 Vgl. BAG AP Nr. 10 zu Art. 9 GG unter 2 b der Gründe; BAG AP Nr. 26 zu Art. 9 GG unter II 8 der Gründe.

221 LAG Düsseldorf 3. 11. 1981 (18 Sa 1087/81) unveröffentlicht, zit. bei *Däubler*, AiB 1983, 27.

222 Vgl. oben § 4 I 1.

223 *Däubler*, AiB 1983, 27.

224 BAG AP Nr. 29 zu Art. 9 GG unter 4 der Gründe; zu den Anforderungen insoweit *Kunze*, in: Festschrift für das BAG, 1979, 315 (317 ff.); demgegenüber streng an den Kriterien der Arbeits- und Wirtschaftsbedingungen orientiert *W. Thiele*, BB 1973, 1 (2).

VIII. Rechtstatsächliches zur parteipolitischen Betätigung der Adressaten

1. Betriebsrat, Betriebsratsmitglieder, Jugendvertreter

Betrachtet man die bisher ergangene Rechtsprechung unter dem Gesichtspunkt, welcher der genannten Adressaten auf der Arbeitnehmerseite[225] sich parteipolitisch betätigt hat, so fällt auf, daß der Betriebsrat als Gremium in keinem Fall sich sozusagen eigenhändig betätigt hat. Selbst im Fall BAG AP Nr. 1 zu § 42 BetrVG 1972[226], wurde dem Betriebsrat lediglich das Abhalten des Referates zur betrieblichen Altersversorgung durch einen Spitzenpolitiker als eigene parteipolitische Betätigung zugerechnet[227]. Ganz überwiegend handelt es sich um Aktionen von einzelnen oder mehreren Betriebsratsmitgliedern, wobei wiederum nur in zwei Fällen eine Beziehung zum Betriebsratsamt hergestellt wurde[228]. Hinzu treten Sachverhalte, wo ein Betriebsratsvorsitzender auf der Betriebsversammlung[229] oder ein Jugendvertreter auf der Jugendversammlung[230] parteipolitische Reden hält.

Damit findet die Vorschrift des § 74 II 3 BetrVG in der Praxis bisher meistens auf Adressaten Anwendung, die im Normtext selbst nicht erwähnt werden. Weiterhin läßt dieser Befund wohl den Schluß zu, daß sich die Betriebsräte als Organ der Betriebsverfassung doch weitgehend an das Verbot parteipolitischer Betätigung halten.

2. Die Arbeitgeberseite

Parteipolitische Betätigung von Arbeitgebern haben — soweit ersichtlich — die Rechtsprechung bisher nicht beschäftigt, einschlägige Entscheidungen existieren nicht.

Die Literatur hat demgegenüber eine Reihe von Beispielen gebildet, um die parteipolitische Betätigung der Arbeitgeber zu veranschaulichen. So wird der Fall genannt[231], daß der Arbeitgeber Anweisung gibt, alle betriebseigenen Fahrzeuge mit einem Parteiabzeichen zu versehen. Oder: Der Juniorchef trage ein blau-gelbes T-Shirt mit der Aufschrift „F.D.P."[232]. Oder: Ein leitender Angestellter versieht seinen auf dem Be-

---

225 Vgl. jeweils die Sachverhalte oben § 4 IV.

226 Zum Sachverhalt vgl. oben § 4 IV 1 mit Fn. 151, dort auch die Nachweise der Vorinstanzen.

227 BAG AP Nr. 1 zu § 42 BetrVG 1972 unter II B 2 b der Gründe.

228 BAG AP Nr. 1 zu § 74 BetrVG; LAG Düsseldorf, DB 1977, 2191.

229 RAG ARS 6, 320, vgl. oben § 2 II mit Fn. 49.

230 ArbG Kiel, BB 1974, 1250.

231 *Rüttgers*, S. 71.

232 *Meisel*, RdA 1976, 38 (40).

triebsparkplatz abgestellten Pkw mit Wahlkampfaufklebern einer bestimmten Partei[233]. Schließlich: Der Unternehmer stellt auf seinem unmittelbar neben dem Betriebsgrundstück gelegenen Privatgrundstück Tafeln mit überlebensgroßen Wahlplakaten einer bestimmten Partei auf[234].

Auch aus sonstigen Quellen über die betriebliche Praxis erfährt man, was die parteipolitische Betätigung des Arbeitgebers anbelangt, nur wenig. Bekannt wurde etwa, daß im Jahre 1975 der Vorstandsvorsitzende der Siemens-AG die Arbeitnehmer zur Mitarbeit in den staatstragenden Parteien aufforderte[235]. Dabei bot er an, die Arbeitnehmer zu diesem Zweck u. U. von der Arbeit freizustellen. Des weiteren besteht bei der Siemens-AG seit 1975 eine Betriebsvereinbarung, die das Engagement von Parlamentskandidaten fördern sollte[236]. Mittlerweile sind fast 500 Mitarbeiter von Siemens in Gemeinderäten, Landtagen und im Bundestag politisch aktiv[237]. Doch nur wenige Firmen in der Bundesrepublik sind dem Beispiel von Siemens gefolgt und haben ähnliche Vereinbarungen getroffen. Der Versuch, das Siemens-Modell auch auf die mittelständische Wirtschaft zu übertragen, ist — vermutlich aus Kostengründen — gescheitert[238]. Die eben geschilderten Maßnahmen bei der Siemens-AG wird man dennoch nicht als parteipolitische Betätigung nach § 74 II 3 BetrVG im hier verstandenen Sinne begreifen können, da nicht für oder gegen eine bestimmte politische Partei Stellung genommen wird, sondern lediglich Rahmenbedingungen für eine parteipolitische Betätigung der Arbeitnehmer außerhalb des Betriebes geschaffen werden.

Ein anderes Vorkommnis, das durch die Presse ging, fand anläßlich der Bundestagswahl im März 1983 statt[239]. Verschiedene Arbeitgeber verschickten an ihre Arbeitnehmer Briefe und forderten sie darin auf, bei der Bundestagswahl beide Stimmen der CDU zu geben, da sie bei einem Wahlsieg der SPD mit Entlassungen rechnen müßten. Diese Verhaltensweise stellt selbstverständlich eine verbotene parteipolitische Betätigung gemäß § 74 II 3 BetrVG dar.

Es liegen aber auch Stellungnahmen von der Arbeitgeberseite vor, die die Politik nicht völlig aus dem Betrieb fernhalten wollen. So äußerte

---

233 *Meisel*, RdA 1976, 38 (40).

234 *Meisel*, RdA 1976, 38 (40).

235 Vgl. *Vollmer*, S. 124.

236 *Hupe*, Manager-Magazin, Heft 5/1983, S. 18 (20).

237 *Hupe*, Manager-Magazin, Heft 5/1983, S. 18 (20).

238 *Hupe*, Manager-Magazin, Heft 5/1983, S. 18 (20).

239 Vgl. Rhein-Neckar-Zeitung vom 24. 2. 1983, S. 17; Rhein-Neckar-Zeitung vom 4. 3. 1983, S. 1.

sich unter der Überschrift „Politik im Betrieb?" die Frankfurter Allgemeine Zeitung[240]: „Sicher kann es nicht Hauptaufgabe des Betriebes sein, Politik zu treiben, aber er muß politisch werden, wenn es notwendig erscheint. Und das ist es heute mehr denn je. So gesehen, hatte das Vorstandsmitglied eines bekannten Industrieunternehmens recht, als es Angriffe auf die Werkszeitschrift, weil sie auch politische Beiträge bringt, entschieden zurückwies und u. a. ausführte: ‚Wer verantwortlich denkt und handelt, befaßt sich mit Politik ... Die Politik bestimmt unser Dasein. Einen großen Teil unseres Lebens verbringen wir im Betrieb. Auch das Geschehen im Betrieb wird von der Politik bestimmt. Wenn wir dieses Dasein gut meistern wollen, dann müssen wir uns mit den bestimmenden Kräften unseres Gemeinschaftslebens immer wieder befassen. Auch im Betrieb.'" Die wenigen aufgezeigten Sachverhalte legen den Schluß nahe, daß parteipolitische Betätigung auf seiten der Arbeitgeber auf der betriebsverfassungsrechtlichen Ebene so gut wie nicht stattfindet.

Dem Arbeitgeber und Unternehmer stehen denn auch andere Möglichkeiten zur Verfügung. So traten die Unternehmer im Bundestagswahlkampf 1972 durch die Finanzierung von Wahlkampfanzeigen zugunsten der CDU/CSU hervor[241]. Besonderes Gewicht kommt aber auch der steuerrechtlichen Möglichkeit zu, gemäß § 10 b EStG Beiträge und Spenden, die als Sonderausgaben in begrenzter Höhe abzugsfähig sind, den politischen Parteien zukommen zu lassen[242]. Dies geht sogar so weit, daß nicht selten Spenden an politische Parteien mit „Spenden aus der Wirtschaft" praktisch gleichgesetzt werden[243]. Diese Sachverhalte stellen selbstverständlich keine unter das betriebsverfassungsrechtliche Verbot fallende parteipolitische Betätigung nach § 74 II 3 BetrVG dar.

3. Bewertung

§ 74 II 3 BetrVG nennt — scheinbar gleichgewichtig — Arbeitgeber und Betriebsrat als Adressat. Demgegenüber trifft in der betrieblichen

---

240 FAZ vom 1. 4. 1957/Nr. 77/S. 9. Es gehört beim Thema Politik im Betrieb fast zum Ritual, diesen Artikel als Beleg dafür anzuführen, welchen Stellenwert die Arbeitgeber der Politik im Betrieb beimessen. Er sei deswegen auch hier auszugsweise zitiert. Er ist auch abgedruckt bei *Bäumer*, AuR 1960, 225 (226); *Behnes*, S. 1; *Gnade*, ArbRdGgw, Bd. 14 (1977), S. 59 (60); *Joachim*, in: Posser / Wassermann, S. 255 (260); *Kuhlendahl*, MitB. 1961, 98; *Kunze*, in: Festschrift für BAG, S. 315 (319); *Radke*, AuR 1957, 129 (134).

241 *Vollmer*, S. 142 m. w. N.

242 Vgl. dazu *Klein / Flockermann / Kühr*, § 10 b Rn. 48—51; vgl. auch § 11 Nr. 3 b KStG.

243 *Rittner*, in: Festschrift für Knur, S. 205 mit Fn. 4; ebenso *Frick*, BB 1983, 1336 (1337), wo in den 4 von ihm gebildeten Fallgruppen zu Zuwendungen an politische Parteien aus steuerrechtlicher Sicht dreimal (unter a—c) „der Unternehmer" an die Partei spendet.

Realität die Vorschrift am häufigsten die Betriebsratsmitglieder. Daß dies kaum anders sein kann, ergibt sich aus der Interessenlage bei einer parteipolitischen Betätigung im Betrieb. Gerade der Arbeitgeber ist an der reibungslosen Erreichung des Betriebszwecks interessiert. Mit einer parteipolitischen Betätigung und einer damit evtl. verbundenen Störung des Betriebsfriedens würde der Arbeitgeber seinen eigenen Interessen zuwiderhandeln[244]. So haben auch gerade die Arbeitgeber ein vitales Interesse an der Existenz von Normen wie § 74 II 2 und 3 BetrVG, die der Erhaltung des Betriebsfriedens dienen. Bereits zum Regierungsentwurf eines Betriebsverfassungsgesetzes vom 5. 9. 1950 gab die Arbeitsgemeinschaft selbständiger Unternehmer zu § 57 des Entwurfs, der das Verbot der Störung des Betriebsfriedens enthielt, folgende Stellungnahme ab[245]: „Der § 57 ist mit die beste Regelung, die dem Verfasser in diesem Gesetzentwurf gelungen ist". Weiter schrieb der damalige Vizepräsident der Bundesvereinigung der deutschen Arbeitgeberverbände, Dr. *Hanns Martin Schleyer*, in den Nachrichten der Industrie- und Handelskammer Münster im Februar 1972[246]: „Die wenigen positiven Aspekte des neuen Betriebsverfassungsgesetzes liegen im Festhalten an der vertrauensvollen Zusammenarbeit und der Partnerschaft zwischen Arbeitgeber und Betriebsrat, in dem Gebot der betrieblichen Friedenspflicht sowie dem Verbot parteipolitischer Betätigung."

Bei Lichte besehen erscheint auch die bei der Siemens-AG bestehende Betriebsvereinbarung[247] über die Ermöglichung parteipolitischen Engagements von Mitarbeitern nicht ganz uneigennützig. Vielmehr hat ein Arbeitgeber dieser Größenordnung auch politische Interessen — etwa wirtschaftspolitischer Art — denen er über Mandatsträger im jeweiligen Gremium zumindest Gehör verschaffen kann. Die derart über eine Betriebsvereinbarung geförderten Arbeitnehmer werden es zumindest tatsächlich und psychologisch nicht leicht haben, sich einem entsprechenden Ansinnen des Arbeitgebers von vornherein zu verschließen. Insofern kommt diesen Arbeitnehmern auf der parlamentarischen Ebene zumindest die Funktion als jederzeitiger Ansprechpartner zu. Dies kann bei einer Kosten-Nutzen-Analyse für den Arbeitgeber mehr wert sein als die finanziellen Einbußen bei einer bezahlten oder unbezahlten Freistellung von der Arbeit wegen parteipolitischer Aktivitäten oder der

---

244 *Germelmann*, S. 125.

245 Stellungnahme der Arbeitsgemeinschaft selbständiger Unternehmer zu dem Regierungsentwurf vom 5. September 1950 eines Betriebsverfassungsgesetzes über die Neuordnung der Beziehungen in den Betrieben von Arbeitnehmer und Arbeitgebern, S. 27.

246 Nachweis und Zitat bei *Siebert / Degen / Becker*, S. 20.

247 Vgl. soeben § 5 VIII 2.

Übernahme einer Rückkehrgarantie an einen bestimmten Arbeitsplatz nach Beendigung der parlamentarischen Tätigkeit.

Daß die Norm des § 74 II 3 BetrVG in erster Linie den Interessen des Arbeitgebers dient, zeigt sich auch an den Funktionen, die den Betriebspartnern im Rahmen der Betriebsverfassung zukommen. Insbesondere aus der Regelung über die allgemeinen Aufgaben des § 80 I BetrVG läßt sich entnehmen, daß der Betriebsrat zumindest aus der Sicht des Arbeitgebers eine gewisse Aggressivfunktion innehat: Er muß durch Initiativen und Anregungen beim Arbeitgeber die Interessen der Belegschaft wahrnehmen. Umgekehrt kommt dem Arbeitgeber insoweit eher eine Defensivfunktion zu, weil er öfter geneigt sein wird, Forderungen des Betriebsrats abzulehnen[248]. Bei dieser Ausgangslage wird klar, daß § 74 II 3 BetrVG eher dem Betriebsrat und seinen Mitgliedern bei ihren Aktivitäten im Wege steht[249]. Es kommt hinzu, daß, wenn sich schon ausschließlich Betriebsratsmitglieder und Jugendvertreter im Betrieb parteipolitisch betätigen, die Unsicherheit bei der Auslegung des § 74 II 3 BetrVG ebenfalls zu Lasten dieses Personenkreises geht. Dies läßt sich an den Kommentaren zum BetrVG festmachen. Zwischen den Kommentierungen zu § 74 II 3 BetrVG von *Kammann/Hess/Schlochauer*[250], *Stege/Weinspach*[251], aber auch *Dietz/Richardi*[252], einerseits und andererseits den entsprechenden Passagen bei *Gnade/Kehrmann/Schneider/Blanke*[253], *Siebert/Degen/Becker*[254] aber auch *Weiss*[255], liegen arbeitsrechtliche Welten.

IX. Ergebnis

1. a) § 74 II 3 BetrVG gilt direkt für Arbeitgeber, den Betriebsrat als Gremium, die Betriebsratsmitglieder bei Ausübung ihres Amtes sowie für Ersatzmitglieder, wenn die Voraussetzungen des § 25 I BetrVG vorliegen.

b) § 74 II 3 BetrVG gilt kraft Verweisung für den Gesamtbetriebsrat (§ 51 VI BetrVG), den Konzernbetriebsrat (§ 59 I i. V. m. § 51 VI BetrVG), die Betriebsversammlung (§ 45 Satz 1, Hs. 2 BetrVG) und die Jugendversammlung (§ 71 Satz 2 i. V. m. § 45 Satz 1, Hs. 2 BetrVG).

---

248 Vgl. zum ganzen *v. Hoyningen-Huene*, § 11 IV 1 c.

249 Vgl. zur entsprechenden Interessenlage bei der Störung des Betriebsfriedens *Weiss*, § 74 Rn. 5.

250 *Kammann / Hess / Schlochauer*, § 74 Rn. 32—39.

251 *Stege / Weinspach*, § 74 Rn. 10—15.

252 *Dietz / Richardi*, § 74 Rn. 54—71.

253 *Gnade / Kehrmann / Schneider / Blanke*, § 74 Rn. 25—41.

254 *Siebert / Degen / Becker*, § 74 Rn. 16—19.

255 *Weiss*, § 74 Rn. 5, 9.

c) § 74 II 3 BetrVG gilt analog für den Wahlvorstand bei Betriebsratswahlen.

2. a) § 74 II 3 BetrVG gilt nicht für die Arbeitnehmer des Betriebs. Für diese ergibt sich als arbeitsvertragliche Nebenpflicht, parteipolitische Betätigung insoweit zu unterlassen, als dadurch das Arbeitsverhältnis unmittelbar berührt wird. Dieses konkrete Betroffensein kann vorliegen im Leistungsbereich, im Bereich der betrieblichen Verbundenheit aller Mitarbeiter (Betriebsfrieden, Betriebsordnung), im personalen Vertrauensbereich sowie im Unternehmensbereich. Durch Betriebsvereinbarung können grundsätzlich keine weitergehenden Beschränkungen einer parteipolitischen Betätigung festgelegt werden.

b) Auch für leitende Angestellte gelten für eine parteipolitische Betätigung die arbeitsvertraglichen Grenzen, wobei jedoch die Pflilcht für diesen Personenkreis, entsprechende Betätigungen zu unterlassen, an Intensität zunimmt. Bei der Ausübung betriebsverfassungsrechtlicher Rechte und Pflichten für die Arbeitgeber haben leitende Angestellte kraft ihres Arbeitsvertrags auch § 74 II 3 BetrVG zu beachten. Parteipolitische Betätigungen werden insoweit jedoch dem Arbeitgeber zugerechnet.

c) Auch für Betriebsratsmitglieder in ihrer Eigenschaft als Arbeitnehmer gelten die arbeitsvertraglichen Grenzen einer parteipolitischen Betätigung.

d) § 74 II 3 BetrVG gilt nicht für die Jugendvertretung als Organ und die Mitglieder der Jugendvertretung bei ihrer Tätigkeit außerhalb der Jugendversammlung.

e) § 74 II 3 BetrVG gilt nicht für Wahlbewerber.

f) § 74 II 3 BetrVG findet auf die Arbeitnehmervertreter im Aufsichtsrat keine Anwendung. Für sie gelten im Betrieb die arbeitsvertraglichen Grenzen für eine parteipolitische Betätigung. Bei wiederholten, störenden oder unsachlichen parteipolitischen Betätigungen kann der Arbeitnehmervertreter nach § 103 III AktG wegen eines wichtigen Grundes seines Amtes enthoben werden.

g) Für die Gewerkschaften und deren Beauftragte gilt § 74 II 3 BetrVG ebenfalls nicht. Wird die Gewerkschaft im Rahmen ihrer betriebsverfassungsrechtlichen Rechtsstellung tätig, dürfen sich ihre Beauftragten jedoch deswegen nicht parteipolitisch betätigen, weil den Gewerkschaften keine dahingehende Aufgabe nach dem BetrVG zugewiesen ist. Bei der koalitionsspezifischen Betätigung, die im Kernbereich durch Art. 9 III GG geschützt ist, besteht eine immanente Schranke dieser koalitionsrechtlichen Befugnis darin, parteipolitische Betätigung ohne Bezug zum Koalitionszweck zu unterlassen.

§ 6 Rechtsfolgen des Verbots sowie deren Beeinflussung durch Verfassungsrecht

I. Überblick

In diesem Abschnitt sollen die Rechtsfolgen bei einem Verstoß gegen das Verbot parteipolitischer Betätigung näher dargestellt werden — neben der aus § 74 II 3 BetrVG folgenden Unterlassungspflicht insbesondere die Sanktionen nach § 23 BetrVG und die Möglichkeit der außerordentlichen Kündigung nach § 15 I KSchG, soweit Besonderheiten bei parteipolitischer Betätigung auftreten. Diese Besonderheiten ergeben sich in erster Linie aus dem Verfassungsrecht.

So wirkt sich namentlich das Grundrecht der Meinungsäußerungsfreiheit, Art. 5 I GG, auf die Interpretation der Rechtsfolgen aus. Art. 5 I GG wurde beim bisherigen Gang der Darstellung, vor allem bei der Auslegung der Tatbestandsmerkmale des § 74 II 3 BetrVG, eher zurückhaltend und als Diskussionsbeitrag anderer Autoren verwendet[1], gab jedoch bisher nie den Ausschlag für dieses oder jenes Auslegungsergebnis. Demgegenüber kommt Art. 5 I GG als Auslegungsgesichtspunkt bei den Rechtsfolgen in einigen Fragen zentrale Bedeutung zu[2]. Weiterhin wird Art. 21 I GG, der den Parteien in der Demokratie eine bedeutende Stellung einräumt[3], in die Diskussion eingeführt, um parteipolitische Betätigungen in gewissem Umfang trotz des Verbots in § 74 II 3 BetrVG zu ermöglichen.

Schließlich wird wegen der verschiedenen Sanktionen gegenüber Arbeitgeber und Betriebsrat und dessen Mitglieder in § 23 I BetrVG einerseits und § 23 III BetrVG andererseits gerade im Zusammenhang mit § 74 II 3 BetrVG erörtert, ob deswegen das Verbot parteipolitischer Betätigung verfassungskonform ausgelegt werden muß, um verfassungsrechtlichen Bedenken aus dem allgemeinen Gleichheitssatz des Art. 3 I GG gerecht zu werden.

---

[1] Vgl. oben § 3 III, § 4 I 2, § 4 II 4, § 5 I 1, § 5 III 2.

[2] So auch *Oetker*, BlStSozArbR 1983, 321 (325).

[3] Vgl. *Schmidt-Bleibtreu / Klein*, Art. 21, Rn. 3 f.

II. Das Verhältnis von Art. 5 GG zu § 74 II 3 BetrVG

1. Drittwirkung

Wie das Betriebsverfassungrecht im ganzen, so ist auch § 74 II 3 BetrVG eine Norm, die dem Privatrecht zugeordnet werden muß[4]. Die Betriebsverfassung rechnet zu den privatrechtlich geordneten Bereichen der Gesellschaft, da es die Beziehungen der Bürger — Arbeitgeber und Arbeitnehmer zueinander — regelt, wobei letztere vom Betriebsrat repräsentiert werden. Eine parteipolitische Betätigung von Arbeitgeber, Betriebsrat[5] und Betriebsratsmitgliedern wird in aller Regel eine Meinungsäußerung darstellen, etwa bei der Verteilung von Flugblättern, Reden auf der Betriebsversammlung oder dem Tragen von Ansteckplaketten. Damit wird der Schutzbereich des Art. 5 I 1 GG berührt. Unter einer Meinungsäußerung i. S. des Art. 5 I 1 GG versteht man Stellungnahmen, Wertungen, wertende Urteile, Beurteilungen, Einschätzungen, wertende Ansichten, Anschauungen oder Auffassungen u. ä.[6] Teilweise werden darüber hinaus auch Tatsachenmitteilungen einbezogen[7]. Geltung erlangt die dem öffentlichen Recht angehörige Norm des Art. 5 GG auch hier wieder über die Rechtsfigur der Drittwirkung der Grundrechte[8]. Die Grundrechte gelten dabei nach h. M. nicht direkt im Privatrecht, beeinflussen es aber, weil die Grundrechte auch eine objektive Wertordnung bilden. Daher darf sich keine bürgerlich-rechtliche Vorschrift in Widerspruch hierzu setzen und jede zivilrechtliche Norm muß im Geiste dieser Wertordnung ausgelegt werden[9].

2. § 74 II 3 BetrVG als „allgemeines Gesetz" i. S. von Art. 5 II GG

Als eine Vorschrift, die parteipolitische Meinungsäußerungen untersagt, gehört § 74 II 3 BetrVG zu den Gesetzen, die die Meinungsfreiheit im Betrieb beschränken, und zwar nicht unerheblich[10]. Damit muß sich § 74 II 3 BetrVG als eine Norm erweisen, die dem Grundrecht auf freie Meinungsäußerung in zulässiger Weise Schranken setzen kann. Diese

---

[4] Ganz h. M., vgl. nur *GK-Kraft*, § 1 Rn. 5; *v. Hoyningen-Huene*, § 1 III 1.

[5] Zu dessen Grundrechtsfähigkeit vgl. schon oben § 3 III und *Dietz / Richardi*, § 1 Rn. 21.

[6] BVerfGE 30, 336 (352); *v. Münch*, in: ders., GG-Kommentar, Art. 5 Rn. 5; *Hesse*, Rn. 391.

[7] *Herzog*, in: Maunz / Dürig, Art. 5 Rn. 50.

[8] Vgl. schon oben § 5 I 2 a ee; *Hesse*, Rn. 351 ff.

[9] BVerfGE 7, 198 (205); *v. Münch*, in: ders., Kommentar zum GG, Vorbem. zu Art. 1—19 Rn. 31.

[10] So BVerfGE 42, 133 (140).

Schranken ergeben sich aus Art. 5 II GG, nämlich in den Vorschriften der allgemeinen Gesetze, den gesetzlichen Bestimmungen zum Schutze der Jugend und in dem Recht der persönlichen Ehre. Hier bietet es sich an, § 74 II 3 BetrVG als eine Schranke, die zu den Vorschriften der allgemeinen Gesetze gehört, aufzufassen[11]. Unter „allgemeinen Gesetzen" versteht die h. M.[12] nur diejenigen Gesetze, die sich nicht gegen die Äußerung von Meinungen als solche richten, die vielmehr dem Schutze eines schlechthin, ohne Rücksicht auf bestimmte Meinungen zu schützenden Rechtsgutes dienen, denen gegenüber der vollen Betätigung des Grundrechts auf Meinungsfreiheit der Vorrang eingeräumt werden kann. Zwar wäre es mit der elementaren Bedeutung des Grundrechts aus Art. 5 I 1 GG unvereinbar, wenn der Gesetzgeber die Freiheit der politischen Meinungsäußerung dem Bereich der betrieblichen Arbeitswelt, die die Lebensgestaltung zahlreicher Staatsbürger wesentlich bestimmt, gänzlich fernhalten wollte[13]. Dieser Zustand wird jedoch beim hier zugrunde gelegten Verständnis des § 74 II 3 BetrVG weder bezweckt noch erreicht, wie sich bei der Bestimmung der sachlichen Reichweite[14] und des Adressatenkreises des Verbots[15] gezeigt hat. Das Verbot parteipolitischer Betätigung dient der Gewährleistung des Betriebsfriedens und eines möglichst störungsfreien und reibungslosen Arbeitsablaufes[16]. Hieran muß dem Arbeitgeber angesichts der von ihm eingesetzten Produktionsmittel und des Kapitals bis zu einem gewissen Grad ein schützenwertes Interesse zugebilligt werden. Diesem Rechtsgut konnte der Gesetzgeber daher in § 74 II BetrVG mit seinen speziellen Ausprägungen in § 74 II 1 BetrVG (Arbeitskampfverbot) und § 74 II 3 BetrVG (Verbot parteipolitischer Betätigung) gegenüber der uneingeschränkten Betätigung des Grundrechts auf Meinungsfreiheit den Vorrang einräumen. Damit wird § 74 II 3 BetrVG den Anforderungen, die an ein allgemeines Gesetz i. S. von Art. 5 II GG gestellt werden, gerecht und stellt mithin einen Anwendungsfall dieser wichtigsten und schwierigsten[17] Schranke der Meinungsfreiheit dar[18].

---

11 BVerfGE 42, 133 (140).

12 BVerfGE 7, 198 (209 f.); BVerfG E 58, 282 (292); BVerfG E 42, 133 (140); BVerfG E 50, 234 (241); *Hesse*, Rn. 399; *Schmidt-Bleibtreu / Klein*, Art. 5 Rn. 13.

13 So BVerfGE 42, 133 (139 f.) und BAG DB 1983, 2578.

14 Vgl. oben § 4.

15 Vgl. oben § 5.

16 Vgl. oben § 3 I; BVerfGE 42, 133 (140).

17 Vgl. *v. Münch*, in: ders., Kommentar zum GG, Art. 5 Rn. 47.

18 Dies ist im Grundsatz unbestritten, vgl. BVerfGE 42, 133 (140 f.); *Herzog*, in: Maunz / Dürig, Art. 5 Rn. 276; *v. Münch*, in: ders., Kommentar zum GG, Art. 5 Rn. 50; *Dietz / Richardi*, § 74 Rn. 68; *Galperin / Löwisch*, § 74 Rn. 19; für eine verfassungskonforme Auslegung *Däubler*, Bd. I, 6.3.2.2. und *Föhr*, S. 100.

3. Wechselwirkungslehre und Gebot der Abwägung im Einzelfall

Läßt sich somit § 74 II 3 BetrVG als allgemeines Gesetz i. S. von Art. 5 II GG ansehen, ist damit aber noch nicht gesagt, daß mit Hilfe dieser betriebsverfassungsrechtlichen Norm jede parteipolitische Betätigung unterbunden werden kann. Als weiterer verfassungsrechtlicher Bewertungsmaßstab gelangen nunmehr die vom BVerfG[19] herausgearbeiteten und immer wieder betonten[20] Grundsätze der Wechselwirkung und das Gebot der Abwägung im Einzelfall zur Anwendung. Das BVerfG sah im „Lüth"-Urteil[21] im Grundrecht der freien Meinungsäußerung als unmittelbarstem Ausdruck der menschlichen Persönlichkeit in der Gesellschaft eines der vornehmsten Menschenrechte überhaupt. Für eine freiheitlich-demokratische Staatsordnung sei es schlechthin konstituierend, denn es ermögliche erst die ständige geistige Auseinandersetzung, den Kampf der Meinungen als das Lebenselement dieser Staatsordnung. Daher könne die sachliche Reichweite des Grundrechts nicht jeder Relativierung durch einfaches Gesetz und dessen Auslegung durch die Gerichte überlassen bleiben. Die allgemeinen Gesetze, welche die Meinungsfreiheit einschränken können, müßten vielmehr in ihrer das Grundrecht beschränkenden Wirkung ihrerseits im Lichte der Bedeutung des Grundrechts gesehen und dergestalt interpretiert werden, daß der besondere Wertgehalt dieses Rechts, der in der freiheitlichen Demokratie zu einer grundsätzlichen Vermutung für die Freiheit der Rede in *allen*[22] Bereichen führen muß, auf jeden Fall gewahrt bleibt. Die gegenseitige Beziehung zwischen Grundrecht und „allgemeinem Gesetz" sei nicht als einseitige Beschränkung der Geltungskraft des Grundrechts durch die „allgemeinen Gesetze" aufzufassen; vielmehr finde eine Wechselwirkung in dem Sinne statt, daß die „allgemeinen Gesetze" zwar dem Wortlaut nach dem Grundrecht Schranken setzen, ihrerseits aber aus der Erkenntnis der wertsetzenden Bedeutung dieses Grundrechts ausgelegt und so in ihrer das Grundrecht begrenzenden Wirkung selbst wieder eingeschränkt werden müssen (Wechselwirkungstheorie). Zum anderen wird eine Güterabwägung erforderlich[23]: Das Recht zur Meinungsäußerung habe dann zurückzutreten, wenn schutzwürdige Interessen eines anderen von höherem Rang durch die Betätigung der Meinungsfreiheit verletzt würden. Ob solche überwiegenden Interessen anderer vorlägen, sei aufgrund aller Umstände des Falles zu ermitteln.

---

19 BVerfGE 7, 198 (208).

20 BVerfGE 12, 113 (124); BVerfGE 20, 162 (176 f.); BVerfGE 35, 202 (221); BVerfGE 42, 133 (140 f.).

21 BVerfGE 7, 198 (208).

22 Hervorhebung vom Verf.

23 BVerfGE 7, 198 (210); BVerfGE 42, 133 (141).

Bei Meinungsäußerungen, die eine parteipolitische Betätigung darstellen, wirkt Art. 5 I GG in zwei Richtungen. Zum einen muß die Norm, welche die freie Meinungsäußerungen beschränkt, also § 74 II 3 BetrVG, in ihrer beschränkenden Wirkung im Lichte der Bedeutung des Art. 5 I GG ausgelegt werden. Zum anderen ist bei einem Verstoß gegen das Verbot parteipolitischer Betätigung hinsichtlich der Frage, welche Sanktion (§ 23 BetrVG, § 15 I 1 KSchG) in Betracht kommt, erneut die Bedeutung des Grundrechts auf Meinungsfreiheit mit zu berücksichtigen[24]. Unter Beachtung dieser Grundsätze sind im folgenden die einzelnen Probleme, die sich bei den Rechtsfolgen des Verbots parteipolitischer Betätigung ergeben, zu behandeln.

III. Unterlassungspflicht

§ 74 II 3 BetrVG ordnet an, daß die Betriebspartner jede parteipolitische Betätigung zu unterlassen haben. Unmittelbare Rechtsfolge der Norm ist also eine Unterlassungspflicht. Dieser Unterlassungspflicht entspricht ein Unterlassungsanspruch des jeweils anderen Betriebspartners ebenso wie bei einer Störung des Betriebsfriedens nach § 74 II 2 BetrVG[25], was sich bei beiden Normen bereits aus dem Wortlaut ergibt[26].

Dabei taucht das Problem auf, wie diese Unterlassungspflicht gerade im Blick auf § 74 II 2 BetrVG näher zu charakterisieren ist. Versteht man das Verbot parteipolitischer Betätigung als konkret ausgestalteten Unterfall der Pflicht, den Betriebsfrieden und den Arbeitsablauf nicht zu beeinträchtigen[27], schützen mithin die Sätze 2 und 3 des § 74 II BetrVG das gleiche Rechtsgut, nämlich den Betriebsfrieden, stellt sich die Frage des Verhältnisses beider Vorschriften zueinander. Konkret gesprochen: Greift die Unterlassungspflicht nach § 74 II 3 BetrVG schon dann ein, wenn der Tatbestand der Vorschrift erfüllt ist (absolutes Verbot), oder muß man ebenso — wie bei § 74 II 2 BetrVG hinsichtlich des Betriebsfriedens — darauf abstellen, daß die Unterlassungspflicht erst

[24] BVerfGE 42, 133 (141); *Schaub*, RdA 1979, 137 (139 f.).

[25] Zu § 74 II 2 BetrVG vgl. BAG AP Nr. 3 zu § 74 BetrVG 1972 gegen LAG Baden-Württemberg DB 1978, 798; *Dietz / Richardi*, § 74 Rn. 69; *GK-Thiele*, § 74 Rn. 49; *Heinze*, DB 1983/Beilage 9, S. 15; *Jahnke*, BlStSozArbR 1974, 164 (165).

[26] Der Unterlassungsanspruch aus § 74 II 3 BetrVG ist unbestritten, vgl. BAG DB 1983, 1926 (1927). Der heftig diskutierten Frage, ob der Betriebsrat einen sog. „allgemeinen Unterlassungsanspruch" zur Wahrnehmung seiner Mitbestimmungsrechte hat (vgl. dazu BAG DB 1983, 1926 und BAG DB 1983, 1986; kritisch *Derleder*, AuR 1983, 289 und *Dütz*, DB 1984, 115), kommt daher in diesem Zusammenhang keine Bedeutung zu.

[27] Vgl. oben § 3 I.

dann entsteht, wenn zusätzlich der Frieden des Betriebes konkret beeinträchtigt wird (relatives Verbot)?

1. Absolutes Verbot

Die h. M.[28] hält alle vom Tatbestand des § 74 II 3 BetrVG erfaßten Betätigungen in jedem Fall für schlechthin unzulässig. Im Gegensatz zu § 74 II 2 BetrVG werde vom Gesetzgeber eine Gefährdung des Betriebsfriedens bei einer parteipolitischen Betätigung abstrakt unterstellt[29]. Das Verbot gelte absolut und ohne Rücksicht darauf, ob eine konkrete Gefährdung des Betriebsfriedens zu besorgen ist[30]. Darum könnten auch Arbeitgeber oder Betriebsrat im Einzelfall nicht den Nachweis führen, ihre Betätigung habe nicht einmal die abstrakte Gefahr einer Störung des Betriebsfriedens begründet, weil die abstrakte Gefahr ex definitione ohne Rücksicht auf den Einzelfall zu beurteilen sei[31]. Dieses absolute Verbot sei auch im Hinblick auf das Grundrecht der freien Meinungsäußerung anzuerkennen, da parteipolitische Betätigungen der Betriebspartner nur zu leicht anhaltend das Betriebsklima, die Zusammenarbeit und nicht zuletzt die persönliche Sphäre der Betriebsangehörigen beeinträchtigen[32].

2. Relatives Verbot

Demgegenüber vertritt eine Mindermeinung[33] den Standpunkt, daß nur diejenige parteipolitische Betätigung verboten sei, die zu einer Störung des Betriebsfriedens führe. Dabei wird teilweise gefordert[34], es müsse eine abstrakte Gefährdung des Betriebsfriedens zu besorgen sein, die durch objektive Anhaltspunkte belegt ist. Andere[35] verlangen eine konkrete Störung des Betriebsfriedens. Begründet wird diese Auffassung damit, der besondere Wertgehalt des Art. 5 GG bleibe nur dann gewahrt, wenn das Verbot parteipolitischer Betätigung auf diese Weise eng interpretiert werde[36]. Des weiteren mißachte § 74 II 3 BetrVG in der Inter-

---

[28] BVerfGE 42, 133 (140); BAG AP Nr. 1 zu § 43 BetrVG 1972 (unter II B 2 a der Gründe); BAG AP Nr. 1 zu § 74 BetrVG 1972 (unter II 2 a bb der Gründe); *Fitting / Auffarth / Kaiser*, § 74 Rn. 8; *GK-Thiele*, § 74 Rn. 50;*Küchenhoff*, § 74 Rn. 11; *Stege / Weinspach*, § 74 Rn. 10.

[29] *Fitting / Auffarth / Kaiser*, § 74 Rn. 8.

[30] *Gamillscheg*, Arbeitsrecht II, Nr. 381 c; *Stege / Weinspach*, § 74 Rn. 10.

[31] *Hanau*, Anm. zu BVerfG AR-Blattei Betriebsverfassung XIV A, Entsch. 13.

[32] BAG AP Nr. 1 zu § 42 BetrVG 1972 (unter II B 2 a der Gründe).

[33] *Burkhardt*, S. 284; *Däubler*, Bd. 1, 6.3.2.2.; *Zachert*, AuR 1978, 222 (224); *ders.*, Betriebliche Mitbestimmung, S. 79 f.

[34] *Zachert*, AuR 1978, 222 (224).

[35] *Däubler* Bd. 1, 6.3.2.2.

pretation als absolutes Verbot die Bedeutung der politischen Parteien in unserer Staatsordnung. Art. 21 I GG weise den politischen Parteien eine Stellung als integrierende Bestandteile des Verfassungsaufbaus und des verfassungsrechtlich geordneten politischen Lebens zu. Dies müsse auch Ausstrahlung auf die Möglichkeit zu parteipolitischer Betätigung im Betrieb haben[37]. Die Betätigungsfreiheit der Parteien sei nach Art. 21 I GG ebenfalls nicht weniger geschützt als die Betätigungsfreiheit der Gewerkschaften nach Art. 9 III GG. Die parteipolitische Betätigung dürfe daher nicht weiter eingeschränkt werden, als dies von der Sache her gerechtfertigt sei[38].

3. Stellungnahme

Bei der Betrachtung des § 74 II 1—3 BetrVG ergibt sich, daß der Gesetzgeber hier Anforderungen an das betriebliche Zusammenleben, was die Zusammenarbeit der Betriebspartner anbelangt, unter dem Kriterium des Betriebsfriedens in differenzierter Weise beschränkt hat[39]: Ohne weitere Voraussetzungen im Wortlaut sind Arbeitskämpfe nach § 74 II 1 BetrVG unzulässig und gemäß § 74 II 3 BetrVG jede parteipolitische Betätigung schlechthin zu unterlassen, wohingegen jede andere Betätigung nur dann verboten ist, wenn der Betriebsfrieden konkret beeinträchtigt wird. Diese Differenzierung erscheint nach Art. 5 I GG von Verfassungs wegen zwar nicht geboten, steht hierzu aber auch nicht in einem unvereinbaren Widerspruch. Den sachlichen Grund für die Differenzierung zwischen parteipolitischen und anderen Betätigungen bildet die exponierte Stellung, die Arbeitgeber und Betriebsrat im Betrieb zukommt. Nach der Einschätzung des Gesetzgebers führen Arbeitskämpfe oder parteipolitische Betätigungen, die von den Betriebspartnern initiiert werden, besonders leicht zu Unruhe im Betrieb und damit zu einer Störung des Betriebsfriedens[40]. Das BAG hob mehrmals hervor, parteipolitische Betätigung führe „erfahrungsgemäß" zu einer Störung des Betriebsfriedens[41]. Diese Prämisse des Gesetzgebers und des BAG läßt sich zwar — auch angesichts der doch geringen Anzahl von Gerichtsentscheidungen seit Inkrafttreten des BetrVG 1952 — mit Fug in empirischer Hinsicht bezweifeln[42]. Es dürfte schwer plausibel ge-

---

[36] So auch *Zachert*, AuR 1978, 222 (224).

[37] *Zachert*, AuR 1978, 222 (224).

[38] *Däubler* Bd. 1, 6.3.2.2.

[39] Vgl. BVerfGE 42, 133 (141).

[40] Vgl. oben § 2 VI; Verhandlungen des Deutschen Bundestages, 6. Wahlperiode, schriftlicher Bericht des Ausschusses für Arbeit und Sozialordnung zu Drucksache VI/2729, S. 10.

[41] BAG AP Nr. 1 zu § 44 BetrVG (Bl. 2); BAG AP Nr. 4 zu § 13 KSchG (Bl. 5); BAG AP Nr. 69 zu § 626 BGB (unter II 2 c der Gründe).

macht werden können, inwiefern parteipolitische Fragen sich von Erörterungen anderer Themen wie religiöser oder persönlicher Probleme oder auch nur der Spielergebnisse der Fußball-Bundesliga unter dem Gesichtspunkt einer möglichen Störung des Betriebsfriedens deutlich abheben[43].

Weiterhin ist ein gewisser Wertungswiderspruch unverkennbar. So darf z. B.[44] ein Betriebsratsmitglied gegen ein im Betrieb bestehendes Alkoholverbot einen Redebeitrag vorbringen und in provokativer Weise zum Schluß seiner Ausführungen, noch am Rednerpult stehend, eine mitgebrachte 1/3-Liter-Dose Bier hervorholen und daraus einen Schluck trinken, wenn dabei in concreto keine Unruhe entsteht und mithin die Grenze des § 74 II 2 BetrVG gewahrt bleibt. Verteilt das Betriebsratsmitglied jedoch am Betriebstor ein Flugblatt und fordert die Arbeitnehmer unter Hinweis auf seine Betriebsratszugehörigkeit auf, bei bevorstehenden Wahlen die A-Partei zu wählen, verstößt er nach der h. M. gegen § 74 II 3 BetrVG; und dies, obwohl die Wahl des Parlaments zum „Kernbestandteil demokratischer Ordnung“[45] gehört (Art. 20 II 2 GG, 38 GG). Dieser Wertungswiderspruch wiegt freilich nicht schwer, weil Art. 5 I 1 GG nicht zwischen „wertvollen“ und „wertlosen“ Meinungen unterscheidet[46]. Mögen diese beiden Gesichtspunkte der fehlenden Plausibilität der Gefährlichkeitsbeurteilung parteipolitischer Betätigung durch Gesetzgeber und Rechtsprechung sowie der soeben aufgezeigte Wertungswiderspruch für diejenige Auffassung sprechen, die die Unterlassungspflicht des § 74 II 3 BetrVG in Angleichung an § 74 II 2 BetrVG relativ versteht, so hat die h. M. vom absoluten Verbot parteipolitischer Betätigung doch die besseren Gründe für sich.

Die Argumentation mit Art. 21 GG[47], wonach den politischen Parteien auch im Betrieb ein Minimum an Betätigungsmöglichkeiten verbleiben müsse, trifft deshalb nicht zu, weil den politischen Parteien kein Anspruch zusteht, an jedem Ort und zu jeder Zeit werben oder sonst auf sich aufmerksam machen zu können. Müßte dann nicht etwa auch den Kirchen, deren verfassungsrechtliche Stellung noch ausführlicher normiert ist (vgl. Art. 4, 140 GG i. V. m. Art. 136—139, 141 der Weimarer Reichsverfassung), die Möglichkeit gegeben werden, das jeweils neueste Kirchenpapier über die kirchliche Sicht der Arbeit zu verbreiten?

---

42 *Plander*, DVBl. 1980, 581 (587).

43 *Joachim*, in: Posser / Wassermann, S. 255 (263); *Plander*, DVBl. 581 (587).

44 Vgl. LAG Niedersachsen, DB 1981, 1985.

45 *Hesse*, Rn. 145.

46 *v. Münch*, in: ders., GG-Kommentar, Art. 5 Rn. 6.

47 Vgl. oben § 6 III 2 a. E.; *Däubler*, Bd. 1, 6.3.2.2..; *Zachert*, AuR 1978, 222 (224).

Gewichtiger erscheint der Umstand, daß § 74 II 3 BetrVG bei dessen Verständnis als lediglich relatives Verbot[48] dann keine eigenständige Bedeutung hätte. Die parteipolitische Betätigung wäre nicht mehr als ein hervorgehobenes Beispiel für die Störung des Betriebsfriedens und § 74 II 3 BetrVG streng genommen überflüssig („Gesetzesprosa"). Schließlich läßt sich aus dem — ebenfalls absolut zu verstehenden —[49] Arbeitskampfverbot ein Argument gewinnen. § 74 II BetrVG deckt das Problemfeld Störung des Betriebsfriedens ab. Im allgemeinen ist den Betriebspartnern nur eine Handlung untersagt, die den Betriebsfrieden konkret beeinträchtigt, § 74 II 2 BetrVG. In zwei vom Gesetzgeber für sensibel erachteten Bereichen, Arbeitskampf und parteipolitische Betätigung, soll die Grenze dessen, was an möglichen Störungsquellen in Betracht kommt, weiter vorverlagert werden, nämlich zu einem absoluten Verbot solcher Handlungen. Im Ergebnis gilt somit die im Verbot parteipolitischer Betätigung angeordnete Unterlassungspflicht absolut.

IV. Rechtliche Möglichkeiten bei Verstößen

1. Verstöße des Betriebsrats und der Betriebsratsmitglieder

a) Beschlußverfahren, einstweilige Verfügung

Neben der rein faktischen Möglichkeit des Arbeitgebers, den Betriebsrat oder dessen Mitglieder auf die Unzulässigkeit ihrer Handlung hinzuweisen und einer damit verbundenen Aufforderung, die parteipolitische Betätigung sofort zu unterlassen[50], besteht die Möglichkeit, gegen den Betriebsrat oder dessen Mitglieder im arbeitsgerichtlichen Beschlußverfahren (§§ 2 a I Nr. 1, 80 ff. ArbGG) den Antrag zu stellen, eine konkret zu bezeichnende parteipolitische Betätigung im Betrieb zu unterlassen[51]. Liegen die prozessualen Voraussetzungen vor, kann auch der Erlaß einer einstweiligen Verfügung (§ 85 II ArbGG i. V. m. §§ 935 ff., §§ 916 ff. ZPO) beantragt werden[52]. Materiellrechtlich wird dieses Begehren auf den Unterlassungsanspruch aus § 74 II 3 BetrVG gestützt.

---

[48] Wie von *Richardi*, NJW 1962, 1374 (1375) schon bei der restriktiven Auslegung des Begriffs „Parteipolitik" befürchtet, vgl. oben § 4 I 1.

[49] *Jahnke*, BlStSozArbR 1974, 164 (165); *Kreutz*, BlStSozArbR 1972, 60 (64); *Stege / Weinspach*, § 74 Rn. 2.

[50] *Glaubitz*, BB 1972, 1277 (1278).

[51] *Meisel*, RdA 1976, 38 (45).

[52] *Kammann / Hess / Schlochauer*, § 74 Rn. 34.

b) Sanktionen nach § 23 I BetrVG

Ein Verstoß gegen § 74 II 3 BetrVG erfüllt zwar keinen Straf- oder Ordnungswidrigkeitstatbestand nach § 119—121 BetrVG. Jedoch können gemäß § 23 I BetrVG ein Viertel der wahlberechtigten Arbeitnehmer, der Arbeitgeber oder eine im Betrieb vertretene Gewerkschaft den Ausschluß eines Mitglieds aus dem Betriebsrat oder die Auflösung des Betriebsrats im Beschlußverfahren vor dem Arbeitsgericht beantragen. Der Ausschluß eines Betriebsratsmitglieds kann gemäß § 23 I 2 BetrVG auch vom Betriebsrat selbst beantragt werden. Voraussetzung ist jeweils eine grobe Verletzung der gesetzlichen Pflichten, also ein handgreiflicher und schwerwiegender Pflichtverstoß[53], wobei ein einmaliger Vorfall ebenso genügen kann wie wiederholte leichte Pflichtverletzungen. Daß gerade die parteipolitische Betätigung einen solch groben Verstoß darstellen kann, wird allgemein hervorgehoben[54]. Da es sich bei dem Begriff „grobe Pflichtverletzung" um einen unbestimmten Rechtsbegriff handelt[55], bildet dies den zweiten Ansatzpunkt, das Grundrecht auf freie Meinungsäußerung, Art. 5 GG, zur Geltung zu bringen[56]. Bei der Frage, ob eine parteipolitische Betätigung als ein solcher grober Verstoß anzusehen ist, muß Art. 5 I 1 GG tendenziell dahingehend in die Beurteilung einfließen, daß der Verstoß in einem milderen Licht erscheint.

Von Bedeutung ist darüber hinaus, daß das BVerfG[57] bei der wegen Art. 5 GG gebotenen zurückhaltenden Auslegung der Sanktion des § 23 I BetrVG, soweit diese eine parteipolitische Betätigung betrifft, für die Abwägung der Umstände noch weitere Kriterien nennt, nämlich ob die parteipolitische Betätigung Diffamierungen enthält und ob bei diesem Vorgang tatsächlich Unruhe im Betrieb entstanden ist.

Damit wird im praktischen Ergebnis das absolute Verbot des § 74 II 3 BetrVG dem relativen Verbot des § 74 II 2 BetrVG angeglichen[58]. Denn der Gesichtspunkt, ob im Betrieb tatsächlich Unruhe entstanden ist, bedeutet wohl kaum etwas anderes als das im § 74 II 2 BetrVG ausgesprochene Verbot, alles zu unterlassen, was den Betriebsfrieden tatsächlich beeinträchtigt. Diese Relativierung im Ergebnis wird durch die prozessualen Möglichkeiten noch weiter abgesichert. Das Beschlußverfahren

---

[53] BAG AP Nr. 1 zu § 23 BetrVG; *Galperin / Löwisch*, § 23 Rn. 5; *GK-Thiele*, § 23 Rn. 27.

[54] *Dietz / Richardi*, § 23 Rn. 8; *Fitting / Auffarth / Kaiser*, § 23 Rn. 18; *Galperin / Löwisch*, § 23 Rn. 16; *GK-Thiele*, § 23 Rn. 32.

[55] *GK-Thiele*, § 23 Rn. 26.

[56] Vgl. oben § 6 II 3; BVerfGE 42, 133 (142).

[57] BVerfGE 42, 133 (142).

[58] So richtig *Reuter*, JuS 1976, 682.

nämlich, in dem der Arbeitgeber den Unterlassungsanspruch aus § 74 II 3 BetrVG geltend machen kann, bringt ihm letztlich nicht viel[59], außer daß er u. U. selbst im Falle des Obsiegens gar noch über § 40 I BetrVG die Kosten des Betriebsrats für die Hinzuziehung eines Rechtsanwalts[60] sowie die eigenen Kosten der Rechtsverfolgung zu tragen hat. § 12 V ArbGG befreit nämlich für das arbeitsgerichtliche Beschlußverfahren (§§ 2 a I Nr. 1, 80 ff. ArbGG) nur von den Gerichtskosten, nicht aber von sonstigen bei der Prozeßführung anfallenden Kosten[61]. Ein Beschlußverfahren mit dem Ziel, wegen einer politischen Betätigung vom Betriebsrat Unterlassung zu verlangen, wird der Arbeitgeber deshalb nach dieser Interessenlage nur betreiben, wenn es sich um eine Grundsatzfrage handelt, die man in einem „Musterprozeß" geklärt haben will. Das einzige derartige Beschlußverfahren, das bisher wegen eines Verstoßes gegen § 74 II 3 BetrVG durchgeführt wurde, betraf denn auch die Möglichkeit des Auftretens von Spitzenpolitikern in der Betriebsversammlung[62]. Diese Frage war für die Arbeitgeber angesichts sich häufender Besuche von Politikern im Betrieb[63] von grundsätzlicher Natur. Dies zeigt auch der Umstand, daß die Bundesvereinigung der Deutschen Arbeitgeberverbände gegenüber den Vorsitzenden der im Bundestag vertretenen Parteien bezüglich der Politikerbesuche ihre Besorgnis anläßlich der Bundestagswahl 1980 zum Ausdruck brachte[64]. Sobald jedoch der Arbeitgeber nach § 23 I BetrVG die dort vorgesehenen Sanktionen wegen parteipolitischer Betätigung beantragt, gehen die eben dargestellten Kriterien mit in die Prüfung ein, die es dem Arbeitgeber erschweren, zu obsiegen.

c) *Außerordentliche Kündigung*

Eine ordentliche Kündigung gegenüber Betriebsratsmitgliedern scheidet wegen § 15 I 1 KSchG aus. Die Vorschrift läßt aber eine Kündigung aus wichtigem Grund, § 626 BGB, auch bei Betriebsratsmitgliedern zu. Verletzt nun ein Betriebsratsmitglied seine Amtspflicht, indem es sich parteipolitisch betätigt und gegen § 74 II 3 BetrVG verstößt, so eröffnet diese Pflichtverletzung allein zunächst nur die Möglichkeit, nach § 23 I 1 BetrVG den Ausschluß aus dem Betriebsrat zu beantragen. Um-

---

[59] *GK-Thiele*, § 74 Rn. 48 spricht von einer „platonischen Verurteilung" zur Unterlassung.

[60] Vgl. *Dietz / Richardi*, § 40 Rn. 18 ff.

[61] *Dietz / Richardi*, § 40 Rn. 13; *Grunsky*, § 12 Rn. 1, 28.

[62] BAG AP Nr. 1 zu § 42 BetrVG 1972; vgl. ausführlich unten § 8 VI.

[63] Vgl. die Zusammenstellung der Besuche bei *Niedenhoff*, Betriebsversammlungen, S. 176 Fn. 29.

[64] Vgl. den Wortlaut der gleichlautenden Briefe an die Parteivorsitzenden und deren Antwortschreiben bei *Niedenhoff*, Betriebsversammlungen, S. 195—199.

gekehrt berechtigt eine Verletzung der Pflichten aus dem Arbeitsverhältnis nicht zur Amtsenthebung[65].

Ausnahmsweise kann aber die gleiche Handlung sowohl eine Amtspflichtverletzung als auch einen Verstoß gegen die Pflichten aus dem Arbeitsverhältnis darstellen, z. B. unentschuldigtem Zuspätkommen, Aufforderung zu rechtswidrigen Streikmaßnahmen, aber auch etwa bei parteipolitischer Betätigung, wenn dadurch nicht nur § 74 II 3 BetrVG verletzt wird, sondern zugleich auch jene Grenzen überschritten werden, die einem Arbeitnehmer bei einer politischen Betätigung im Betrieb gezogen sind[66]. In diesen Fällen kommt ein Ausschluß aus dem Betriebsrat, aber auch eine Kündigung nach §§ 15 I 1 KSchG, 626 BGB in Betracht. Nach dieser als „Simultantheorie"[67] bezeichneten h. M.[68] muß je unabhängig voneinander beurteilt werden, ob die Voraussetzungen für eine Amtsenthebung oder für eine außerordentliche Kündigung gegeben sind[69]. Da für die Ahndung von Amtspflichtverstößen der normale Weg der Ausschluß aus dem Betriebsrat ist, wird von der h. M. bezüglich der darüber hinaus ggfs. bestehenden Möglichkeit der außerordentlichen Kündigung ein strenger Maßstab an die Annahme eines wichtigen Grundes angelegt, und zwar ein strengerer als bei einem anderen Arbeitnehmer, der nicht dem Betriebsrat angehört[70]. Der Grund für diesen strengeren Maßstab bildet das kollektivrechtliche Interesse der Belegschaft an der möglichst unveränderten Erhaltung ihrer gewählten Vertretung[71].

Damit erweist sich unter dem Blickwinkel der Sanktionen das nach seinem Wortlaut gestrenge und absolute Verbot parteipolitischer Betätigung aus § 74 II 3 BetrVG als nicht mehr ganz so gefährlich für den Betriebsrat und dessen Mitglieder, teilweise sogar als lex imperfecta. Schon bei der Beantwortung der Frage einer groben Verletzung gesetz-

---

[65] *Dietz / Richardi*, § 23 Rn. 14.

[66] Vgl. BAG AP Nr. 2 zu § 13 KSchG; BAG AP Nr. 4 zu § 13 KSchG; LAG Hamburg, BB 1970, 1479; *Buchner*, Fälle, S. 65; *Dietz / Richardi*, § 23 Rn. 15; *KR-Etzel*, § 15 KSchG Rn. 26, 28; *Stahlhacke*, Rn. 779; vgl. ausführlich oben § 5 I 2.

[67] *Dietz / Richardi*, § 23 Rn. 15.

[68] Es würde zu weit führen, an dieser Stelle eine Kritik der Simultantheorie zu unternehmen. Sie herrscht „heute fast unangefochten" (*Bieback*, RdA 1978, 82 (84)). Zu den sonstigen Theorien zum Zusammenhang Betriebsratsamt—Arbeitsverhältnis vgl. *Bieback*, RdA 1978, 82; *Schwerdtner*, Studienkurs S. 220; ausführliche Kritik der Simultantheorie bei *F.-J. Meyer*, passim.

[69] *Fitting / Auffarth / Kaiser*, § 23 Rn. 19; *G. Hueck*, in: Hueck, KSchG, § 15 Rn. 45; *v. Hoyningen-Huene*, § 4 VI, § 10 VI 1.

[70] BAG AP Nr. 1 zu § 103 BetrVG 1972; BAG AP Nr. 1 zu § 15 KSchG 1969; *Fitting / Auffarth / Kaiser*, § 23 Rn. 19; *G. Hueck*, in: Hueck, KSchG, § 15 Rn. 45.

[71] *G. Hueck*, in: Hueck, KSchG, § 15 Rn. 43.

licher Pflichten nach § 23 I BetrVG ist nach der Rechtsprechung des BVerfG[72] der Gesichtspunkt, ob Unruhe im Betrieb entstanden ist, heranzuziehen[73]. Eine außerordentliche Kündigung wegen parteipolitischer Betätigung ist gegenüber einem Arbeitnehmer insbesondere gerechtfertigt, wenn die Arbeitspflicht beeinträchtigt oder der Betriebsfrieden gestört wird, wobei auch dann bereits der Verstoß schwerwiegend sein muß[74]. Legt man dann noch bei Betriebsratsmitgliedern einen besonders strengen Maßstab an, wie dies die eben dargestellte h. M. tut, wird man zusätzlich zur Schwere des Verstoßes auch eine gewisse Nachhaltigkeit verlangen müssen, um eine Kündigung gemäß §§ 15 I 1 KSchG, 626 BGB im Ergebnis durchgreifen lassen zu können[75]. Im praktischen Ergebnis dürfen sich daher die Betriebsratsmitglieder in ihrer amtlichen Eigenschaft zwar nicht parteipolitisch betätigen; tun sie es aber dennoch, ist die Gefahr einer außerordentlichen Kündigung oder einer Sanktion nach § 23 I BetrVG nicht allzu groß, solange sich im Betrieb keine merkliche Unruhe verbreitet.

Praktische Voraussetzung für diese weitgehende Sanktionslosigkeit speziell bei der parteipolitischen Betätigung wäre es jedoch weiter, daß die Rechtsprechung, insbesondere die unteren Instanzen, mit den vom BAG und vom BVerfG entwickelten Kriterien bei der Rechtsanwendung auch ernst macht.

d) Maßnahmen aufgrund einer Bußordnung

Betriebsbußen können auch gegenüber Betriebsratsmitgliedern verhängt werden. Unzulässig ist jedoch die Verhängung einer Betriebsbuße wegen eines betriebsverfassungswidrigen Verhaltens von Betriebsratsmitgliedern, weil die Sanktionen für solche Verhaltensweisen von den §§ 23 I, 120 BetrVG abschließend normiert werden[76]. Nach hier vertretener Auffassung[77] ist bei einer parteipolitischen Betätigung hinsichtlich der Geltung des Verbots aus § 74 II 3 BetrVG danach zu unterscheiden, ob die betreffende Person als Betriebsratsmitglied oder als Arbeitnehmer gehandelt hat, wobei letzterenfalls lediglich die arbeitsvertraglichen Grenzen einer parteipolitischen Betätigung eingreifen[78].

---

72 BVerfGE 42, 133 (142).

73 Vgl. soeben b.

74 BAG DB 1983, 2578; *Dietz / Richardi*, § 74 Rn. 65; *Gnade*, ArbRdGgw, Bd. 14 (1977), 59 (77).

75 So auch im Ergebnis *Gnade / Kehrmann / Schneider / Blanke*, § 74 Rn. 36, wo freilich die Komplexität der hier aufgezeigten Zusammenhänge nicht dargestellt wird.

76 Vgl. hierzu *Weisemann / Spieker*, BlStSozArbR 1983, 337 (340).

77 Vgl. oben § 5 III 1, 2.

78 Vgl. oben § 5 I 2 b.

Nach der bereits dargestellten „Simultantheorie“[79] kann jedoch ausnahmsweise, auch wenn sich ein Betriebsratsmitglied in amtlicher Eigenschaft parteipolitisch betätigt hat, mit der Amtspflichtverletzung zugleich ein arbeitsvertraglicher Pflichtenverstoß einhergehen. In diesem Fall müßte konsequenterweise dem Arbeitgeber die Möglichkeit verbleiben, wegen der Verletzung des Arbeitsvertrages eine Betriebsbuße zu verhängen. Enthält also ein Betriebsbußenkatalog oder eine „Arbeitsordnung“ den Verbotstatbestand der parteipolitischen Betätigung[80], hat der Arbeitgeber beim Vorliegen der entsprechenden Voraussetzungen[81] die Wahl zwischen der Verhängung einer Betriebsbuße, einer außerordentlichen Kündigung gemäß § 15 I 1 KSchG, § 626 BGB und dem Antrag auf Ausschluß aus dem Betriebsrat nach § 23 I BetrVG. Für den Arbeitgeber hätte eine solche Bußordnung den Vorteil, unterhalb der Ebene harter Sanktionen wie die nach § 23 I BetrVG oder § 15 I 1 KSchG, § 626 BGB leichtere Sanktionen einleiten zu können und auf diese Weise auch Reaktionsmöglichkeiten gegenüber parteipolitischen Betätigungen zur Verfügung zu haben, die als Grund für die harten Sanktionen nicht ausreichen würden. Damit wäre auch der Bereich, in dem sich § 74 II 3 BetrVG als lex imperfecta darstellt, durch die in der Bußordnung vorgesehenen Maßnahmen mit Sanktionen abgedeckt.

2. Verstöße des Arbeitgebers

a) Beschlußverfahren, einstweilige Verfügung

Ebenso wie der Arbeitgeber gegen den Betriebsrat kann dieser gegen jenen ein arbeitsgerichtliches Beschlußverfahren (§§ 2 a I Nr. 1, 80 ff. ArbGG) einleiten und in eiligen Fällen eine einstweilige Verfügung (§ 85 II ArbGG) beantragen[82].

b) Zwangsverfahren nach § 23 III BetrVG

Des weiteren sieht § 23 III BetrVG bei groben Verstößen des Arbeitgebers gegen das Verbot parteipolitischer Betätigung und damit gegen seine gesetzliche Pflicht aus § 74 II 3 BetrVG für den Betriebsrat oder eine im Betrieb vertretene Gewerkschaft die Möglichkeit vor, über ein zweistufiges Zwangsverfahren[83] den Arbeitgeber zur Unterlassung der

---

[79] Soeben unter c mit Fn. 65—67.

[80] Zur Kritik an sog. „Arbeitsordnungen“, soweit darin ein absolutes Verbot parteipolitischer Betätigung festgelegt wird, vgl. oben § 5 I 3.

[81] Vgl. dazu *Schaub*, § 61.

[82] Zu den Einzelheiten siehe oben § 6 IV 1 a.

[83] *Dietz / Richardi*, § 23 Rn. 67.

parteipolitischen Betätigung anzuhalten, wobei dem Arbeitgeber als Höchstmaß eine Geldstrafe bis zu 20 000,— DM auferlegt werden kann. Wie beim Betriebsrat und dessen Mitgliedern muß die Beurteilung der parteipolitischen Betätigung als grobe Pflichtverletzung des Arbeitgebers ebenfalls unter Beachtung des durch § 74 II 3 BetrVG eingeschränkten Grundrechts der Meinungsfreiheit geschehen[84].

c) Verfassungsrechtliche Bedenken aus Art. 3 I GG

Während das Betriebsratsmitglied nach § 23 I BetrVG seinen Ausschluß aus dem Betriebsrat riskiert und der Betriebsrat seine Auflösung gewärtigen muß, kann der Arbeitgeber im Falle der Zuwiderhandlung gegen § 74 II 3 BetrVG allenfalls auf dem langwierigen Weg des § 23 III BetrVG zu einem gesetzeskonformen Verhalten gezwungen werden, bei dem ihm eine Geldstrafe im Höchstmaß bis zu 20 000,— DM auferlegt wird. Dies hält namentlich *Däubler*[85] für eine willkürliche Schlechterstellung des Betriebsrats gegenüber dem Arbeitgeber, und, da die Sanktionen im Falle der Zuwiderhandlung völlig ungleich verteilt seien, für verfassungsrechtlich bedenklich. Er will § 74 II 3 BetrVG im Sinne der bereits dargestellten Auffassung vom speziellen und relativen Verbotscharakter[86] verfassungskonform auslegen.

Damit wird an eine Frage angeknüpft, die schon unter der Geltung des BetrVG 1952 umstritten war. Ein Teil des Schrifttums[87] hielt das Auferlegen von gerichtlichen Sanktionen nach § 23 BetrVG 1952 gegenüber Betriebsrat und Betriebsratsmitgliedern wegen eines Verstoßes gegen die das Verbot parteipolitischer Betätigung enthaltende Vorschrift des § 51 Satz 2 BetrVG 1952 für verfassungswidrig. Es sei mit dem Gleichheitssatz aus Art. 3 I GG nicht vereinbar, daß das BetrVG 1952 für den Arbeitgeber bei einem Verstoß gegen das Verbot parteipolitischer Betätigung keinerlei Sanktionen vorsehe. Arbeitgeber und Betriebsrat seien im Sinne der Gebote und Verbote der Betriebsverfassung gleichwertig, bildeten die Partner der Betriebsverfassung. Beiden werde zum Erreichen der betriebsverfassungsrechtlichen Zwecke das Verbot parteipolitischer Betätigung auferlegt. Dann aber müsse auch die Sanktion bei Verletzung dieses Verbotes beide in gleichem Maße treffen. Anderenfalls entstehe eine ungleiche Behandlung, obwohl gleiches Verhalten verlangt werde[88]. Dieser einseitige Rechtszwang aus § 51

---

84 *Dietz / Richardi*, § 74 Rn. 71; *Gnade / Kehrmann / Schneider / Blanke*, § 74 Rn. 35.

85 *Däubler*, Bd. I, 6.3.2.2.

86 Vgl. oben § 6 III 1.

87 *Radke*, BB 1957, 1112 (1115); *Rüthers*, BB 1958, 778 (779).

88 *Radke*, BB 1957, 1112 (1115).

Satz 2 BetrVG 1952 und § 23 BetrVG 1952 gegenüber dem Betriebsrat stehe somit in Widerspruch zu Art. 3 I GG[89].

Dem hielt die bereits damals h. M.[90] entgegen, der Gleichheitsgrundsatz verbiete nur, wesentlich Gleiches ohne zureichenden Grund ungleich zu behandeln. Jedoch liege hier keine derartige willkürliche Regelung vor, da sich die Stellung des Betriebsrats und die des Arbeitgebers nicht miteinander vergleichen lasse. Daß der Arbeitnehmer wegen einer parteipolitischen Betätigung abberufen werden könne, der Arbeitgeber hingegen nicht, sei sachlich begründet. Gegen eine derartige Möglichkeit entfalte die Eigentumsgarantie aus Art. 14 GG ihre Sperrwirkung. Die Stellung des Arbeitgebers beruhe nicht wie die des Betriebsrats nur in der Sozialordnung, sondern auch in der Eigentumsordnung[91]. Die Mitwirkungsrechte des Betriebsrats richteten sich gerade gegen den Arbeitgeber, setzten diesen also voraus[92]. In der Tat erscheint es wegen Art. 14 GG ausgeschlossen, bei einer Verletzung des Verbots aus § 74 II 3 BetrVG für beide Betriebspartner dieselben Sanktionen zu fordern. Eine Abberufung des Arbeitgebers sah bisher nur das nationalsozialistische Gesetz zur Ordnung der nationalen Arbeit vor, wonach gemäß §§ 36, 38 Nr. 4 AOG in einem ehrengerichtlichen Verfahren dem Arbeitgeber die Befähigung aberkannt werden konnte, Führer des Betriebes zu sein, wenn der Unternehmer die durch die Betriebsgemeinschaft begründeten sozialen Pflichten gröblich verletzt hatte[93].

Immerhin stellt das BetrVG 1972 mit dem Zwangsverfahren nach § 23 III BetrVG jetzt eine Möglichkeit zur Verfügung, mittels Verhängung eines nicht völlig unerheblichen Zwangsgeldes bis zu 20 000,— DM den Arbeitgeber zu gesetzeskonformem Verhalten zu veranlassen. Sprachen deshalb bereits unter der Geltung des BetrVG 1952 gute Gründe gegen eine Verletzung des Gleichheitssatzes durch die einseitige Sanktionsdrohung an den Betriebsrat, so dürfen die aus Art. 3 I GG hergeleiteten Bedenken angesichts der Möglichkeit des Zwangsverfahrens nach § 23 III BetrVG nunmehr endgültig ausgeräumt sein. Aus dem Zusammenspiel zwischen § 74 II 3 BetrVG und § 23 BetrVG ergibt sich unter dem Blickwinkel des Art. 3 I GG daher keine Notwendigkeit, das Verbot parteipolitischer Betätigung in der von *Däubler*[94] vorgeschlagenen verfassungskonformen Auslegung zu verstehen.

---

89 *Rüthers*, BB 1958, 778 (779).

90 LAG Kiel, DB 1960, 1338; *Behnes*, S. 78; *Hacker*, DB 1963, 962 (963); *Richardi*, NJW 1962, 1374 (1377); *Rothe*, BlStSozArbR 1959, 189 (191).

91 Vgl. schon *Sinzheimer*, S. 147.

92 Ausführlich *Richardi*, NJW 1962, 1374 (1377).

93 Vgl. *Dietz*, in: A. Hueck / Nipperdey / Dietz, AOG, § 38 Rn. 14—18.

94 *Däubler*, Bd. I, 6.3.2.2.

3. Schlußbewertung

Am Ende der Darstellung von Tatbestand und möglichen Rechtsfolgen eines Verstoßes gegen das Verbot parteipolitischer Betätigung soll dieses Verbot einer kurzen — und zugegebenermaßen pointierten — Bewertung unterzogen werden. Zunächst fällt auf, daß § 74 II 3 BetrVG, der nach seinem Wortlaut Arbeitgeber und Betriebsrat gleichermaßen erfaßt, in gewisser Weise eine Scheingleichheit vorgaukelt. Trifft der Normtext auch beide Betriebspartner, findet er in der Praxis doch nur auf den Betriebsrat und dessen Mitglieder Anwendung. Die möglichen Sanktionen bei einer Verletzung der Vorschrift sind zwar mit dem Gleichheitssatz des Art. 3 I GG vereinbar, erscheinen aber nichtsdestoweniger von ihrer Gewichtigkeit her ungleich verteilt. Es wäre besonders in Zeiten hoher Arbeitslosigkeit blanker Zynismus, eine — rechtlich mögliche — außerordentliche Kündigung der Betriebsratsmitglieder oder der sonstigen Arbeitnehmer gegenüber dem Arbeitgeber wegen dessen parteipolitischer Betätigung im Betrieb ernsthaft in Erwägung zu ziehen. Als Beispiel dient der bereits genannte[95] Fall, wo der Arbeitgeber sich anläßlich bevorstehender Bundestagswahlen an die Belegschaft wendet, doch die A-Partei zu wählen. Ansonsten müßten die Arbeitnehmer mit ihrer Entlassung rechnen[96]. Das Betriebsratsmitglied, welches die arbeitsvertraglichen und betriebsverfassungsrechtlichen Grenzen parteipolitischer Betätigung mißachtet, kann seinen Arbeitsplatz durch Kündigung seitens des Arbeitgebers verlieren. Überschreitet hingegen der Arbeitgeber diese Schranke wie im Beispiel in massiver Weise, würde wiederum der Arbeitnehmer oder das Betriebsratsmitglied den Arbeitsplatz verlieren, nämlich durch die eigene außerordentliche Kündigung!

Praktisch stellt § 74 II 3 BetrVG somit ein einseitiges Disziplinierungsmittel gegen Betriebsrat und Betriebsratsmitglieder dar[97]. *Anatole France* sprach von der majestätischen Gleichheit der Gesetze, die es den Reichen wie den Armen verbiete, unter Brücken zu schlafen, auf den Straßen zu betteln und Brot zu stehlen[98]. Ebenso verbietet § 74 II 3 BetrVG Arbeitgeber und Betriebsrat gleichermaßen, sich im Betrieb parteipolitisch zu betätigen.

---

95 Vgl. oben § 5 VIII 2.

96 Vgl. weiter das Beispiel bei *Pfarr*, Anm. zu BAG AP Nr. 1 zu § 1 KSchG 1969 Verhaltensbedingte Kündigung.

97 Zu diesem Ergebnis kommen auch *Germelmann*, S. 156 und *Johannson*, S. 44 für den Begriff des Betriebsfriedens (§ 74 II 2 BetrVG).

98 Vgl. dazu und zum Zitat *Weitnauer*, S. 8.

4. Exkurs: Rechtsfolgen bei Verstößen des einzelnen Arbeitnehmers

Verletzt der Arbeitnehmer die ihm nach seinem Arbeitsvertrag obliegende Pflicht, parteipolitische Betätigungen soweit zu unterlassen, als dadurch das Arbeitsverhältnis unmittelbar berührt wird, insbesondere der Betriebsfrieden und der Arbeitsablauf konkret gestört werden[99], stehen dem Arbeitgeber ebenfalls mehrere Reaktionsmöglichkeiten zur Verfügung, die im folgenden kurz dargestellt werden sollen.

a) Abmahnung

Bei leichteren Fällen wird der Arbeitgeber lediglich zur Abmahnung berechtigt sein[100].

b) Betriebsbußen

Ist der Tatbestand betriebsfriedenstörender parteipolitischer Betätigung in eine Betriebsbußenordnung aufgenommen — die Verteilung parteipolitischer Schriften gehört offenbar zu den „Standardtatbeständen" solcher Bußordnungen[101] — so können gegenüber dem zuwiderhandelnden Arbeitnehmer bei Einhaltung der sonstigen Rechtmäßigkeitsvoraussetzungen für die Sanktionierung[102] die üblichen Betriebsbußen wie Verwarnung, Verweis und Geldbuße[103] verhängt werden[104].

c) Kündigung

Je nachdem wie schwer und nachhaltig der Betriebsfrieden gestört worden ist, kann dies der Arbeitgeber zum Anlaß für eine verhaltensbedingte ordentliche Kündigung oder eine außerordentliche fristlose Kündigung des Arbeitsverhältnisses nehmen[105]. Soweit sich die parteipolitische Betätigung als Störung im Leistungsbereich des Arbeitsverhältnisses darstellt[106], verlangt das BAG[107] in der Regel zuvor eine Ab-

---

99 Vgl. zum Inhalt dieser Pflicht oben § 5 I 2.

100 Vgl. ArbG München, DB 1984, 512; *Meisel*, RdA 1976, 38 (46); *Schaub*, RdA 1979, 137 (143).

101 Vgl. hierzu die Aufzählung bei *Schaub*, § 61 II 4; zu beachten bleibt aber die eingeschränkte Zulässigkeit der Festlegung eines absoluten Verbotes parteipolitischer Betätigung für alle Arbeitnehmer, siehe oben § 5 I 3.

102 Vgl. dazu *Schaub*, § 61.

103 Vgl. *Schaub*, § 61 I 4.

104 *Glaubitz*, BB 1972, 1277 (1278).

105 *Gnade*, ArbRdGgw, Bd. 14 (1977), 59 (77); *Schaub*, RdA 1979, 137 (143).

106 Vgl. zu diesem Kriterium oben § 5 I 2 b aa.

107 BAG AP Nr. 28 zu § 66 BetrVG; BAG AP Nr. 57 zu § 626 BGB (Leitsatz 2); BAG DB 1983, 2578.

mahnung, um dem Arbeitnehmer den Ernst der Situation deutlich zu machen. Würde man hierauf verzichten, bestünde die Gefahr, daß sich die Arbeitnehmer wegen des hohen Risikos, ohne Vorwarnung den Arbeitsplatz zu verlieren, mit der parteipolitischen Betätigung bereits dann zurückhalten („Schere im Kopf"), wenn auch nur entfernt die Möglichkeit besteht, die Betätigung könne als unzulässig gewertet werden[108].

d) Entfernung betriebsstörender Arbeitnehmer, § 104 BetrVG

Betätigt sich ein Arbeitnehmer im Betrieb parteipolitisch und wird er dabei vom Arbeitgeber nicht gehindert, so kann schließlich der Betriebsrat im Fall wiederholter und ernsthafter Störung des Betriebsfriedens gemäß § 104 BetrVG vom Arbeitgeber die Entlassung des Arbeitnehmers verlangen[109].

V. Ergebnis

§ 74 II 3 BetrVG ist ein „allgemeines Gesetz" i. S. von Art. 5 II GG, da sich die Vorschrift nicht gegen eine Meinung als solche richtet, sondern dem Schutz des Betriebsfriedens und des ungestörten Arbeitsablaufes dient. Die vom BVerfG zu Art. 5 GG entwickelten Grundsätze der Wechselwirkung und der Güterabwägung beeinflussen das Verständnis von § 74 II 3 BetrVG. Nach der Wechselwirkungslehre muß die Norm, welche die freie Meinungsäußerung beschränkt, also § 74 II 3 BetrVG, in ihren beschränkenden Wirkungen im Lichte der Bedeutung des Art. 5 I GG ausgelegt werden. Nach dem Prinzip der Güterabwägung und des Grundsatzes der Verhältnismäßigkeit ist bei einem Verstoß gegen § 74 II 3 BetrVG hinsichtlich der Frage, welche Sanktion in Betracht kommt, erneut die Bedeutung des Art. 5 I GG zu gewichten.

Die unmittelbar aus § 74 II 3 BetrVG folgende Unterlassungspflicht stellt nach ihrer Rechtsnatur ein absolutes (h. M.), kein relatives Verbot dar.

Verstößt der Betriebsrat oder ein Betriebsratsmitglied gegen das Verbot aus § 74 II 3 BetrVG, kann gegen sie ein Beschlußverfahrhen nach §§ 2 a I Nr. 1, 80 ff. ArbGG eingeleitet werden, mit dem Antrag, ein genau zu bezeichnendes parteipolitisches Verhalten zu unterlassen. In eiligen Fällen ist auch eine einstweilige Verfügung möglich. Nach § 23 I BetrVG kann der Betriebsrat wegen einer parteipolitischen Be-

---

108 So *Löwisch*, Anm. zu BAG EzA Nr. 3 zu § 74 BetrVG 1972.

109 *Glaubitz*, BB 1972, 1277 (1278).

tätigung aufgelöst oder ein Betriebsratsmitglied aus dem Betriebsrat ausgeschlossen werden. Diese härtere Sanktion greift aber wegen Art. 5 I GG nur dann durch, wenn im Betrieb tatsächlich Unruhe eingetreten ist oder Arbeitsabläufe gestört werden.

Verletzt ein Betriebsratsmitglied mit seiner parteipolitischen Betätigung sowohl sein Amt als auch seinen Arbeitsvertrag (Simultantheorie), sind auch Betriebsbußen oder als härteste Sanktion die außerordentliche Kündigung gemäß §§ 15 I KSchG, 626 BGB möglich.

Verletzt der Arbeitgeber das Verbot parteipolitischer Betätigung, kann auch gegen ihn im Beschlußverfahhren oder mit einer einstweiligen Verfügung vorgegangen werden. Weiter kann bei groben Verstößen das Verfahren nach § 23 III BetrVG durchgeführt werden. In dieser — im Verhältnis zu den gegen den Betriebsrat oder seine Mitglieder möglichen Maßnahmen — leichteren Sanktion liegt kein Verstoß gegen Art. 3 GG.

Da rechtstatsächlich jedoch nur Verstöße des Betriebsrats oder dessen Mitglieder gegen das Verbot aus § 74 II 3 BetrVG geahndet werden, erweist sich die Vorschrift im Ergebnis doch als einseitiges Disziplinierungsmittel gegenüber diesem Personenkreis.

Verletzt der Arbeitnehmer mit einer parteipolitischen Betätigung seine arbeitsvertraglichen Pflichten, kann der Arbeitgeber eine Abmahnung aussprechen, eine Betriebsbuße verhängen, in schweren Fällen aber auch ordentlich verhaltensbedingt oder außerordentlich kündigen. Der Betriebsrat könnte vom Arbeitgeber auch gemäß § 104 BetrVG die Entfernung eines den Betriebsfrieden störenden Arbeitnehmers verlangen.

§ 7 Angelegenheiten tarifpolitischer, sozialpolitischer und wirtschaftlicher Art

I. Überblick

§ 74 II 3, Hs. 2 BetrVG gestattet die Behandlung tarifpolitischer, sozialpolitischer und wirtschaftlicher Angelegenheiten, soweit sie den Betrieb oder seine Arbeitnehmer unmittelbar betreffen. Die Betriebspartner können sich dieser Gegenstände annehmen, darüber diskutieren, ggfs. hierzu Stellung nehmen oder auch hierüber im Betrieb informieren[1]. § 45 Satz 1 BetrVG erlaubt es, die genannten Angelegenheiten auf der Betriebsversammlung zu debattieren. Die Erörterung dieser Gegenstände bleibt grundsätzlich auch dann zulässig, wenn bereits Stellungnahmen oder Konzepte von Parteien vorliegen, weil dann im Ergebnis allein das Sachthema in den Vordergrund rückt[2]. Jedoch muß eine rein sachliche Behandlung gewährleistet sein, eine Schranke besteht dort, wo Betriebsfrieden und Arbeitsablauf beeinträchtigt werden, § 74 II 2 BetrVG[3]. Die vom Gesetz verwendeten Begriffe der Tarif- und Sozialpolitik sowie der wirtschaftlichen Angelegenheiten sind wegen der Weite des jeweiligen Begriffsinhaltes nur sehr schwierig zu bestimmen. Gerichtliche Entscheidungen hierzu, die der Veranschaulichung dienen würden und bei voranschreitender Entscheidungsdichte klarere Richtlinien für die Praxis geben könnten, existieren nur wenige[4].

Das Betriebsverfassungsgesetz selbst läßt in vielen Einzelvorschriften erkennen, daß mannigfache Verbindungslinien zu den drei genannten Angelegenheiten bestehen[5]. So weisen etwa die §§ 2, 3, 6, 14, 16, 17, 19,

---

[1] Vgl. *GK-Thiele*, § 74 Rn. 60; *Löwisch*, in: Festschrift für Hilger / Stumpf, S. 429 (432); vgl. zu diesem sog. Informierungsrecht des Betriebsrats weiter *v. Hoyningen-Huene*, DB 1979, 2422.

[2] BAG AP Nr. 1 zu § 42 BetrVG 1972; *Dietz / Richardi*, § 74 Rn. 67.

[3] *GK-Thiele*, § 74 Rn. 64; *Kamann / Hess / Schlochauer*, § 74 Rn. 38.

[4] Zu nennen sind folgende Entscheidungen: zur Tarifpolitik LAG München, BB 1955, 193; LAG Frankfurt, ARSt 1973 Nr. 95; zur Sozialpolitik BAG AP Nr. 1 zu § 45 BetrVG 1972; LAG Baden-Württemberg, BB 1965, 627; LAG Düsseldorf, DB 1981, 1729 (Gewerkschaftliche Vertrauensleute im Betrieb); LAG Bremen, DB 1982, 1573 sowie ArbG Göttingen, DB 1982, 760; zu wirtschaftlichen Angelegenheiten BAG AP Nr. 2 zu § 45 BetrVG; LAG Düsseldorf, AP Nr. 7 zu § 43 BetrVG.

[5] Vgl. *GK-Fabricius*, § 45 Rn. 15.

23, 31, 43, 46, 66, 67 III, 87 I Einleitungssatz BetrVG auf das Verhältnis auch zur Tarifpolitik hin. Andere Normen haben einen sozialpolitischen Einschlag, vgl. §§ 32, 37 VI, 52, 80 I Nr. 2—7, 87 I Nr. 7—8, 88, 89, 95—97 BetrVG. Mit wirtschaftlichen Angelegenheiten beschäftigen sich die §§ 106 ff. BetrVG. Aber auch bei der Frage, ob etwa der Einführung von Kurzarbeit zugestimmt werden soll (vgl. § 87 I Nr. 3 BetrVG), muß der Betriebsrat u. U. gesamtwirtschaftliche Erwägungen bei seiner Entscheidung miteinbeziehen. Daher liegt es nahe, daß §§ 45 Satz 1, 74 II 3, Hs. 2 BetrVG die Behandlung dieser Angelegenheiten zulassen[6].

Der Betriebsrat kann auch seine Mitwirkungsrechte überhaupt nicht sinnvoll wahrnehmen, wenn sich die Betriebsratsmitglieder nicht auch mit den gesellschaftlichen und politischen Fragen, die mit den einzelnen Mitwirkungsrechten zusammenhängen, in angemessenem Umfang beschäftigen können. Neben dem eben genannten Beispiel der Mitbestimmung bei Kurzarbeit sei noch auf das Problem der Eingliederung ausländischer Arbeitnehmer (§ 80 I Nr. 7 BetrVG) und die Beschäftigung älterer Arbeitnehmer im Betrieb (§ 80 I Nr. 6 BetrVG) hingewiesen. Diese Beispiele zeigen gerade das durchaus dialektische Verhältnis etwa zwischen Sozialpolitik und Mitwirkungsrechten des Betriebsrats. Nicht nur, daß sich der Betriebsrat mit Sozialpolitik beschäftigen muß, um seine Aufgaben wahrnehmen zu können. Umgekehrt sind diese Mitwirkungsrechte selbst Ausdruck staatlicher Sozialpolitik: Der Gesetzgeber will die gesellschaftspolitischen Probleme, denen Schwerbehinderte, Ausländer oder ältere Arbeitnehmer ausgesetzt sind, gerade auch dadurch lösen, daß dem Betriebsrat entsprechende Mitwirkungsrechte eingeräumt werden.

Im Schrifttum hat sich für die Begriffe Tarifpolitik, Sozialpolitik und wirtschaftliche Angelegenheiten jeweils ein Kanon bestimmter Themen herausgebildet. Er wird in diesem Abschnitt vorgestellt, ohne daß auf jede Verästelung im einzelnen eingegangen werden kann.

II. Unmittelbarer Betriebsbezug

Als Korrektiv für die weiten Bereiche der tarifpolitischen, sozialpolitischen und wirtschaftlichen Angelegenheiten läßt § 74 II 3, Hs. 2 BetrVG ebenso wie § 45 Satz 1 BetrVG deren Behandlung nur dann zu, wenn die Fragen den Betrieb oder dessen Arbeitnehmer unmittelbar betreffen. Die damit einhergehenden Einschränkungen lassen sich besser verdeutlichen, wenn man sie in die Merkmale des Behandelns, des Betroffenseins oder der Unmittelbarkeit aufspaltet.

---

[6] *GK-Fabricius*, § 45 Rn. 15.

1. Behandeln

Während eine Betätigung nach § 74 II 3, Hs. 1 BetrVG ein aktives Tun bedeutet, das bis zur Werbung und Agitation gehen kann[7], legt es demgegenüber der Begriff der „Behandlung" der in §§ 45 Satz 1, 74 II 3, Hs. 2 BetrVG genannten Angelegenheiten vom Wortlaut her nahe, daß lediglich eine fachkundige, informatorische und rein sachliche Erörterung dieser Themen erlaubt sein soll[8]. Dennoch wird man nicht soweit gehen können[9], dem Betriebsrat oder der Betriebsversammlung jegliches Abfassen von Resolutionen an die zuständigen Stellen zu untersagen, wenn eine entsprechende Stellungnahme in einem sachlichen Ton gehalten bleibt. So bemerkte denn auch der Abgeordnete *Schellenberg* in der Bundestagsdebatte über das Betriebsverfassungsgesetz[10], es sei für das Parlament mitunter sogar notwendig, bei Gesetzen, die das Arbeitswesen betreffen, zu den Betriebsräten Kontakt herzustellen und deren Meinung aus der betrieblichen Praxis zu hören.

Letztlich bedeutet die mit dem Merkmal der „Behandlung" verbundene Einschränkung nur einen Hinweis auf eine gebotene moderate Befassung mit den Themen Tarif- und Sozialpolitik sowie den wirtschaftlichen Angelegenheiten.

2. Betroffensein

Alsdann müssen die genannten Themen den Betrieb oder seine Arbeitnehmer betreffen, um als tauglicher Beratungsgegenstand nach §§ 45 Satz 1, 74 II 3, Hs. 2 BetrVG in Betracht zu kommen. Die damit verbundene restriktive Tendenz wird deutlich beim Vergleich mit § 44 BetrVG 1952, wonach die Betriebsversammlung Angelegenheiten behandeln durfte, die den Betrieb oder seine Arbeitnehmer berührten. Diese Formulierung enthielt auch noch der ursprüngliche Regierungsentwurf zum BetrVG 1972[11], wurde aber später[12] durch das Wort „betreffen" ersetzt, um klarer zum Ausdruck zu bringen, „daß die Zulässigkeit der Behandlung der im einzelnen aufgeführten Themenkreise einen unmittelbaren Bezug zum Betrieb oder seinen Arbeitnehmern voraussetzt"[13]. „Betreffen" ist deshalb stärker als die Formulierung

---

[7] Vgl. oben § 4 II 1.

[8] *Glaubitz*, BB 1972, 1277; *Kammann / Hess / Schlochauer*, § 45 Rn. 5; *Rüttgers*, S. 84.

[9] So aber *Glaubitz*, BB 1972, 1277.

[10] Verhandlungen des Deutschen Bundestages, VI/S. 5843 C.

[11] Verhandlungen des Deutschen Bundestages, 6. Wahlperiode, BT-Drucksache VI/1786, S. 11.

[12] Vgl. Verhandlungen des Deutschen Bundestages, 6. Wahlperiode, BT-Drucksache VI/2729, S. 21, 25.

[13] Vgl. *Dietz / Richardi*, § 45 Rn. 4.

„berühren", weil zum einen nach dem allgemeinen Sprachgebrauch eine Berührung auch auf Zufall beruhen kann und zum anderen damit der Gesichtspunkt der Zweckrichtung auf den Betrieb oder dessen Arbeitnehmer betont wird[14].

3. Umittelbarkeit

Die am weitesten gehende Restriktion in der Behandlung der genannten Themen liegt darin, daß der Betrieb oder seine Arbeitnehmer unmittelbar betroffen sein müssen. Daher muß die die Angelegenheit für die Arbeitnehmer in deren Eigenschaft als Arbeitnehmer des konkreten Betriebs von Bedeutung sein. Umgekehrt genügt es also nicht, wenn die Arbeitnehmer nur in ihrer Eigenschaft als Staatsbürger, als Gewerkschaftsmitglieder oder in ihren sonstigen Interessen betroffen werden[15]. Demgegenüber wird die Auffassung vertreten[16], es genüge, wenn die Angelegenheit für den Betrieb oder die Arbeitnehmer eine gewisse Bedeutung erlangen kann, oder — an anderer Stelle[17] — es könne sich auch um Fragen handeln, die für die Arbeitnehmerschaft insgesamt von Bedeutung sind, sofern sie auch den Betrieb oder seine Arbeitnehmer betreffen. Damit werden jedoch sämtliche im Gesetzestext zum Ausdruck kommenden Beschränkungen ignoriert, weswegen diese Ansicht abzulehnen ist.

Der Begriff „unmittelbar" ist vieldeutig und ohne begriffliche Schärfe[18]. Die Funktion des Unmittelbarkeitskriteriums besteht insbesondere in der Begrenzung, Einschränkung, Abgrenzung und Präzisierung des Inhalts von Tatbestandsmerkmalen oder — wie bei §§ 45 Satz 1, 74 II 3, Hs. 2 BetrVG — formelhaften Wendungen[19]. Es ist jedoch darauf hinzuweisen, daß „unmittelbar" nicht ausschließlich bedeutet. Deshalb müssen auch Themen zulässig sein, die zwar auch, aber nicht nur den jeweiligen Betrieb oder dessen Arbeitnehmer betreffen. Zur weiteren Präzisierung wird[20] die Bildung von Fallgruppen vorgeschlagen. So benennt etwa *Fabricius*[21] folgende Fallgruppen:

(1) Vom Unternehmen des Betriebes ausgehende Angelegenheiten;

(2) von anderen Unternehmen ausgehende Angelegenheiten;

---

[14] So *GK-Fabricius*, § 45 Rn. 17.

[15] So die ganz h. M., vgl. *Dietz / Richardi*, § 45 Rn. 4; *Fitting / Auffarth / Kaiser*, § 45 Rn. 5; *Galperin / Löwisch*, § 45 Rn. 5; *Kammann / Hess / Schlochauer*, § 45 Rn. 4.

[16] *Gnade / Kehrmann / Schneider / Blanke*, § 74 Rn. 37.

[17] *Gnade / Kehrmann / Schneider / Blanke*, § 45 Rn. 1.

[18] So *Küchenhoff*, § 45 Rn. 4.

[19] Zum Begriff der Unmittelbarkeit vgl. ausführlich *Semrau*, insbesondere S. 83 f.

[20] *GK-Fabricius*, § 45 Rn. 32—39; *Rüttgers*, S. 90.

[21] Vgl. Fn. 20.

(3) Gesetz und Gesetzgebung sowie Akte öffentlich-rechtlicher Körperschaften mit gesetzesgleicher, genereller und abstrakter Wirkung;

(4) individuelle Verwaltungsakte gegen ein bestimmtes Unternehmen.

Diese Fallgruppenbildung erscheint jedoch willkürlich und läßt eine innere Logik nicht erkennen.

Dem Erfordernis des unmittelbaren Betriebsbezugs kann man mit der Überlegung gerecht werden, daß es einerseits kein Thema sein soll, welches jeden Betrieb oder alle Arbeitnehmer gleichermaßen betrifft. Andererseits muß es aber auch keine Angelegenheit sein, die ausschließlich den Betrieb oder dessen Arbeitnehmer betrifft. Man wird in Zweifelsfällen nach einem spezifischen Gesichtspunkt suchen müssen, weswegen gerade auch dieser Betrieb oder seine Arbeitnehmer mehr als jeder andere Betrieb oder alle anderen Arbeitnehmer von einer bestimmten Angelegenheit betroffen werden. Dieser Lösungsvorschlag soll an vier Beispielen aus der neueren Rechtsprechung demonstriert werden.

— Das sozialpolitische Thema „Gesetz zur Verbesserung der betrieblichen Altersversorgung"[22] darf dann behandelt werden, wenn im Betrieb eine entsprechende Regelung besteht oder deren Einführung beabsichtigt ist, etwa weil der Betriebsrat eine dahingehende Initiative ergreifen will. Ohne einen solchen konkreten Anlaß würde es am unmittelbaren Betriebsbezug fehlen[23]. Das Thema völlig losgelöst vom betrieblichen Geschehen zu behandeln, wäre ebenso unzulässig wie eine entsprechende Schulung eines Betriebsratsmitglieds zu diesem Thema nicht erforderlich i. S. von § 37 VI BetrVG wäre, solange kein konkreter betrieblicher Anlaß besteht[24].

— Das sozialpolitische Thema „Aktuelle Fragen der gesetzlichen Rentenversicherung"[25] darf auf einer Betriebsversammlung dann behandelt werden, wenn der erforderliche betriebliche Bezugspunkt darin liegt, daß die Belegschaft zum überwiegenden Teil aus Frauen besteht, die in wenigen Jahren das Rentenalter erreichen werden. Wegen der engen Beziehung zwischen Arbeitsrecht und Sozialversicherungsrecht[26] sind die Belegschaftsangehörigen auch nicht lediglich in ihrer Eigenschaft als Staatsbürger, sondern als Arbeitnehmer des Betriebes betrof-

[22] Vgl. ArbG Wuppertal, DB 1975, 1177; LAG Düsseldorf, DB 1975, 1849; BAG AP Nr. 1 zu § 42 BetrVG 1972.

[23] *Hanau*, Anm. zu BAG EzA Nr. 1 zu § 45 BetrVG 1972, S. 19.

[24] BAG AP Nr. 18 zu § 37 BetrVG 1972 (unter III 2 a. E.); *Hanau*, Anm. zu BAG EzA Nr. 1 zu § 45 BetrVG 1972, S. 19.

[25] Vgl. ArbG Göttingen, BB 1982, 760; LAG Bremen, DB 1982, 1573.

[26] Vgl. etwa *Gitter*, § 3 II 3; *Schwerdtner*, Fürsorgetheorie und Entgelttheorie im Recht der Arbeitsbedingungen, S. 118—127.

fen, weil etwa zu treffende Dispositionen der Arbeitnehmerinnen doch im Rahmen des „auslaufenden Arbeitsverhältnisses“ in Zusammenhang mit der gegenwärtigen Erwerbssituation gesehen werden müssen[27]. Im allgemeinen kann und darf — mangels entsprechender Aufgabenzuweisung im BetrVG — der Betriebsrat freilich nicht die Aufgaben etwa eines Rentenberaters wahrnehmen.

— Fraglich ist, ob der Themenkomplex, der mit den Stichworten Raketenstationierung, Nachrüstung, Rüstungsetat und Friedenssicherung umschrieben werden kann, im Betrieb, insbesondere auf der Betriebsversammlung, behandelt werden kann. Dies wird mit der Begründung bejaht, in Anbetracht der angespannten Haushaltslage der Öffentlichen Hand komme den Rüstungsausgaben angesichts eines sich zuspitzenden Verteilungskonfliktes zwischen Rüstungs- und Sozialausgaben vor dem Hintergrund zunehmender Massenarbeitslosigkeit für die Arbeitnehmer in ihrer Gesamtheit geradezu existentielle Bedeutung zu[28]. Wenn z. B. aufgrund erhöhter Rüstungsausgaben die Zuschüsse des Bundes zur Rentenversicherung (§§ 1389 RVO, 116 AVG) gekürzt und dadurch die Beiträge der Arbeiter und Angestellten erhöht würden, berühre dies die Arbeitnehmer unmittelbar[29].

Dagegen spricht jedoch zunächst die allgemeine Funktion des Unmittelbarkeitskriteriums als abgrenzendes, einschränkendes und abgrenzendes Element eines Tatbestandes, was im Zweifelsfall eher zu einer restriktiven Auslegung führt[30]. Dafür, daß die Arbeitnehmer oder der Betrieb lediglich mittelbar von solchen verteidigungspolitischen Fragen betroffen werden, spricht auch die von der Gegenauffassung vorgenommene gedankliche Operation (wenn jener Etat erhöht wird, muß dieser Haushaltstitel niedriger dotiert werden). Jongliert man auf diese Weise mit Haushaltsmitteln und Einzeletats, ließe sich mit der gleichen Argumentation vertreten, daß die Betriebsversammlung auch über Verkehrspolitik, Gesundheitspolitik, Bildungspolitik oder über den Etat des Bundesministeriums für wirtschaftliche Zusammenarbeit diskutiert werden dürfte. Denn je mehr Geld für Entwicklungshilfe ausgegeben wird, um so weniger finanzielle Mittel stehen nach dieser Logik für Sozialausgaben zur Verfügung. Die verteidigungspolitischen Probleme lassen sich auf betrieblicher Ebene weder lösen noch wesentlich beeinflussen, verteidigungspolitische Streitfragen dürften ihren Ursprung kaum je im Betrieb haben, sondern von außen hereingetragen werden. Es fehlt also an dem notwendigen betrieblichen Anknüpfungspunkt. Im

---

27 So LAG Bremen, DB 1982, 1573.

28 *Berg / Bobke / Wolter*, BlStSozArbR 1983, 353 (357).

29 *Siebert / Degen / Becker*, § 45 Rn. 2.

30 Vgl. *Semrau*, S. 83.

Regelfall werden sich solche Fragen der Verteidigungspolitik auf alle Betriebe und Arbeitnehmer gleichermaßen auswirken und deshalb als Behandlungsgegenstand ausscheiden[31].

— Das Thema „Gewerkschaftliche Vertrauensleute im Betrieb"[32] kann dann behandelt werden, wenn im Betrieb ein gewerkschaftlicher Vertrauensleutekörper besteht. Hierin liegt bereits der konkrete betriebliche Bezugspunkt angesichts dessen, daß der Betriebsrat mit den Gewerkschaften nach § 2 I BetrVG zusammenzuwirken hat und die gewerkschaftlichen Vertrauensleute ein wichtiges Bindeglied zwischen Betriebsrat und hauptamtlichem Funktionskörper der Gewerkschaft bilden. Wenn die Gewerkschaft die ihr nach dem BetrVG zukommenden Kontrollrechte und Unterstützungsfunktionen auch über Vertrauensleute wahrzunehmen versucht, betrifft diese Thematik die dort tätigen Arbeitnehmer auch in dieser Eigenschaft und nicht nur in ihrer Eigenschaft als Gewerkschaftsmitglieder.

Trotz des so verstandenen konkreten betrieblichen Bezugspunktes muß es innerhalb eines Behandlungsgegenstandes erlaubt sein, zum besseren Verständnis in angemessenem Umfange auch allgemeinere Zusammenhänge, etwa bei wirtschaftlichen oder sozialpolitischen Themen, aufzuzeigen, will man nicht einer — im wahrsten Sinne des Wortes — „Betriebsblindheit" das Wort reden.

III. Tarifpolitische Angelegenheiten

Zur Tarifpolitik gehören alle Bestrebungen, die sich auf den Abschluß, den Inhalt, die Durchführung oder die Änderung der für den Betrieb maßgeblichen Tarifverträge beziehen[33]. Im einzelnen zählen dazu:

- Alle Fragen der Auslegung und Anwendung der Tarifverträge einschließlich Entgeltfragen, Ausschlußfristen, Sozial- und Ausbildungseinrichtungen der Tarifpartner sowie Probleme der Eingruppierung[34];
- wichtige Urteile der Arbeitsgerichte zu den auf den Betrieb anwendbaren Tarifverträgen[35];

---

[31] Vgl. auch den Bericht über den Beschluß des ArbG Lörrach — soweit ersichtlich unveröffentlicht — von *Bernd Martini*, in: Sonntag Aktuell (Sonntagsausgabe der Stuttgarter Zeitung) vom 24. 7. 1983, S. 8.

[32] LAG Düsseldorf, DB 1981, 1729; *Däubler*, AiB 1982, 51 (53).

[33] *Dietz / Richardi*, § 45 Rn. 9; *Gnade / Kehrmann / Schneider / Blanke*, § 74 Rn. 39.

[34] *GK-Fabricius*, § 45 Rn. 18; *Kammann / Hess / Schlochauer*, § 45 Rn. 5.

[35] *Galperin / Löwisch*, § 45 Rn. 6; *Kammann / Hess / Schlochauer*, § 45 Rn. 5.

— Information über den Stand laufender Tarifverhandlungen[36];

— auch die Unterrichtung über mögliche Auswirkungen von Arbeitskämpfen in Zulieferbetrieben muß zulässig sein, falls ein unmittelbarer betrieblicher Bezug gegeben ist, etwa wenn wegen des Streiks im Zulieferbetrieb nicht gearbeitet werden kann[37].

Eine Begrenzung der Behandlung tarifpolitischer Angelegenheiten folgt daraus, daß das Betreiben der Tarifpolitik selbst weder zum Aufgabenbereich der Betriebsversammlung noch zu denen des Betriebsrats gehört[38]. § 80 I Nr. 1 BetrVG meint nur die Überwachung der zugunsten der Arbeitnehmer geltenden Tarifverträge durch den Betriebsrat. Daher darf die Betriebsversammlung und der Betriebsrat keine tarifpolitischen Resolutionen fassen oder Empfehlungen an die Tarifpartner geben[39]. Aus dem betriebsverfassungsrechtlichen Arbeitskampfverbot der §§ 74 II Satz 1, 45 Satz 1, Hs. 2 BetrVG folgt weiter, daß beide Gremien auch keine Aufforderung an die Gewerkschaft zum Arbeitskampf beschließen können[40].

IV. Sozialpolitische Angelegenheiten

Für den Begriff der Sozialpolitik werden verschiedene Definitionen gegeben. So versteht man[41] hierunter alle Fragen, die sich auf den Schutz der Arbeitnehmer und deren Integration in die gesellschaftliche Ordnung beziehen. Andere[42] sehen darin die Gesamtheit der planmäßigen Maßnahmen, die der Sicherung der Existenz und der Würde des arbeitenden (und des nicht mehr arbeitsfähigen) Menschen und seiner Angehörigen dienen. In der sozialrechtlichen Literatur wird differenziert zwischen Sozialpolitik im engeren Sinn, verstanden als System von Hilfsmaßnahmen zur Härtemilderung im Rahmen der bestehenden Gesellschafts- und Wirtschaftsordnung und Sozialpolitik im weiteren Sinne, die auch eine Sozialreform im Sinne der bewußten, evolutionären Umformung der Sozialstruktur erstrebt[43]. All diese Begriffe sind angesichts ihres hohen Abstraktionsgrades nicht direkt subsumtionsfähig.

---

[36] *Rüthers*, ZfA 1974, 207 (227).

[37] *Fitting / Auffarth / Kaiser*, § 45 Rn. 7; *Frauenkron*, § 45 Anm. 4; a. A. *Galperin / Löwisch*, § 45 Rn. 6.

[38] *Dietz / Richardi*, § 45 Rn. 9; *Rüthers*, ZfA 1974, 207 (227).

[39] *Kammann / Hess / Schlochauer*, § 45 Rn. 5.

[40] *Dietz / Richardi*, § 45 Rn. 9; *Kammann / Hess / Schlochauer*, § 45 Rn. 5; *Rüthers*, ZfA 1974, 207 (228); a. A. *Siebert / Degen / Becker*, § 45 Rn. 4.

[41] *Dietz / Richardi*, § 45 Rn. 10.

[42] *GK-Fabricius*, § 45 Rn. 19; *Vollmer*, S. 35.

[43] *Bley*, S. 38 f.

Um so notwendiger wird die Beschreibung der Sozialpolitik anhand einzelner Sachgebiete und Beispielen.

Folgende Gebiete werden der Sozialpolitik zugerechnet:

— Fragen des Sozialrechts, insbesondere des Sozialversicherungsrechts[44], denn dabei handelt es sich um „zur Norm verfestigte" staatliche Sozialpolitik[45];

— der Bereich des Arbeitsrechts einschließlich des Arbeits- und Unfallschutzes (vgl. § 89 BetrVG), der beruflichen Bildung (vgl. §§ 96—98 BetrVG[46];

— die Eingliederung ausländischer Arbeitnehmer (vgl. § 80 I Nr. 7 BetrVG)[47];

— Fragen der Arbeitsmedizin (vgl. § 9 ASiG)[48];

— bei entsprechender sozialpolitischer Tendenz auch steuerrechtliche und verkehrspolitische Gesetze und Einzelmaßnahmen (Streckenstillegung bei der Bundesbahn, Einstellung einer für die Arbeitnehmer wichtigen Busverbindung)[49].

Trotz der vielen Themenbereiche des — wie betont wird[50] — weit auszulegenden Begriffs der Sozialpolitik darf dies nicht darüber hinwegtäuschen, daß angesichts der in §§ 45 Satz 1, 74 II 3, Hs. 2 BetrVG enthaltenen Restriktionen, insbesondere des erforderlichen unmittelbaren Betriebsbezuges, von der breiten Themenpalette für den einzelnen Betrieb letztlich nicht viel übrig bleiben wird.

Streitig ist, ob Themen, die Gegenstand parlamentarischer Auseinandersetzungen im Gesetzgebungsverfahren sind, behandelt werden dürfen. Dies wird mit der Begründung verneint, sowohl dem Betriebsrat als auch der Betriebsversammlung fehle eine entsprechende Regelungskompetenz[51]. Richtigerweise stellen jedoch die §§ 45 Satz 1, 74 II 3, Hs. 2 BetrVG nicht hierauf ab, sondern es kommt allein darauf an, ob die Angelegenheit den Betrieb oder die Arbeitnehmer unmittelbar betrifft. Wenn aus einem konkreten Anlaß heraus eine bestehende Regelung ge-

---

44 *Fitting / Auffarth / Kaiser*, § 45 Rn. 8.

45 So *Bley*, S. 38.

46 *Gnade / Kehrmann / Schneider / Blanke*, § 45 Rn. 4.

47 *Dietz / Richardi*, § 45 Rn. 10.

48 *Fitting / Auffarth / Kaiser*, § 45 Rn. 8.

49 *GK-Fabricius*, § 45 Rn. 19.

50 *Berg / Bobke / Wolter*, BlStSozArbR 1983, 353 (356); *Fitting / Auffarth / Kaiser*, § 45 Rn. 8; *Gnade / Kehrmann / Schneider / Blanke*, § 45 Rn. 4.

51 So die h. M.: *Galperin / Löwisch*, § 45 Rn. 7; *Kammann / Hess / Schlochauer*, § 45 Rn. 7; *Rüthers*, ZfA 1974, 207 (230); *Vogt*, S. 107.

rade für den Betrieb als lückenhaft oder verbesserungsbedürftig angesehen wird, ist kaum einzusehen, weswegen sich Betriebsversammlung und Betriebsrat hiermit nicht beschäftigen können sollen[52]. Gerade solche Hinweise aus der Praxis sind es, die den parlamentarischen Instanzen Anregungen aus der Betriebsperspektive geben und damit hilfreich sein können[53]. Freilich muß der Anschein vermieden werden, der Gesetzgeber solle unter Druck gesetzt werden[54].

In den Einzelheiten kontrovers diskutiert wird auch die Frage, inwieweit gewerkschaftliche Angelegenheiten, soweit sie nicht ohnehin zur Tarifpolitik gehören, als sozialpolitische Themen einer Behandlung zugänglich sind. Dabei wird man es für zulässig erachten können, daß die Zusammenarbeit zwischen Betriebsrat und den im Betrieb vertretenen Gewerkschaften (vgl. § 2 I BetrVG) ebenso zur Sprache kommt wie gewerkschaftliche Ausbildungskurse (vgl. § 37 VI, VII BetrVG für den Betriebsrat und dessen Mitglieder)[55]. Auf der anderen Seite dürfen koalitionsspezifische Gegensätze ohne konkreten Bezug zum Betrieb oder dessen Arbeitnehmer nicht diskutiert werden[56]. Des weiteren stellt weder die Betriebsversammlung noch die Betriebsratssitzung ein Forum für gewerkschaftliche Selbstdarstellung oder Werbetätigkeit dar[57]. Die Abgrenzung zwischen zulässiger und unzulässiger Erörterung gewerkschaftlicher Angelegenheiten orientiert sich mithin ganz am Grundsatz und System der Aufgabentrennung von Betriebsrat und Gewerkschaften, wie er in § 2 III BetrVG zum Ausdruck kommt[58].

V. Wirtschaftliche Angelegenheiten

Wenig später führen die angebotenen Definitionen der wirtschaftlichen Angelegenheiten als Gegenstände, die sich auf die wirtschaftliche Lage des Betriebes oder Unternehmens beziehen[59], oder, an anderer Stelle[60], als Angelegenheiten, die vom Wirtschaftlichkeitsprinzip her bestimmt sind, was Wirtschaften mit dem Ziel bedeutet, mit geringstmög-

---

[52] *Berg / Bobke / Wolter*, BlStSozArbR 1983, 353 (356); *Fitting / Auffarth / Kaiser*, § 45 Rn. 8; *Gnade / Kehrmann / Schneider / Blanke*, § 45 Rn. 5; *Weiss*, § 45 Rn. 4.

[53] Vgl. dazu schon oben § 7 II 1.

[54] *Fitting / Auffarth / Kaiser*, § 45 Rn. 8.

[55] *Gnade / Kehrmann / Schneider / Blanke*, § 45 Rn. 7.

[56] *Galperin / Löwisch*, § 45 Rn. 8.

[57] *Dietz / Richardi*, § 45 Rn. 13; *Kammann / Hess / Schlochauer*, § 49 Rn. 9.

[58] Vgl. nur *Dietz / Richardi*, § 2 Rn. 28; *v. Hoyningen-Huene*, § 5 I.

[59] *Dietz / Richardi*, § 45 Rn. 10.

[60] *GK-Fabricius*, § 45 Rn. 20.

lichen Mitteln einen bestimmten Erfolg zu erzielen (Sparprinzip) oder mit bestimmten Mitteln einen größtmöglichen Erfolg zu erzielen (Maximalprinzip). Als Orientierungspunkt erörterungsfähiger Themen kann zunächst auf die in §§ 106 III, 108 V, 111—113 BetrVG genannten Aufgabenbereiche verwiesen werden[61], über die der Arbeitgeber ohnehin nach § 43 II 3 BetrVG und gemäß § 110 BetrVG Bericht zu erstatten hat[62].

Teilweise verwendet man den Begriff der Wirtschaftspolitik, verstanden als die Gestaltung des Wirtschaftsablaufs, der Wirtschaftsstruktur und der wirtschaftlichen Rahmenbedingungen durch staatliche Beschlußorgane und supranationale Institutionen[63], als Abgrenzungskriterium, um den Bereich zu kennzeichnen, der nicht mehr unter die wirtschaftlichen Angelegenheiten fällt[64]. Begründet wird dies damit, daß sich der im Betriebsverfassungsgesetz verwendete Begriff der wirtschaftlichen Angelegenheiten nur auf mikroökonomische, nicht aber auf makroökonomische Zusammenhänge beziehe[65]. Richtig erscheint daran, daß sich so verstandene Fragen der Wirtschaftspolitik weniger häufig als Behandlungsgegenstände anbieten werden. Da es letztlich aber auch hier wieder entscheidend auf den unmittelbaren Betriebsbezug ankommt, wird man wirtschaftspolitische Themen kaum von vornherein als nicht erörterungsfähig ausschließen können[66]. Demnach wird die Frage nach der Zulässigkeit einer wirtschaftlichen Angelegenheit oftmals von dem Zuschnitt und der Lage des jeweiligen Betriebs abhängen, etwa der Branchenzugehörigkeit, der geographischen Lage oder der Abhängigkeit von Exporten und Importen. Der notwendige unmittelbare Betriebsbezug ist bei wirtschaftlichen Angelegenheiten deshalb schon dann gegeben, wenn eine bestimmte Problematik sich in einer ganzen Branche oder einem größeren Wirtschaftsraum auswirkt[67]; denn genau darin liegt der spezifische Gesichtspunkt, weswegen der Betrieb oder seine Arbeitnehmer erheblich stärker von dieser Angelegenheit betroffen wird, als alle anderen Betriebe oder die Gesamtheit aller Arbeitnehmer.

---

[61] *GK-Fabricius*, § 45 Rn. 22; *Vogt*, S. 108.

[62] *Dietz / Richardi*, § 45 Rn. 10; *Galperin / Löwisch*, § 45 Rn. 9.

[63] *GK-Fabricius*, § 45 Rn. 21.

[64] *Dietz / Richardi*, § 45 Rn. 10; *GK-Fabricius*, § 45 Rn. 21; *Kammann / Hess / Schlochauer*, § 45 Rn. 8.

[65] *GK-Fabricius*, § 45 Rn. 22.

[66] Wie hier auch *Fitting / Auffarth / Kaiser*, § 45 Rn. 9; *Gnade / Kehrmann / Schneider / Blanke*, § 45 Rn. 8; *Vollmer*, S. 37.

[67] So auch das BAG AP Nr. 2 zu § 45 BetrVG; *Gnade / Kehrmann / Schneider / Blanke*, § 45 Rn. 8; *Kammann / Hess / Schlochauer*, § 45 Rn. 8; *Stege / Weinspach*, §§ 42—46 Rn. 45; a. A. *Dietz / Richardi*, § 45 Rn. 11; *Meisel*, RdA 1976, 38 (41).

Als zulässig angesehen werden im allgemeinen[68] die Behandlung von

— Subventionen für spezielle Wirtschaftsbereiche;
— Auswirkungen der Steuergesetzgebung auf den Betrieb;
— ein bevorstehender Betriebsinhaberwechsel;
— Fragen einer etwaigen Unternehmenskonzentration oder multinationaler Zusammenschlüsse, soweit der Betrieb betroffen ist.

In stark exportorientierten Betrieben ergibt sich eine breitere Themenpalette. Diskutiert werden darf dort auch über[69] aktuelle Fragen

— der internationalen Währungspolitik, z. B. des Wechselkurses, der Auf- und Abwertung;
— der Rohstoff- und Energieversorgung sowie
— die Subventionspolitik ausländischer Regierungen bezüglich der jeweiligen Branche.

Über die moralische Qualität von Waffenlieferungen in Spannungsgebiete wird man eine Erörterung dann zulassen müssen, wenn der Betrieb Waffen für dieses Gebiet tatsächlich produziert[70]. Ohne einen solchen unmittelbaren Betriebsbezug bleibt eine Behandlung der politischen und gesellschaftlichen Verhältnisse in einem anderen Land freilich unzulässig[71].

VI. Das Verhältnis von Hs. 1 zu Hs. 2 in § 74 II 3 BetrVG

Teilweise wird die Auffassung vertreten, § 74 II 3, Hs. 2 BetrVG sei eine Ausnahme vom allgemeinen Verbot parteipolitischer Betätigung nach § 74 II 3, Hs. 1 BetrVG, die Behandlung der dort genannten Thementrias werde von diesem Verbot nicht erfaßt[72]. Hierfür spreche die systematische Stellung im Anschluß an das Verbot. Dies ist auch der Ausgangspunkt des BAG[73], wenn es formuliert, aus dem Sinnzusammenhang des § 74 II 3 BetrVG ergebe sich, daß die Behandlung der dort genannten tarifpolitischen, sozialpolitischen und wirtschaftlichen Fragen

---

68 *Fitting / Auffarth / Kaiser*, § 45 Rn. 9.

69 Vgl. *Dietz / Richardi*, § 45 Rn. 10; *Fitting / Auffarth / Kaiser*, § 45 Rn. 9; *Gnade / Kehrmann / Schneider / Blanke*, § 45 Rn. 8.

70 So auch *GK-Fabricius*, § 45 Rn. 25 a.

71 *Johannson*, S. 42; *Stege / Weinspach*, §§ 42—46 Rn. 46.

72 *Föhr*, S. 99; *Galperin / Löwisch*, § 74 Rn. 21 a; *Kreutz*, BlStSozArbR 1972, 60 (66); *Rüttgers*, S. 77.

73 So das BAG AP Nr. 1 zu § 42 BetrVG 1972.

um ihrer selbst willen immer möglich sei, und zwar selbst dann, wenn die angeschnittenen Probleme auch im parteipolitischen Raum eine Rolle spielen und von Parteipolitikern behandelt würden. In diesem Fall trete allein das Sachthema in Erscheinung. Im Gegensatz zu den genannten Stimmen aus dem Schrifttum erkennt das BAG jedoch, daß die beiden Halbsätze des § 74 II 3 BetrVG nicht in einem Verhältnis der Exklusivität zueinander stehen, sondern auch im Rahmen der tarif- und sozialpolitischen sowie der wirtschaftlichen Angelegenheiten eine unzulässige parteipolitische Betätigung vorkommen kann. Das BAG hatte dabei über einen Sachverhalt zu befinden, wo ein Spitzenpolitiker über ein zulässiges sozialpolitisches Thema auf der Betriebsversammlung referierte, jedoch die Begleitumstände — Auftritt gerade und nur während der „heißen Phase" des Wahlkampfes und ausschließlich in seinem Wahlkreis Betriebsauftritte als Teil der Wahlkampfstrategie — für eine verbotene parteipolitische Betätigung sprachen.

Nun ist in § 45 Satz 2 BetrVG für die Behandlung der in § 45 Satz 1 BetrVG genannten Angelegenheiten ausdrücklich auch auf die Geltung des § 74 II 3 BetrVG verwiesen. Außerhalb der Betriebsversammlung kann jedoch nichts anderes gelten. Der Betriebsrat darf zwar die in § 74 II 3, Hs. 2 BetrVG genannten Angelegenheiten diskutieren, dazu Stellung beziehen, die Belegschaft hierüber informieren usw.[74] Auch Konzepte, Stellungnahmen und Auffassungen von Parteien, die sich der fraglichen Angelegenheit angenommen haben, können dabei in sachlicher Weise erörtert werden[75]. Problematisch wird es erst, wenn bei der Behandlung dieser Gegenstände Werturteile abgegeben werden[76]. Dabei ist darauf abzustellen, ob sich das Werturteil auf die Sachfrage bezieht, selbst wenn hierbei der Name der Partei genannt wird. Läßt sich dies bejahen, liegt noch keine verbotene parteipolitische Betätigung vor. Daß derartige Werturteile etwa in einer Diskussion auf der Betriebsratssitzung zulässig sein müssen, ergibt sich daraus, daß die Behandlung eines Themas naturgemäß nicht nur in einem abwägenden Für und Wider besteht, sondern eben auch — ab einem gewissen Voranschreiten der Erörterungen — in der Abgabe einer begründeten wertenden Stellungnahme. Zu einer unzulässigen parteipolitischen Betätigung wird ein Werturteil hingegen dann, wenn sich der Betreffende offensichtlich zum Sprachrohr einer Partei macht[77] oder wenn an die Stelle der Sacherörterung erkennbar Werbung, Agitation und Propa-

[74] Vgl. oben § 7 I.

[75] *Dietz / Richardi*, § 74 Rn. 67; *Fitting / Auffarth / Kaiser*, § 74 Rn. 12; *GK-Thiele*, § 74 Rn. 62.

[76] Vgl. *Etzel*, S. 139.

[77] So *GK-Thiele*, § 74 Rn. 62.

ganda für oder gegen eine Partei treten[78]. Somit kann also die Behandlung an sich zulässiger Angelegenheiten in unzulässige parteipolitische Betätigung umschlagen, wenn die Begleitumstände ergeben, daß primär parteipolitische Zwecke verfolgt werden[79]. Schief erscheint auch die Formulierung[80], bei einer möglichen Kollision bzw. Konkurrenz zwischen tarif- oder sozialpolitischen Angelegenheiten und parteipolitischer Betätigung genieße das Verbot parteipolitischer Betätigung den Vorrang. Es geht schlicht darum, daß das Verbot parteipolitischer Betätigung nach § 74 II 3, Hs. 1 BetrVG auch bei der Behandlung der in § 74 II 3, Hs. 2 BetrVG genannten Angelegenheiten Anwendung findet. Insoweit genügt dann aber nicht die einfache Bezugnahme auf eine Partei, wie bei anderen als den tarif- und sozialpolitischen sowie wirtschaftlichen Angelegenheiten[81]. Vielmehr wird bei den genannten Themen der Tatbestand des Verbots parteipolitischer Betätigung erst dann erfüllt, wenn erkennbar Propaganda für oder gegen eine Partei betrieben wird.

Nunmehr kann auch ein Hauptargument der Vertreter der extensiven Auslegung des Begriffs Parteipolitik[82] widerlegt werden. Wenn behauptet wird[83], der Begriff der Parteipolitik in § 74 II 3, Hs. 1 BetrVG sei mit der allgemeinen Politik deshalb gleichzusetzen, weil der 2. Halbsatz dieser Norm gerade die Bereiche der Sozialpolitik und Tarifpolitik von dem Verbot ausnehme, so trifft dies nicht zu, weil auch — wie gezeigt — bei diesen Angelegenheiten nicht für oder gegen eine Partei agitiert werden darf. Konsequenterweise müßten die Vertreter der h. M. die Werbung für eine Partei im Rahmen der Behandlung tarif- und sozialpolitischer Fragen — bis zur Grenze der Störung des Betriebsfriedens, § 74 II 2 BetrVG — zulassen, weil danach § 74 II 3, Hs. 1 BetrVG ja keine Anwendung finden würde — ein Ergebnis, welches sicherlich nicht in das mit dem extensiven Begriff der Parteipolitik verfolgte Konzept, den Betrieb möglichst politikfrei zu halten, paßt.

VII. Stellungnahme und Bewertung

Die Bedeutung des § 74 II 3, Hs. 2 BetrVG muß als gering veranschlagt werden.

---

78 So *Kammann / Hess / Schlochauer*, § 74 Rn. 38.

79 *GK-Thiele*, § 74 Rn. 62.

80 ArbG Wuppertal, DB 1975, 1177; *Brill*, DB 1980, 736 (738); *Kammann / Hess / Schlochauer*, § 45 Rn. 13.

81 Vgl. oben § 4 I 3.

82 Vgl. oben § 4 I 1.

83 *Meisel*, RdA 1976, 38 (39); *Kreutz*, BlStSozArbR 1972, 60 (66); *Pauly*, JuS 1978, 163 (166).

Denn mit der Norm geht keine Aufgabenzuweisung oder gar ein Beteiligungsrecht für den Betriebsrat einher (1). Allerdings leistet die Vorschrift im faktischen Bereich eine gewisse Absicherung für den Betriebsrat (2).

1. Keine Aufgabenzuweisung

Wenn § 74 II 3, Hs. 2 BetrVG die Behandlung der dort genannten Angelegenheiten lediglich unberührt läßt, werden damit keine neuen Aufgaben für den Betriebsrat geschaffen, die sich in das System der Beteiligungsrechte des Betriebsrats[84] einpassen lassen würden. Nicht einmal die schwächste Stufe der Beteiligung, das Unterrichtungs- und Informationsrecht gegenüber dem Arbeitgeber[85], wird erreicht, weil umgekehrt keine Pflicht des Arbeitgebers besteht, den Betriebsrat über alle erdenklichen tarifpolitischen, sozialpolitischen und wirtschaftlichen Angelegenheiten zu unterrichten, die einen unmittelbaren Betriebsbezug aufweisen. Vielmehr dient § 74 II 3, Hs. 2 BetrVG als Ergänzung und Abrundung zu in anderen Vorschriften dem Betriebsrat zugewiesenen Aufgaben. Dies geschieht deshalb, um dem Betriebsrat mittels der Behandlung der fraglichen Themen die Möglichkeit zu geben, über das normierte Beteiligungsrecht hinaus das konkret anstehende Problem auch in einem weiteren Rahmen zu erörtern, darüber zu informieren etc. Dieser größere Zusammenhang muß hergestellt werden können, weil betriebliche Fragen des öfteren der Einordnung in die gesellschaftlichen Verhältnisse bedürfen, um eine vollständige Beurteilungsgrundlage zu erhalten, wobei das Unmittelbarkeitskriterium dafür sorgt, daß der Betriebsbezug des Problems nicht verloren geht. Will der Betriebsrat — um ein weiteres Beispiel zu nennen[86] — eine betriebliche Regelung zur Förderung der Vermögensbildung erreichen (vgl. § 88 Nr. 3 BetrVG), kommt er, um sich sachkundig zu machen, gar nicht umhin, alle möglichen Modelle und Vorschläge von Gewerkschaften, politischen Parteien und sonstigen Verbänden zu behandeln, um somit dem Arbeitgeber konkrete Lösungen unterbreiten zu können. Dabei kann sich der Betriebsrat dann auch das Konzept einer bestimmten politischen Partei zu eigen machen, ohne gegen das Verbot parteipolitischer Betätigung zu verstoßen.

§ 74 II 3, Hs. 2 BetrVG ermöglicht es aber auch nicht, daß über die dort genannten Themen „Erörterungen ins Blaue hinein" stattfinden

---

[84] Vgl. das System bei *Dietz / Richardi*, Vorbem. § 74 Rn. 23—34; *v. Hoyningen-Huene*, § 11 I 1—2.

[85] Vgl. *Dietz / Richardi*, Vorbem. § 74 Rn. 24; *v. Hoyningen-Huene*, § 11 I 2 a.

[86] Vgl. schon oben § 7 I die Beispiele zu § 80 I Nr. 6, 7 BetrVG (Eingliederung älterer Arbeitnehmer und ausländischer Arbeitnehmer), § 87 I Nr. 3 BetrVG (Kurzarbeit).

können. Immer muß sich die konkrete Problemlage im Betrieb stellen oder ohne weiteres stellen können. So wird man es als unzulässig anzusehen haben, wenn der Betriebsrat auf einer Sitzung mehrere Stunden über das Thema „Ausländerfeindlichkeit" diskutiert oder in seinem Informationsblatt für die Belegschaft hierüber auf mehreren Seiten berichtet, solange in diesem Betrieb das Verhältnis zwischen ausländischen und deutschen Arbeitnehmern zur Besorgnis keinen Anlaß gibt. Sind umgekehrt Fälle von Diskriminierungen ausländischer Arbeitnehmer im Betrieb aktuell vorgekommen, wird man eine Diskussion oder einen Artikel im Informationsblatt in angemessenem Umfang wegen der entsprechenden Aufgabenzuweisung an den Betriebsrat durch § 80 I Nr. 7 BetrVG für zulässig erachten müssen. Die rechtliche Beurteilung richtet sich dann aber weniger nach dem Verbot parteipolitischer Betätigung, sondern — wegen der Kostentragungspflicht des Arbeitgebers für die Tätigkeit des Betriebsrats gemäß § 40 I BetrVG bzw. dem Anspruch auf Arbeitsbefreiung für Betriebsratstätigkeit gemäß § 37 II BetrVG — nach dem bei beiden Normen geltenden Grundsatz der Erforderlichkeit und Verhältnismäßigkeit der Betriebsratstätigkeit[87]. Im Ergebnis stellt § 74 II 3, Hs. 2 BetrVG daher keine Generalklausel dar, die es dem Betriebsrat ermöglichen würde, in allen tarifpolitischen, sozialpolitischen und wirtschaftlichen Angelegenheiten ohne Rücksicht auf seine einzelnen Beteiligungsrechte die Interessen der Belegschaft auf diesen Gebieten durch ein politisches Mandat wahrzunehmen[88].

2. Absicherungsfunktion

Im tatsächlichen Bereich entfaltet § 74 II 3, Hs. 2 BetrVG eine gewisse Absicherung für den Betriebsrat und seine Mitglieder. Bei der Behandlung der dort genannten Themen wird es dem Arbeitgeber schwer gemacht, den Einwand vorzubringen, eine bestimmte Äußerung des Betriebsrats oder eines Betriebsratsmitglieds bedeute eine unzulässige parteipolitische Betätigung. Dies beugt unsachgemäßen Einschüchterungsversuchen gegenüber dem Betriebsrat vor und hindert den Arbeitgeber daran, zulässige Argumentationsstrategien des Betriebsrats von vornherein zu beschneiden[89].

---

[87] Vgl. *Dietz / Richardi*, § 37 Rn. 22, § 40 Rn. 5; *Galperin / Löwisch*, § 37 Rn. 27, § 40 Rn. 8; *v. Hoyningen-Huene*, § 9 VI, § 10 II a.

[88] Vgl. *W. Blomeyer*, ZfA 1972, 85 (121); *Hanau*, BB 1971, 485 (488).

[89] Dies befürchtet *Weiss*, § 74 Rn. 9 bei einer zu weiten Auslegung des Verbots parteipolitischer Betätigung.

VIII. Ergebnis

§§ 74 II 3, Hs. 2, 45 Satz 1 BetrVG gestatten die Behandlung tarifpolitischer, sozialpolitischer und wirtschaftlicher Angelegenheiten, soweit sie den Betrieb oder deren Arbeitnehmer unmittelbar betreffen. Das Korrektiv für die weiten Begriffe der Tarifpolitik, Sozialpolitik und der wirtschaftlichen Angelegenheiten bildet der erforderlche unmittelbare Betriebsbezug des Themas. Dies ergibt sich im einzelnen aus den eine restriktive Interpretation nahelegenden Merkmalen des Behandelns, des Betroffenseins und der Unmittelbarkeit. Das Verbot parteipolitischer Betätigung gilt auch im Rahmen der Thementrias Tarifpolitik, Sozialpolitik und wirtschaftlichen Angelegenheiten. Allerdings müssen hier höhere Anforderungen an das Vorliegen einer unzulässigen parteipolitischen Betätigung gestellt werden. In sachlicher Weise dürfen Konzepte der Parteien z. B. zu einem sozialpolitischen Problem behandelt werden, werbende oder agitatorische Stellungnahmen verstoßen jedoch gegen das Verbot parteipolitischer Betätigung. §§ 74 II 3, Hs. 2, 45 Satz 1 BetrVG enthalten keine selbständige Aufgabenzuweisung, sondern dienen der Abrundung anderweitig zugewiesener Aufgaben, um auch das rechtspolitische Vorfeld einer bestimmten Aufgabe angemessen behandeln zu können. Hinzu kommt für den Betriebsrat eine gewisse Absicherungsfunktion. Der Arbeitgeber kann im Bereich der tarif- und sozialpolitischen sowie der wirtschaftlichen Angelegenheiten nicht ohne weiteres mit der Behauptung, es liege eine verbotene parteipolitische Betätigung vor, zulässige Argumentationsstrategien des Betriebsrats beschneiden.

Drittes Kapitel

Sonderfragen

§ 8 Geltung des § 74 II 3 BetrVG in der Betriebsversammlung

I. Überblick

§ 45 Satz 1, Hs. 2 BetrVG bestimmt die Geltung des Verbots parteipolitischer Betätigung auch für die Betriebsversammlung, indem die Grundsätze des § 74 II BetrVG für anwendbar erklärt werden. Es muß daher der Frage nachgegangen werden, ob die zu § 74 II 3 BetrVG getroffenen Aussagen ebenso für Betriebs- und Abteilungsversammlungen gelten. Nach einem Eingehen auf die zulässigen Themen der Betriebsversammlung (II) soll die Bedeutung der Verweisung in sachlicher Hinsicht (III 1) und im Hinblick auf den Adressatenkreis des Verbots in der Betriebsversammlung (III 2) geklärt werden. Die Frage der Geltung des Verbots parteipolitischer Betätigung auf sonstigen Versammlungen der Belegschaft, die nicht vom Betriebsrat einberufen worden sind[1] (IV), dient ebenso wie die Problematik, ob das Verbot parteipolitischer Betätigung abbedungen werden kann (V), der Aufbereitung des rechtlichen Hintergrundes zu dem in den letzten Jahren oft behandelten Thema „Betriebsauftritte von Politikern" (VI).

II. Themen der Betriebsversammlung

Nach § 45 Satz 1, Hs. 1 BetrVG können die Betriebs- und Abteilungsversammlungen Angelegenheiten einschließlich solcher tarifpolitischer, sozialpolitischer und wirtschaftlicher Art behandeln, die den Betrieb oder seine Arbeitnehmer unmittelbar betreffen. Damit wird der Kreis der zulässigen Themen einer Betriebsversammlung umschrieben. Die Betriebsversammlung hat den Zweck, eine Aussprache zwischen der Belegschaft und dem Betriebsrat zu ermöglichen[2]. Von daher bildet der

---

[1] Vgl. dazu *Dietz / Richardi*, vor § 42 Rn. 10—12, § 42 Rn. 64 ff.

[2] *Gnade / Kehrmann / Schneider / Blanke*, § 42 Rn. 1.

vom Betriebsrat gemäß § 43 I 1 BetrVG zu erstattende Tätigkeitsbericht stets einen wichtigen Tagesordnungspunkt[3], weil einerseits hierdurch die Belegschaft unterrichtet wird und andererseits die Belegschaft dem Betriebsrat neue Anstöße für dessen weitere Arbeit vermitteln kann. Nach h. M deckt sich der Themenkreis, der in der Betriebsversammlung behandelt werden darf, im allgemeinen mit dem Aufgabenbereich des Betriebsrats[4].

Dem Wort „einschließlich" wird von manchen[5] entnommen, der Kreis der zulässigen Themen sei nicht abschließend angegeben, weil das Gesetz nicht auf den Aufgabenbereich des Betriebsrats oder die Beziehungen zwischen Arbeitgeber und Arbeitnehmern, sondern allein darauf abstelle, ob die Angelegenheit den Betrieb oder seine Arbeitnehmer unmittelbar betreffen. Dies trifft sicherlich insoweit zu, als mit dem knappen Text des § 45 Satz 1, Hs. 1 BetrVG nicht näher auf die Mannigfaltigkeit der denkbaren Themen eingegangen wird.

Der Formulierung „Angelegenheiten einschließlich solcher tarifpolitischer, sozialpolitischer und wirtschaftlicher Art" kommt jedoch in erster Linie Klarstellungsfunktion gegenüber dem Rechtszustand unter dem BetrVG 1952 zu. Bei der Interpretation des § 44 BetrVG 1952 waren die Ansichten geteilt, ob diese drei Themenkreise von der Betriebsversammlung behandelt werden durften[6]. Diese Streitfrage hat der Gesetzgeber des BetrVG 1972 nun eindeutig im Sinne der bejahenden Auffassung entschieden. Die zu den Begriffen Tarifpolitik, Sozialpolitik und wirtschaftlichen Angelegenheiten gehörenden Inhalte wurden bereits ausführlich erörtert[7]. Besonderheiten ergeben sich im Rahmen des § 45 Satz 1, Hs. 1 BetrVG nicht.

Wenn gesagt wird, sog. „allgemeinpolitische Themen" lägen von vornherein außerhalb der möglichen zulässigen Themen, das Themenwahlrecht sei insoweit eingeschränkt[8], ist dies deshalb unzutreffend, weil § 45 Satz 1, Hs. 1 BetrVG hierauf nicht abstellt. Vielmehr kommt es darauf an, ob das Thema den Betrieb oder seine Arbeitnehmer un-

---

3 *Stege / Weinspach*, §§ 42—46 Rn. 35.

4 *Dietz / Richardi*, § 45 Rn. 2; *Galperin / Löwisch*, § 45 Rn. 2; *Kammann / Hess / Schlochauer*, § 45 Rn. 1.

5 *Fitting / Auffarth / Kaiser*, § 45 Rn. 5; *Gnade / Kehrmann / Schneider / Blanke*, § 45 Rn. 1.

6 Dagegen *Dietz*, § 44 Rn. 11 b; *Mager / Wisskirchen*, § 44 Rn. 6 f.; *Neumann-Duesberg*, S. 211; dafür *Fitting / Kraegeloh / Auffarth*, § 45 Anm. 5 f.; *Galperin / Siebert*, § 44 Rn. 3; *Neumann*, BB 1966, 89 (90), dort auch ausführlich zum Streitstand.

7 Oben § 7.

8 *Kamann / Hess / Schlochauer*, § 45 Rn. 1; *Sahmer*, § 45 Anm. 1; *Schaub*, § 223 II 2.

mittelbar berührt[9]. An diesem Erfordernis des unmittelbaren Betriebsbezugs wird eine Behandlung von Themen mit einer politischen Färbung zumeist scheitern. Der Gesichtspunkt der allgemeinen Politik hätte eine nicht unerhebliche Rechtsunsicherheit im Gefolge[10].

Überhaupt lassen sich die Themen in der Praxis bis zu einem gewissen Grade manipulieren. So wird berichtet[11], Gewerkschaftsbeauftragte (vgl. § 46 I 1 BetrVG) würden des öfteren versuchen, makroökonomische und gesellschaftspolitische Zusammenhänge durch Einzelbeispiele aus dem Betrieb, die ihnen meistens zuvor von gewerkschaftlich organisierten Betriebsratsmitgliedern zugespielt worden seien, zu untermauern. Wenn dies zutrifft, dienen die betrieblichen Vorfälle lediglich noch als Vorwand, als „Aufhänger" dafür, gesellschaftliche Zusammenhänge darzustellen. Damit würde der zulässige Themenkreis überschritten, denn der Schwerpunkt der Erörterungen muß wegen des erforderlichen Betriebsbezuges auf der Auswirkung eines Problems im Betrieb liegen. Es darf nicht umgekehrt das betriebliche Vorkommnis nur als willkommener Anlaß gesehen werden, allgemeine gesellschaftspolitische Fragen erörtern zu können. Allerdings wird es in der Praxis schwierig sein, derartige Abschweifungen zu unterbinden. Würde der Betriebsratsvorsitzende als Leiter der Betriebsversammlung (vgl. § 42 I 1 BetrVG) einen solchen Redebeitrag rügen, dürfte es zumindest einem rhetorisch guten Redner nicht schwerfallen, sofort zum betrieblichen Ausgangspunkt seiner Erörterungen zurückzukehren. Auch psychologische Hemmnisse und die anerkannten Formen der Höflichkeit werden es nur in Ausnahmefällen zulassen, einen Redner zu unterbrechen und auf die Unzulässigkeit seines Beitrages hinzuweisen — noch dazu, als eine Begründung mit § 45 Satz 1, Hs. 1 BetrVG angesichts der Unschärfe des Unmittelbarkeitskriteriums[12] nicht ohne weiteres für jeden einsichtig sein wird.

Dennoch: die Betriebsversammlung ist trotz ihres Aussprachezwecks weder ein „Debattierclub"[13] noch eine Fortbildungsveranstaltung für die Belegschaft. Gerade dies will § 45 Satz 1, Hs. 1 BetrVG mit dem Erfordernis des unmittelbaren Betriebsbezuges einer zu behandelnden Thematik verhindern, um dem allgemeinen Arbeitsleistungs- und Arbeitsförderungsinteresse des Arbeitgebers[14], seinem „Konzentrationsinteresse"[15] Rechnung zu tragen.

---

[9] *GK-Fabricius*, § 45 Rn. 25 a.

[10] *Herschel*, DB 1962, 1142 (1143); vgl. schon oben § 1 III, § 4 I.

[11] *Niedenhoff*, Betriebsversammlungen, S. 49.

[12] Vgl. oben § 7 II 3.

[13] *GK-Fabricius*, § 45 Rn. 14.

[14] *GK-Fabricius*, § 45 Rn. 8.

[15] *GK-Fabricius*, § 45 Rn. 10; *Vollmer*, S. 163.

III. Anwendung der Grundsätze des § 74 II BetrVG

1. Bedeutung in sachlicher Hinsicht

Das Verbot parteipolitischer Betätigung, verstanden als Stellungnahme für oder gegen eine Partei oder deren führende Persönlichkeiten[16], gilt für den gesamten Ablauf der Betriebsversammlung sowohl in zeitlicher als auch in räumlicher Hinsicht, aber auch dann, wenn die Betriebsversammlung außerhalb des Betriebes in einem gemieteten Saal stattfindet. Von daher lassen sich drei Punkte nennen, wie das Verbot parteipolitischer Betätigung eingreifen kann. Aus dem systematischen Zusammenhang der Verweisungsnorm des § 45 Satz 1, Hs. 2 BetrVG auf § 74 II BetrVG, wo der zulässige Themenkreis umschrieben wird, ergibt sich zunächst, daß das zu behandelnde Thema selbst nicht parteipolitischer Art sein darf[17]. Des weiteren dürfen die zulässigen Themen selbst nicht in der Weise behandelt werden, daß dabei werbende Stellungnahmen abgegeben werden, wohingegen die Auffassungen der politischen Parteien in sachlicher Weise — ebenso wie bei § 74 II 3, Hs. 2 BetrVG[18] — dargelegt werden können, wenn dies bei der Erörterung eines Themas sachdienlich ist[19]. Der dritte Aspekt folgt aus § 45 Satz 2 BetrVG. Danach dürfen auf der Betriebsversammlung keine Anträge gestellt, Beschlüsse gefaßt oder Resolutionen verabschiedet werden, die Werbung oder Propaganda für oder gegen eine Partei beinhalten[20]. Dabei zeigt die im Verhältnis zu sonstigen parteipolitischen Betätigungen doch relativ große Zahl von Gerichtsentscheidungen gerade zu Verstößen gegen das Verbot in der Betriebs- oder Jugendversammlung (vgl. §§ 71 Satz 2, 45 Satz 1, 74 II 3 BetrVG), daß diese Veranstaltungen hinsichtlich solcher Betätigungen besonders anfällig und gefährdet sind[21]. Hierzu verleiten nicht nur die Bedeutung des Forums und die Vielzahl der Anwesenden. Auch läßt sich in der Institution der Betriebsversammlung der unmittelbare Ausdruck des demokratischen Prinzips innerhalb der Betriebsverfassung, eine Art Basisdemokratie, sehen[22], was vielleicht zum „Politisieren" verleiten mag.

---

16 Vgl. oben § 4 I 2, 3.

17 *Dietz / Richardi,* § 45 Rn. 15.

18 Vgl. oben § 7 VI.

19 *Däubler,* AiB 1982, 51 (53); *Dietz / Richardi,* § 45 Rn. 12; *Fitting / Auffarth / Kaiser,* § 45 Rn. 15; *GK-Fabricius,* § 45 Rn. 63; *Gnade / Kehrmann / Schneider / Blanke,* § 45 Rn. 13; *Kammann / Hess / Schlochauer,* § 45 Rn. 13.

20 *Fitting / Auffarth / Kaiser,* § 45 Rn. 15; *Kammann / Hess / Schlochauer,* § 45 Rn. 13.

21 Vgl. schon RAG, ARS 6, 320; RAG, ARS 16, 14; BAG AP Nr. 1 zu § 44 BetrVG; BAG AP Nr. 1 zu § 42 BetrVG 1972; LAG Düsseldorf, DB 1977, 2191; ArbG Kiel, BB 1974, 1250.

22 So *v. Hoyningen-Huene,* § 6 V 1.

Darauf hinzuweisen ist noch, daß der Hinweis auf das Verbot parteipolitischer Betätigung nicht als Instrument mißbraucht werden darf, berechtigte Kritik in der Betriebsversammlung zu unterdrücken. Vielmehr bildet die Betriebsversammlung das legitime Forum für die freie Meinungsäußerung der Arbeitnehmer über betriebliche Angelegenheiten, wobei die Kritik nicht nur an den Mißständen im Betrieb, sondern auch an den Personen einschließlich des Arbeitgebers geübt werden darf, die für diese Mißstände verantwortlich sind[23]. Dieser Gesichtspunkt wäre etwa zu beachten, wenn ein Arbeitnehmer den Arbeitgeber in einem Redebeitrag angreift, weil dieser Politiker bestochen hat, indem er Spenden an deren Partei entrichtete, um sich dadurch wirtschaftliche Vorteile für seinen Betrieb zu verschaffen.

2. Adressatenkreis im Rahmen des § 45 BetrVG

Während § 74 II 3 BetrVG Arbeitgeber und Betriebsrat als Normadressat ausdrücklich benennt, läßt sich aus § 45 Satz 1, Hs. 2 BetrVG nicht entnehmen, welchen Personenkreis das Verbot parteipolitischer Betätigung binden soll. Festgehalten werden kann zunächst nur, daß das Verbot in und für die Betriebsversammlung gilt. Gestritten wird darum, ob das Verbot über Betriebsrat und Arbeitgeber hinaus auf alle übrigen Teilnehmer auszudehnen ist, insbesondere auf sämtliche Arbeitnehmers des Betriebes, aber auch auf die Beauftragten der Gewerkschaften und Arbeitgeberverbände (vgl. § 46 I BetrVG) sowie auf Sachverständige (vgl. § 80 III BetrVG) und sonstige betriebsfremde Personen.

a) Geltung für alle Teilnehmer

Die ganz h. M. nimmt an, das Verbot gelte für jeden, der an der Betriebsversammlung teilnimmt. Überwiegend scheint dies so selbstverständlich, daß eine Begründung hierfür nicht gegeben wird[24]. Das einzige vorgebrachte Argument[25] lautet, wenn ein Arbeitnehmer in der Betriebsversammlung rede, nehme er eine Funktion im Rahmen der Betriebsverfassung wahr und sei deshalb insoweit an das Verbot gebunden.

---

[23] Vgl. BAG AP Nr. 4 zu § 1 KSchG 1951 Verhaltensbedingte Kündigung, Leitsätze 1 und 2.

[24] *Fitting / Auffarth / Kaiser*, § 45 Rn. 16; *Galperin / Löwisch*, § 45 Rn. 13; *Gnade*, ArbRdGgw, Bd. 14 (1977), S. 59 (70); *Gnade / Kehrmann / Schneider / Blanke*, § 45 Rn. 16; *Hanau*, Anm. zu BAG EzA § 45 Nr. 1, S. 21; *Stege / Weinspach*, §§ 42—46 Rn. 40; *Rüttgers*, S. 98 meint, dies sei im Hinblick auf die Arbeitnehmer „sicher nicht zu bestreiten".

[25] Vgl. *Dietz / Richardi*, § 45 Rn. 14.

b) Geltung für Arbeitgeber, Betriebsrat und dessen Mitglieder

Demgegenüber lehnt eine Mindermeinung[26] diese Ausweitung auf sämtliche Teilnehmer ab und beschränkt die Geltung des Verbots auf die unmittelbar von § 74 II 3 BetrVG genannten Adressaten. Zunächst, so wird argumentiert[27], erfasse nach dem Wortlaut und der rechtstechnischen Konstruktion („finden entsprechende Anwendung") § 45 Satz 1, Hs. 2 BetrVG nur Arbeitgeber und Betriebsrat, weil diese Norm nur eine Verweisungsvorschrift sei, die auf § 74 II BetrVG Bezug nehme. Weiterhin[28] sei es weder notwendig noch sinnvoll, sämtliche Versammlungsteilnehmer an das Verbot zu binden, da diese dem Ordnungsrecht und dem Hausrecht des Leiters der Betriebsversammlung unterworfen seien. Hierdurch sei die Verpflichtung aller Teilnehmer zu friedlichem Verhalten gesichert. Für die Arbeitnehmer gelte lediglich die individualrechtliche Friedenspflicht, die sich im Verbot, den Arbeitsablauf zu stören, erschöpft, weil eine besondere Friedensverpflichtung für alle Teilnehmer nicht ersichtlich sei[29], und dies, obwohl der zulässige Themenkreis hinreichend Zündstoff für Emotion und Unfrieden im Betrieb abgebe. Darüber hinaus könne eine Transformation der Verhaltenspflicht des § 74 II BetrVG in individualrechtliche Kategorien nicht begründet werden[30]. Es komme hinzu, daß für die Arbeitnehmer und sonstigen Teilnehmer an der Betriebsversammlung keine betriebsverfassungsrechtlichen Sanktionen vorgesehen seien[31]. Ja, dem Arbeitnehmer könne noch nicht einmal fristgemäß gekündigt werden, wenn der Betriebsratsvorsitzende als Versammlungsleiter im Rahmen seines Hausrechts die Fortsetzung des Diskussionsbeitrages nicht verhindert habe[32].

c) Stellungnahme

Die h. M. muß sich den Vorwurf gefallen lassen, ihre Ansicht bisher nicht hinreichend begründet zu haben. Das BAG hat in dem von ihm zu entscheidenden Sachverhalt über das Referat eines Spitzenpolitikers während des Wahlkampfes in der Betriebsversammlung[33] zu der Frage nicht Stellung genommen, sondern das Auftreten des Politikers dem Be-

---

[26] *W. Blomeyer*, ZfA 1972, 85 (113); *GK-Fabricius*, § 45 Rn. 48, 49; *Siebert / Degen / Becker*, § 45 Rn. 4.

[27] *GK-Fabricius*, § 45 Rn. 48.

[28] *GK-Fabricius*, § 45 Rn. 49.

[29] *W. Blomeyer*, ZfA 1972, 85 (112 f.).

[30] *W. Blomeyer*, ZfA 1972, 85 (113 mit Fn. 127).

[31] *W. Blomeyer*, ZfA 1972, 85 (113 mit Fn. 127).

[32] *Brill*, DB 1980, 736 (738); LAG Frankfurt, ARSt 1973, 70.

[33] BAG AP Nr. 1 zu § 42 BetrVG 1972.

triebsrat, der den Politiker in Kenntnis der Umstände eingeladen hatte, als eigene Betätigung zugerechnet.

Für jede der genannten Auffassungen lassen sich noch zusätzliche Argumente vorbringen. So spricht es weiter für die Mindermeinung, daß bei der Annahme eines absoluten Verbots parteipolitischer Betätigung für alle Teilnehmer der genannte Zweck der Betriebsversammlung, eine offene Aussprache zu ermöglichen und auch ein Forum für Kritik zu schaffen, nicht vollständig erreicht werden kann. Denn wo ein absolutes Verbot gilt, mag es mitunter schwerfallen, Kritik tatsächlich vorzutragen, wobei wiederum zu bedenken ist, daß die h. M. zur sachlichen Reichweite des Verbots[34] ein übriges dazu beiträgt, eine gewisse Rechtsunsicherheit zu schaffen, die dann zu Lasten der Arbeitnehmer ginge.

Für die h. M., die das Verbot auf alle Teilnehmer, insbesondere die Arbeitnehmer des Betriebs, erstreckt, läßt sich zunächst aus § 42 I 1 BetrVG ein Argument gewinnen. Danach besteht die Betriebsversammlung aus den Arbeitnehmern des Betriebes. Zwar nennt man die Betriebsversammlung auch Institution oder Organ der Betriebsverfassung[35]. Damit ist jedoch richtigerweise gemeint, daß die Betriebsversammlung die Belegschaft selbst in einer bestimmten, gesetzlich geordneten Erscheinungsform darstellt[36]. Stellt sich dieser personelle Aspekt der Betriebsversammlung so dar, ist es aber auch konsequent, den Anwendungsbereich des Verbots parteipolitischer Betätigung, wenn es schon für die Betriebsversammlung gilt, auf alle Arbeitnehmer zu erstrecken.

Ein rein praktischer Gesichtspunkt kommt hinzu: Bei Geltung des Verbots für alle Teilnehmer hat es der Betriebsratsvorsitzende als Leiter der Versammlung leichter, einzugreifen und einem Redner etwa das Wort zu entziehen. Denn es wirkt überzeugender, wenn der Versammlungleiter darauf hinweisen kann, ein Teilnehmer selbst habe eine Rechtsnorm verletzt, als wenn er — vielleicht halb entschuldigend — darauf hinweisen muß, er als Leiter der Versammlung habe auf die Einhaltung bestimmter Vorschriften zu achten.

Der im Ergebnis letztlich für die h. M. ausschlaggebende Gesichtspunkt besteht aber in dem schon aufgezeigten[37] höheren Gefahrenmoment hinsichtlich parteipolitischer Betätigung, welches gerade der Be-

---

[34] Vgl. oben § 4 I 1, 3.

[35] *Dietz / Richardi*, vor § 42 Rn. 2; *Gnade / Kehrmann / Schneider / Blanke*, § 42 Rn. 1; zur Kritik dieses Organbegriffs insbesondere *GK-Fabricius*, vor § 42 Rn. 6—11; *Weiss*, § 42 Rn. 1.

[36] *Dietz / Richardi*, vor § 42 Rn. 2; *Nikisch*, Bd. III, S. 211.

[37] Vgl. die oben III 1 Fn. 21 genannte Rechtsprechung.

triebsversammlung innewohnt. Der Gesetzgeber hat dieses erhöhte Gefährdungsmoment auch gesehen und gerade deswegen die Grundsätze des § 74 II BetrVG für anwendbar erklärt[38]. Überdies wäre die Verweisungnorm des § 45 Satz 1, Hs. 2 BetrVG im Grunde überflüssig, wenn man das Verbot nicht auf alle Teilnehmer erstrecken würde. Arbeitgeber und Betriebsrat sowie dessen Mitglieder sind ohnehin durch § 74 II 3 BetrVG gebunden, einer Verweisung hätte es insoweit nicht bedurft. Daß die Verweisungsnorm die Betriebsversammlung räumlich und zeitlich sowie bezüglich der Themen, des Verhaltens und der Befugnisse in Form von Stellungnahmen und Anträgen erfaßt, bringt rechtlich kaum Probleme mit sich[39]. Wenn der Verweisungsvorschrift des § 45 Satz 1, Hs. 2 BetrVG eine erhebliche rechtliche Funktion zukommen soll — und nicht nur eine eindringliche Mahnung und den Hinweis an die von § 74 II 3 BetrVG erfaßten Adressaten des Verbots auf das, was ohnehin gilt — dann doch diejenige, daß aufgrund der Verweisung in § 45 Satz 1, Hs. 2 BetrVG das Verbot parteipolitischer Betätigung für alle Teilnehmer der Betriebsversammlung gelten soll.

Im Ergebnis gilt das Verbot parteipolitischer Betätigung bei der Betriebsversammlung daher für alle Teilnehmer.

IV. Belegschaftsversammlungen

Von der Betriebsversammlung i. S. der §§ 45 ff. BetrVG müssen sonstige, sog. Belegschaftsversammlungen unterschieden werden[40]. Solche Belegschaftsversammlungen werden meist vom Arbeitgeber einberufen, um im Rahmen seines Direktionsrechts Weisungen zu erteilen oder wichtige Angelegenheiten des Betriebes zu erörtern[41]. Auch den Arbeitnehmern des Betriebes steht das Recht zu, sich, auch unter Hinzuziehung dritter Personen, zu einer Aussprache über Fragen jeglicher Art zusammenzufinden. Dies folgt schon aus dem Grundrecht der Versammlungsfreiheit nach Art. 8 I GG[42]. Finden derartige Versammlungen während oder auch außerhalb der Arbeitszeit in Betriebsräumen statt, bedarf es der Einwilligung des Arbeitgebers oder Betriebsinhabers[43]. Auf diese Versammlung finden die §§ 42 ff. BetrVG weder unmittelbar noch

[38] Vgl. schriftlicher Bericht des Ausschusses für Arbeit und Sozialordnung, Deutscher Bundestag, 6. Wahlperiode, zu BT-Drucksache VI/2729, S. 13, S. 25.

[39] Vgl. oben III 1.

[40] Vgl. *Lopau*, BlStSozArbR 1979, 230.

[41] *v. Hoyningen-Huene*, § 6 V 1.

[42] *Galperin / Löwisch*, § 42 Rn. 2; *GK-Fabricius*, vor § 42 Rn. 11 a; *Küchenhoff*, § 42 Rn. 3, 4.

[43] *Galperin / Löwisch*, § 42 Rn. 2; *Küchenhoff*, § 42 Rn. 3.

entsprechend Anwendung[44]. Das an die Betriebspartner gerichtete Verbot parteipolitischer Betätigung im Betrieb nach § 74 II 3 BetrVG bezieht sich hingegen auf sämtliche Vorgänge im Betrieb, mithin auch auf Belegschaftsversammlungen, die keine Betriebsversammlungen im Rechtssinne sind[45].

Für die Zusammenkünfte des gewerkschaftlichen Vertrauensleutekörpers, wenn diese in betrieblichen Räumen stattfinden, gelten die §§ 42 ff. BetrVG ebenfalls nicht[46]. Nimmt daran ein Betriebsratsmitglied in seiner Eigenschaft als Gewerkschafter teil, gilt für dieses auch nicht das Verbot parteipolitischer Betätigung nach § 74 II 3 BetrVG. Nicht nur, daß nach § 74 III BetrVG Betriebsratsmitglieder in der Betätigung für ihre Gewerkschaft auch im Betrieb nicht beschränkt werden können, solange die Stellung als Betriebsratsmitglied nicht ausgenutzt wird[47]. Da die Sitzungen des gewerkschaftlichen Vertrauensleutekörpers in der Freizeit der Arbeitnehmer stattfinden, besteht auch nur noch ein loser Zusammenhang zum Arbeitsverhältnis.

V. Abdingbarkeit des Verbots

1. Meinungsstand

Den Anlaß, die Frage der Abdingbarkeit des Verbots parteipolitischer Betätigung zu erörtern, bildet eine Bemerkung des BAG in seiner Entscheidung über die Zulässigkeit des Auftretens eines Spitzenpolitikers auf einer Betriebsversammlung[48]. Der Politiker war vom Betriebsrat gegen den Willen des Arbeitgebers eingeladen worden und wurde nachträglich von der zuständigen Gewerkschaft als deren Beauftragter (vgl. § 46 I 1 BetrVG) benannt. Das BAG sah darin eine dem Betriebsrat zuzurechnende verbotene parteipolitische Betätigung. Zugleich ließ das BAG aber offen, „ob etwa anders zu entscheiden ist, sofern Arbeitgeber und Betriebsrat darüber einig sind, Politiker auf Betriebsversammlungen in Wahlkampfzeiten sprechen zu lassen“. Eine Vereinbarung der Betriebspartner, einen Politiker im Betrieb vor den Arbeitnehmern sprechen zu lassen, kann jedoch rechtlich nur dann als Abbedingen des Verbots parteipolitischer Betätigung verstanden werden, wenn überhaupt die rechtliche Möglichkeit der Abdingbarkeit besteht.

---

[44] *Dietz / Richardi*, § 42 Rn. 65; *Fitting / Auffarth / Kaiser*, § 42 Rn. 7; *Galperin / Löwisch*, § 42 Rn. 2.

[45] *Hanau*, Anm. zu BAG EzA § 45 Nr. 1, S. 23.

[46] *Dietz / Richardi*, § 42 Rn. 65; *Rüthers*, ZfA 1974, 207 (217).

[47] Vgl. *v. Hoyningen-Huene*, § 4 III.

[48] BAG AP Nr. 1 zu § 42 BetrVG 1972.

Damit wird zunächst allgemein die Frage berührt, inwieweit vom Betriebsverfassungsgesetz abweichende Regelungen mittels Tarifvertrag oder in Form der betrieblichen Einigung durch Betriebsvereinbarung oder Regelungsabrede[49] getroffen werden können[50]. Richtlinie ist dabei, daß die Organisation der Betriebsvertretung nicht abweichend vom Gesetz ausgestaltet werden kann, sofern das BetrVG selbst es nicht ausdrücklich zuläßt[51]. Hinsichtlich der eigentlichen Mitwirkungsrechte des Betriebsrats wird eine Einschränkung für unzulässig gehalten[52]. Bestritten ist hingegen, ob die Beteiligung des Betriebsrats in sozialen, personellen und wirtschaftlichen Angelegenheiten erweitert werden kann, etwa deshalb, weil die gesetzlichen Normen nur Mindestbestimmungen darstellen[53]. Speziell zu der Frage der Abdingbarkeit des Verbots nach § 74 II 3 BetrVG, der nach der amtlichen Überschrift des § 74 BetrVG einer der Grundsätze für die Zusammenarbeit zwischen Arbeitgeber und Betriebsrat bildet, werden jedoch, soweit ersichtlich, bei der Behandlung des Problemkreises „abweichende Regelungen" keine Aussagen gemacht[54]. Ausführungen finden sich eher bei der Frage, ob die Regelung des § 45 BetrVG hinsichtlich Themen und Befugnissen der Betriebsversammlung zwingender Natur ist.

So wird die Meinung vertreten, im Rahmen der Betriebsversammlung können die Betriebspartner das Verbot parteipolitischer Betätigung durch Vereinbarung abbedingen[55]. Eine dahingehende Argumentation fällt zunächst allgemein denjenigen Autoren leicht, die dem Verbot aus § 74 II 3 BetrVG ohnehin nur relativen Charakter beimessen[56]; denn danach hätten die Betriebspartner eine parteipolitische Betätigung nur soweit zu unterlassen, als dadurch der Betriebsfrieden konkret beeinträchtigt wird. Mithin könnten Arbeitgeber und Betriebsrat auch durch Vereinbarung zunächst einmal bis zu diesem Punkt parteipolitische Betätigung ermöglichen, etwa einen Politiker im Betrieb eine Rede halten lassen, wenn von vornherein keine Unruhe zu befürchten ist. In der Tat wird bei Einvernehmen zwischen den Betriebspartnern eine solche Abweichung vom Verbot parteipolitischer Betätigung für zulässig gehalten. Bei einer übereinstimmenden Beurteilung der Betriebspartner

---

[49] Vgl. dazu *v. Hoyningen-Huene*, § 11 II.

[50] Vgl. ausführlich die Monographie von *Ritter*, passim.

[51] *Dietz / Richardi*, § 1 Rn. 4; *v. Hoyningen-Huene*, § 2 III.

[52] *v. Hoyningen-Huene*, § 2 III.

[53] Vgl. *Dietz / Richardi*, § 1 Rn. 46; *Fitting / Auffarth / Kaiser*, § 1 Rn. 45—47 b.

[54] Vgl. *Ritter*, passim; *Dietz / Richardi, § 1* Rn. 44—48; *Fitting / Auffarth / Kaiser*, § 1 Rn. 45—47 c; *GK-Thiele*, Einl. Rn. 110—122.

[55] *Gnade / Kehrmann / Schneider / Blanke*, § 45 Rn. 9; *Hohn*, BB 1975, 376; *Höhne*, BB 1953, 770 (771).

[56] Vgl. § 6 III 2 mit Fn. 33.

dahingehend, daß der Betriebsfrieden nicht gestört werde, wofür schon eine gemeinsame Einladung von Geschäftsleitung und Betriebsrat an den Politiker ein Indiz sei, stehe dann auch einem Abweichen vom Verbot parteipolitischer Betätigung nichts entgegen[57]. Ansonsten wird darauf hingewiesen, es sei rechtlich ohne Belang, wenn über die Grenzen des § 45 BetrVG hinausgehende Themen bei ausdrücklicher oder stillschweigender Übereinstimmung aller Beteiligten erörtert werden, da alles andere an der betrieblichen Wirklichkeit vorbeigehe[58].

Die h. M. hält demgegenüber das Verbot aus § 74 II 3 BetrVG[59], insbesondere aber dessen Geltung in der Betriebsversammlung gemäß § 45 Satz 1, Hs. 2 BetrVG[60] für unabdingbar. Dafür spricht zunächst die allgemeine Erwägung, daß die Normen des BetrVG grundsätzlich zwingender Natur seien, soweit nicht das Gesetz selbst Abweichungen zulasse[61]. Weiter wird argumentiert, mit dem Verbot solle gewährleistet werden, daß die Betriebsversammlung nicht zu einem Ort fruchtloser, ermüdender und interesselähmender Deklamationen oder gar zu einem Ausgangspunkt innerer Erschütterungen des Betriebes wird[62].

2. Stellungnahme

Daß das Verbot parteipolitischer Betätigung zur Disposition der Betriebspartner steht, können konsequenterweise diejenigen nicht annehmen, welche die Meinungs- und Wahlfreiheit der Arbeitnehmer, die sich im Kollektiv der Arbeitnehmerschaft einem Meinungsdruck nicht entziehen könnten, als das vom Verbot geschützte Rechtsgut betrachten[63]. Denn es ist kein Grund ersichtlich, weswegen die Betriebsparteien über die Meinungs- und Wahlfreiheit der Arbeitnehmer disponieren können sollten. Da auch das BAG[64] diese Auffassung vertritt[65], hat es sich in der eingangs erwähnten und von ihm offengelassenen Frage eigentlich schon in dem Sinne präjudiziert, daß eine Abdingbarkeit des Verbots

57 *Hohn*, BB 1975, 376.

58 *Gnade / Kehrmann / Schneider / Blanke*, § 45 Rn. 9.

59 *Brecht*, § 74 Rn. 11.

60 *Brecht*, § 45 Rn. 6; *Fitting / Auffarth / Kaiser*, § 45 Rn. 4; *Galperin / Löwisch*, § 45 Rn. 3; *GK-Fabricius*, § 45 Rn. 12; *Kammann / Hess / Schlochauer*, § 45 Rn. 2; *Rüttgers*, S. 38—42; *Vollmer*, S. 208.

61 *Vollmer*, S. 208.

62 *Herschel*, DB 1962, 1110 (1112).

63 *Dietz / Richardi*, § 74 Rn. 56; *Fitting / Auffarth / Kaiser*, § 45 Rn. 15; *Galperin / Löwisch*, § 74 Rn. 19; *GK-Fabricius*, § 45 Rn. 62 a; *Kammann / Hess / Schlochauer*, § 45 Rn. 13.

64 BAG AP Nr. 1 zu § 42 BetrVG 1972 sowie BAG AP Nr. 1 zu § 74 BetrVG 1972.

65 Vgl. jedoch die ablehnende Stellungnahme oben § 3 III.

nicht in Betracht kommt. Wer[66] deshalb annimmt, parteipolitische Fragen könnten auf der Betriebsversammlung nur dann erörtert werden, wenn sämtliche Teilnehmer der Behandlung einer parteipolitischen Frage zustimmten, bleibt inkonsequent. Denn selbst die — scheinbar — einhellige Zustimmung aller Teilnehmer kann an der Geltung des Verbots nichts ändern, weil der Arbeitnehmer im Kollektiv der Betriebsversammlung im Ausdruck seiner politischen Meinung nicht immer frei ist und daher schon diese Abstimmung unter dem Gesichtspunkt der beeinträchtigten Freiheitssphäre gesehen werden muß[67]. Auch abgesehen davon, daß eine solche Abstimmung unpraktikabel ist: Will man einen vielleicht maßgeblichen Politiker wirklich der Demütigung aussetzen, eine Abstimmung unter dem Motto „wollen wir ihn hereinlassen?" über sich ergehen zu lassen?

Dennoch soll hier der h. M., die das Verbot parteipolitischer Betätigung nicht zur Disposition der Betriebspartner stellt, gefolgt werden. Ausschlaggebend ist die Erwägung, daß das Verbot neben dem Grundsatz der vertrauensvollen Zusammenarbeit, § 2 I BetrVG, der Friedenspflicht, § 74 II 2 BetrVG, und dem Diskriminierungsverbot aus § 75 BetrVG zu den vier tragenden Grundsätzen, den Leitprinzipien der Betriebsverfassung[68] gehört. Solche tragenden Grundsätze prägen ein bestimmtes Rechtsgebiet und bilden damit dessen wesentliche Strukturen. Überläßt man sie der Disposition der Beteiligten, wäre das Funktionieren des Modells der Betriebsverfassung in Frage gestellt. Die Betriebsverfassung braucht zwingende Leitprinzipien und ein festes Organisationsschema, um innerhalb dieses Korsetts die Möglichkeit zu schaffen, die Vielfalt der Konflikte, denen die divergierenden Interessen von Arbeitgeber und Arbeitnehmern zugrunde liegen, bewältigen zu können. Im Ergebnis kann das Verbot parteipolitischer Betätigung somit nicht von den Betriebspartnern abbedungen werden.

VI. Betriebsauftritte von Politikern

1. Problemstellung

Bereits in den 50er Jahren war es nicht allzu selten, daß Minister der Bundesregierung oder der Landesregierungen auf Betriebsversammlungen sprachen[69]. In den 70er Jahren häuften sich ganz besonders vor

---

[66] So *GK-Fabricius*, § 45 Rn. 62 a.

[67] So richtig *Hanau*, Anm. zu BAG EzA § 45 Nr. 1, S. 22.

[68] Vgl. *v. Hoyningen-Huene*, § 4 I.

[69] Vgl. *Radke*, AuR 1957, 129 (134).

Bundes- oder Landtagswahlen derartige Besuche von prominenten Politikern in den Betrieben[70]. Der ehemalige Bundeskanzler Helmut Schmidt erklärte einmal, es gäbe für ihn zwei Gelegenheiten, wo er besonders gerne sprechen würde, nämlich im Bundestag und auf Betriebsversammlungen[71]. Zu anderen Zeitpunkten, so wird betont[72], bestehe seitens der Politiker kein Drang, in die Betriebe zu gehen. Daher fragt sich, ob solche Besuche, die zumeist mit einer Aussprache in der Betriebsversammlung verknüpft sind, nicht schon wegen eines Verstoßes gegen das Verbot parteipolitischer Betätigung unzulässig sind, weil diese Politiker den meisten Belegschaftsmitgliedern als führende Repräsentanten einer bestimmten Partei bekannt sein werden. Politiker als betriebsfremde Personen unterfallen dem Verbot aus § 74 II 3 BetrVG nicht, lediglich in der Betriebsversammlung gilt das Verbot für alle Teilnehmer und damit auch für die hier fraglichen Personen[73]. Sowohl innerhalb als auch außerhalb der Betriebsversammlung würde aber dem Arbeitgeber oder dem Betriebsrat, je nachdem, wer die Einladung des Politikers veranlaßt hat, das parteipolitische Verhalten des Politikers zugerechnet werden[74].

Die Modalitäten derartiger Betriebsauftritte von Politikern können durchaus unterschiedlich sein. Neben der vom Betriebsrat einberufenen Betriebsversammlung kommen vom Arbeitgeber initiierte Betriebsbesichtigung mit nachfolgender Ansprache an die Belegschaft vor. Die dritte Form besteht in der von Arbeitgeber und Betriebsrat gemeinsam veranstalteten Belegschaftsversammlung[75].

Interessant erscheint auch, daß etwa Politiker in der Deutschen Demokratischen Republik in Betrieben geradezu erwünscht sind. Art. 57 I DDRV verpflichtet die Abgeordneten der Volkskammer, regelmäßig Sprechstunden und Aussprachen durchzuführen sowie den Wählern über ihre Tätigkeit Rechenschaft zu legen. Dies wird in § 43 VKGO[76] dahingehend konkretisiert, daß die Leiter der Betriebe verpflichtet werden, mit den Abgeordneten zusammenzuarbeiten, insbesondere sie bei der Durchführung von Sprechstunden zu unterstützen. Weiter haben „die Leiter der Betriebe die Bedingungen dafür zu schaffen, daß die Abgeordneten in den Betrieben ... ihre Verantwortung voll wahrneh-

---

70 Vgl. die Auflistung der Politikerbesuche für einen bestimmten Zeitraum bei *Niedenhoff*, Betriebsversammlungen, S. 177 Fn. 29; *Blüm*, Gewerkschaftsreport 1978, Heft 4, S. 3 (4).

71 Vgl. *Niedenhoff*, Betriebsversammlungen, S. 60.

72 *Niedenhoff*, Betriebsversammlungen, S. 58.

73 Vgl. oben III 2.

74 Vgl. BAG AP Nr. 1 zu § 42 BetrVG 1972 unter II 2 b.

75 Vgl. *Löwisch*, DB 1976, 676.

76 Vgl. *Vollmer*, S. 205, der aber unzutreffenderweise § 15 VKGO nennt.

men können." Der Betrieb wird also ausdrücklich als ein Ort angesprochen, an dem Politiker und Arbeitnehmer über anstehende Probleme diskutieren können.

Im folgenden soll daher die Frage geklärt werden, ob sich die Politiker in den Gesetzgebungsorganen mit dem Verbot parteipolitischer Betätigung im Betrieb in §§ 74 II 3, 45 Satz 1, Hs. 2 BetrVG selbst eine Art „Bannmeile" geschaffen haben, sich selbst im Betrieb zur „persona non grata" erklärt haben.

2. Generelle Unzulässigkeit von Politikerbesuchen

Für den Standpunkt, der Besuch eines Politikers bedeute stets einen Verstoß gegen das Verbot parteipolitischer Betätigung, läßt sich zunächst das Argument anführen[77], diese Persönlichkeiten verkörperten durch ihre Stellung ein bestimmtes politisches Gesamtprogramm, das sie in allen ihren Äußerungen vertreten. Eine Beschränkung auf den im Betriebsverfassungsgesetz gesteckten Rahmen sei überhaupt nicht möglich. Des weiteren seien der Mitwirkung betriebsfremder Personen auch deshalb Grenzen gezogen, weil es vorrangig dem Betriebsrat obliege, die Betriebsversammlung zu gestalten[78]. Darüber hinaus wird es generell für unzulässig angesehen, daß in einer Versammlung des Betriebes quasi Politikergespräche stattfinden, weil dann die eigentlichen Aufgaben, nämlich die Erörterung betrieblicher Situationen, vernachlässigt würden[79]. Schließlich folge aus dem in § 42 I 2 BetrVG verankerten Grundsatz der Nichtöffentlichkeit der Betriebsversammlung, daß eine Teilnahme betriebsfremder Politiker schon aus diesem Grunde rechtswidrig sei[80]. Aus all diesen Argumenten wird jedoch nur vereinzelt[81] der Schluß gezogen, Betriebsauftritte von Politikern seien generell wegen des Verstoßes gegen § 74 II 3 BetrVG unzulässig.

3. Kriterien für die Zulässigkeit

In den meisten Stellungnahmen werden Politikerauftritte in Betrieben nicht von vornherein für unzulässig erklärt. Vielmehr versucht man, verschiedene Voraussetzungen und Differenzierungskriterien zu formulieren, um einen Rahmen zu schaffen, innerhalb dessen kein Verstoß gegen das Verbot parteipolitischer Betätigung zu sehen sein soll.

---

[77] *Glaubitz*, BB 1972, 1277 (1278); *Sahmer*, § 45 Anm. 1; *Vollmer*, S. 207.

[78] *Glaubitz*, BB 1972, 1277 (1278).

[79] *Niedenhoff*, Betriebsversammlungen, S. 61; *Vollmer*, S. 207.

[80] So *Meisel*, RdA 1976, 38 (41); kritisch auch *Weitnauer*, Anm. zu BAG SAE 1978, 126 (131).

[81] Vgl. *Sahmer*, § 45 Anm. 1; *Zöllner*, § 44 VII 2 c.

a) Nichtöffentlichkeit der Betriebsversammlung

Zunächst sieht die h. M. in der Teilnahme eines Politikers an einer Betriebsversammlung keine Verletzung des Grundsatzes der Nichtöffentlichkeit aus § 42 I 2 BetrVG[82]. Zwar wurde im Anschluß an die Rechtsprechung des RAG[83], das trotz Fehlens einer entsprechenden Bestimmung im BRG 1920 ein Verbot der Teilnahme Dritter annahm, weil radikale Betriebsfremde von der Betriebsversammlung ferngehalten werden sollten, der Grundsatz der Nichtöffentlichkeit im BetrVG 1952 ausdrücklich normiert, um betriebsfremde, gerade auch politische Einflüsse, auszuschalten[84]. Dennoch werde dieser Grundsatz dann nicht verletzt, wenn der Betriebsrat aus gegebenem Anlaß Außenstehende, etwa Sachverständige oder Gäste, einlädt, über ein nach § 45 BetrVG zulässiges Thema ein Kurzreferat zu halten. In diesem Falle sei die Anwesenheit der betriebsfremden Person sachdienlich und der innerbetriebliche Charakter der Betriebsversammlung werde nicht in Frage gestellt. Dem Gesichtspunkt, der Betriebsrat habe selbst vorrangig die Betriebsversammlung zu gestalten[85], widerspreche es nicht, wenn außenstehende Personen den Betriebsrat in der Erfüllung seiner Aufgaben gegenüber der Betriebsversammlung unterstützen[86]. Der der Betriebsversammlung zukommende Informationszweck könne, wie sich auch aus §§ 46, 80 III BetrVG ergebe, gerade dadurch am besten erreicht werden[87].

b) Zulässiges Thema nach § 45 Satz 1 BetrVG

Als zweites Kriterium, an dem die Möglichkeit von Politikerauftritten im Betrieb gemessen wird, verlangt die h. M.[88], es müsse sich um ein im Rahmen des § 45 Satz 1 BetrVG zulässiges Thema handeln. Demgegenüber halten es andere[89] für zulässig, daß ein Politiker in einer eigens wegen dieses Besuches von Arbeitgeber und Betriebsrat gemeinsam einberufenen Betriebsversammlung auch zu parteipolitischen Fragen Stellung nimmt.

---

[82] BAG AP Nr. 1 zu § 42 BetrVG 1972; *Dietz / Richardi*, § 45 Rn. 15.

[83] RAG ARS 15, 406; RAG ARS 16, 3; RAG ARS 16, 14 (dort hatte ein vom Betriebsrat eingeladener Journalist in einem Redebeitrag die Belegschaft aufgefordert, bei den bevorstehenden Wahlen in Preußen für eine, wie es heißt, „linksradikale Partei" zu stimmen).

[84] Vgl. *GK-Fabricius*, § 42 Rn. 23; Begründung zum Regierungsentwurf BetrVG 1952, BT-Drucksache I/1546, S. 47 f.

[85] Vgl. *Glaubitz*, BB 1972, 1277 (1278), oben 2 mit Fn. 76.

[86] BAG AP Nr. 1 zu § 42 BetrVG 1972.

[87] *Gnade*, ArbRdGgw 1977 (Bd. 14), S. 59 (71).

[88] *Däubler*, AiB 1982, 51 (53); *Dietz / Richardi*, § 45 Rn. 15; *Fitting / Auffarth / Kaiser*, § 45 Rn. 15; *Gamillscheg*, Arbeitsrecht II, Nr. 381 c; *Gnade*, ArbRdGgw 1977 (Bd. 14), S. 59 (71); *Schneider*, Quelle 1978, 95 (96).

[89] *Gnade / Kehrmann / Schneider / Blanke*, § 74 Rn. 28.

c) *Politikerbesuche während eines Wahlkampfes*

Überwiegend beschränkt man die Besuche von Politikern auf Zeiten außerhalb der sog. „heißen Phase" eines Wahlkampfes, und zwar auch dann, wenn der Politiker über ein nach § 45 BetrVG zulässiges Thema referiert[90]. Politikerbesuche zu Zeiten von Wahlkämpfen seien in aller Regel Teil der Wahlkampfstrategie des Politikers. Das in Abrede zu stellen, sei wirklichkeitsfremd. Ein parteipolitischer Werbeeffekt sei beabsichtigt und zwangsläufig mit dem gezielten Auftreten des Politikers verbunden.

Die Gegenmeinung[91] will das Abhalten eines mit § 45 Satz 1 BetrVG in Einklang stehenden, „neutralen" Themas auch während des Wahlkampfes zulassen. Dies einmal dann, wenn der Politiker gemäß § 46 BetrVG von einer im Betrieb vertretenen Gewerkschaft als deren Beauftragter entsandt worden sei, weil dem Gewerkschaftsbeauftragten dann ein eigenständiges Teilnahmerecht an der Betriebsversammlung zustehe[92]. Ein Vortrag über ein „neutrales" Thema könne nicht als parteipolitische Betätigung angesehen werden, selbst wenn damit ein gewisser Werbeeffekt für eine im politischen Leben stehende Person zwangsläufig verbunden und auch vom Referenten beabsichtigt sei[93].

d) *Einigung zwischen Betriebsrat und Arbeitgeber*

Teilweise wird für die Zulässigkeit eines Politikerbesuches eine nähere Vereinbarung zwischen Arbeitgeber und Betriebsrat, die etwa auch in einer gemeinsam ausgesprochenen Einladung liegen kann, gefordert[94]. In diesem Fall seien gelegentliche, mit Reden verbundene Betriebsbesuche von Politikern als sozialadäquat anzusehen[95]. Die Gegenmeinung läßt es genügen, wenn der Betriebsrat die Einladung allein ausspricht[96]. Solange dem Arbeitgeber keine Kosten entstünden, sei eine Einladung des Betriebsrats erforderlich, aber auch ausreichend.

---

90 BAG AP Nr. 1 zu § 42 BetrVG 1972; *Däubler*, AiB 1982, 51 (53); *Dietz / Richardi*, § 45 Rn. 15; *Fitting / Auffarth / Kaiser*, § 45 Rn. 15; *GK-Thiele*, § 74 Rn. 53; *Löwisch*, DB 1976, 676; *Söllner*, in: Festschrift für Herschel, S. 389 (394).

91 LAG Düsseldorf, DB 1975, 1849; *Gnade*, ArbRdGgw 1977 (Bd. 14), S. 59 (71); *Gnade / Kehrmann / Schneider / Blanke*, § 45 Rn. 14; *Schneider*, Quelle 1978, 95 (96).

92 So *Gnade*, ArbRdGgw 1977 (Bd. 14), S. 59 (71).

93 So LAG Düsseldorf, DB 1975, 1849.

94 *Galperin / Löwisch*, § 74 Rn. 2; *GK-Thiele*, § 74 Rn. 53; *Hohn*, BB 1975, 376; *Kammann / Hess / Schlochauer*, § 45 Rn. 13; *Löwisch*, DB 1976, 676.

95 So *Löwisch*, DB 1976, 676.

96 So das BAG AP Nr. 1 zu § 42 BetrVG 1972 für den Fall, daß ein Referent über ein nach § 45 BetrVG zulässiges Thema berichtet, auch wenn dies nicht als Sachverständigentätigkeit gemäß § 80 III BetrVG einzustufen ist; *Däubler*, AiB 1982, 51 (53).

e) Paritätsgebot

Weiter wird unter dem Aspekt der Meinungs- und Wahlfreiheit der einzelnen Arbeitnehmer verlangt[97], daß für Besuche von Politikern ein gewisses Maß an Parität gewahrt bleiben muß. Es ginge nicht an, immer nur Politiker des jeweiligen Regierungslagers zu Worte kommen zu lassen. Auch die Opposition müsse sich dann vorstellen können.

f) Kein Teilnahmezwang für die Arbeitnehmer

Manche Autoren[98] stellen als weitere Voraussetzung für die Zulässigkeit eines Politikerbesuchs die Voraussetzung auf, es dürfe auf die Arbeitnehmer kein unmittelbarer oder mittelbarer Teilnahmezwang ausgeübt werden.

g) Sonstige Belegschaftsversammlungen

Darüber hinaus wird die Auffassung vertreten, mit Ansprachen verbundene Besuche von Politikern seien zwar nicht auf Betriebsversammlungen, wohl aber u. U. auf sonstigen, von Arbeitgeber und Betriebsrat gemeinsam einberufenen Belegschaftsversammlungen zulässig[99].

h) Sachliche Kompetenz des Politikers

Schließlich könne die sachliche Kompetenz eines Referenten als Kriterium dienen, einen Politikerbesuch am Verbot parteipolitischer Betätigung zu messen[100]. Wird ein Politiker vom Betriebsrat eingeladen, weil er besondere Kenntnisse und Erfahrungen in einer bestimmten, in die Zuständigkeit der Betriebsversammlung fallenden Frage hat, liege im Zweifel keine parteipolitische Betätigung vor.

4. Stellungnahme

a) Allgemeine rechtliche und rechtspolitische Aspekte

Nach hier vertretener Auffassung ist zunächst diejenige Auffassung abzulehnen, die Politikerbesuche generell als Verstoß gegen das Verbot parteipolitischer Betätigung ansieht. Die vielen praktisch vorkommenden Variationen mit völlig verschiedenen Zweckrichtungen der Politi-

---

[97] *Löwisch*, DB 1976, 676.

[98] *GK-Thiele*, § 74 Rn. 53; *Hohn*, BB 1975, 376.

[99] *Kammann / Hess / Schlochauer*, § 45 Rn. 13; *Meisel*, RdA 1976, 38 (42).

[100] *Hanau*, Anm. zu BAG EzA § 45 Nr. 1, S. 21.

kerbesuche machen vielmehr eine differenzierte Betrachtung erforderlich. Neben den typischen Fällen wie

- dem Referat über ein sozialpolitisches Thema[101]
- der Durchführung einer mehr oder weniger offenen Wahlkampfveranstaltung[102]
- einer Betriebsbesichtigung mit anschließender kurzer Ansprache an die Belegschaft[103]

lassen sich noch weitere Fälle denken.

- Bei einem Jubiläum des Firmenchefs werden zu einer im Betrieb stattfindenden Feier auch verdiente Arbeitnehmer eingeladen. Ein Politiker, zugleich langjähriger Freund des Arbeitgebers, hält die Laudatio.
- Ein ausländischer Staatschef besichtigt während seines Staatsbesuchs eine bestimmte industrielle Anlage, da seine Regierung beabsichtigt, ähnliche Anlagen zu ordern und das Geschäft noch während des Staatsbesuches perfekt zu machen. Darf ihn der gastgebende deutsche Politiker begleiten oder steht dem § 74 II 3 BetrVG entgegen?
- Für einen in schwieriger wirtschaftlicher Situation befindlichen Industriezweig legen die Parteien Sanierungskonzepte vor. Darf hierüber in Anwesenheit von Politikern, die die Sanierungsvorschläge erarbeitet haben, etwa in der Form einer Podiumsdiskussion auf einer Betriebsversammlung diskutiert werden oder dürfen die Sanierungskonzepte von dem zuständigen Minister dort erläutert werden[104]?

Im übrigen kann es einen Politiker auch Sympathie und evtl. Wählerstimmen kosten, wenn er nach einer Betriebsbesichtigung keine Ansprache an die Belegschaft halten kann. Es mag dann bei den Arbeitnehmern der Eindruck entstehen, die „hohen Herren Politiker" und Arbeitgeber wollten lieber unter sich bleiben als sich mit dem „gemeinen Mann von der Straße" abzugeben. Insoweit besteht bei der Belegschaft vielleicht sogar eine gewisse Erwartungshaltung hinsichtlich einer kurzen Ansprache des Politikers. Darüber hinaus ist auch ein Bedürfnis anzuerkennen, daß die Politiker die Möglichkeit haben sollen, die Stimmung in den Betrieben unmittelbar erfahren zu können. Es erscheint auch legitim, wenn Politiker mit den Arbeitnehmern über anstehende

---

[101] BAG AP Nr. 1 zu § 42 BetrVG 1972.

[102] Davon berichtet *Vollmer*, S. 1.

[103] *Löwisch*, DB 1976, 676.

[104] Vgl. dazu den Bericht über den Besuch einer Betriebsversammlung in einer besetzten Werft in Bremen durch den Wirtschaftsminister Otto Graf Lambsdorff in der FAZ vom 20. 9. 1983, S. 1.

betriebliche Fragen diskutieren wollen — eine Art „Basiskontakt“ im besten Sinne. Natürlich kann man auch bei einem solchen Problemgespräch der Auffassung sein, Politiker wollten trotzdem immer auch für sich Werbung betreiben.

Andererseits darf man in dieser Frage nicht den Fehler machen, den etwa das LAG Düsseldorf[105] begangen hat, wenn das Gericht unter Nichtberücksichtigung sämtlicher äußeren Umstände nur auf das nach § 45 Satz 1 BetrVG zulässige Thema abstellt. Dort sprachen nun wirklich alle Begleitumstände dafür, daß es dem Politiker in erster Linie um den parteipolitischen Werbeeffekt ging. Der Betriebsauftritt war Teil seiner Wahlkampfstrategie vor anstehenden Landtagswahlen. Der Politiker wurde als Referent nur in Betrieben tätig, die in seinem Wahlkreis lagen und trat auch nur zu Zeiten des Wahlkampfes in Erscheinung. Dem LAG Düsseldorf wird in diesem Zusammenhang Weltfremdheit vorgeworfen[106], andere sprechen von „Eulenspiegelei“[107]. Kaum kann man hier davon sprechen[108], dieser Sachverhalt „liege auf der Grenze“. Dies deshalb, weil der Sachverhalt von dem beabsichtigten und zwangsläufigen parteipolitischen Werbeeffekt das Gepräge erhält und somit gegen das Verbot parteipolitischer Betätigung verstoßen wird.

Was die Arbeitgeberseite angeht, scheint ein Politikerbesuch dem einzelnen Arbeitgeber gar nicht so unangenehm zu sein. Da des öfteren über diese Besuche in den Medien berichtet wird, bringen sie einen gewissen Werbeeffekt für das Unternehmen mit sich, es entstehen vielleicht für die Zukunft nützliche Kontakte. Vielleicht deswegen war es auch die Bundesvereinigung der deutschen Arbeitgeberverbände, welche die Interessen aller Arbeitgeber ohne Rücksicht auf einzelne Sonderinteressen zu vertreten hat, die vor den Bundestagswahlen 1980 an die Vorsitzenden der im Bundestag vertretenen Parteien mit der Bitte herantrat, während des Wahlkampfes von Politikerbesuchen im Betrieb Abstand zu nehmen[109].

Aus der Entstehungsgeschichte des BetrVG 1972 läßt sich immerhin entnehmen[110], daß es durch die Aufnahme der tarifpolitischen, sozialpolitischen und wirtschaftlichen Angelegenheiten als zulässige Beratungsgegenstände der Betriebsversammlung in das BetrVG gerade ermög-

105 LAG Düsseldorf, DB 1975, 1849 als Vorinstanz zu BAG AP Nr. 1 zu § 72 BetrVG.

106 *Stege / Weinspach*, §§ 42—46 Rn. 40.

107 *Hanau*, Anm. zu BAG EzA § 45 Nr. 1, S. 21.

108 So aber *Zachert*, AuR 1978, 222 (224).

109 Vgl. den Schriftverkehr bei *Niedenhoff*, Betriebsversammlungen, S. 195—199.

110 Vgl. Stenografischer Bericht der 101. Sitzung des 6. Deutschen Bundestages zu BT-Drucks. VI/1786, S. 5858 (B), Abg. *Buschfort* (SPD).

licht werden sollte, Politikern Gelegenheit zu geben, in den Betrieben speziell zu diesen Themen sprechen zu können.

b) Beurteilung der Kriterien für die Zulässigkeit von Politikerbesuchen

Die[111] genannten Kriterien sollen hier auf ihre grundsätzliche Tauglichkeit, daran einen Politikerbesuch unter dem Gesichtspunkt des Verbots parteipolitischer Betätigung zu messen, untersucht werden. Der Einzelfallprüfung bleibt es dann überlassen, ob diese Kriterien für oder gegen einen Verstoß gegen das Verbot sprechen.

— Das behandelte Thema muß sich im Rahmen des § 45 Satz 1 BetrVG halten. Innerhalb dieser Themen dürfen keine Ausführungen mit parteipolitischen Stellungnahmen gemacht werden. Wahlkampfveranstaltungen bedeuten ohne weiteres einen Verstoß gegen das Verbot.

— Findet ein solcher Politikerbesuch während eines Wahlkampfes statt, ist dies ein starkes Indiz dafür, einen Verstoß gegen das Verbot anzunehmen. Der Zeitraum für den Wahl- und Vorwahlkampf wird[112] auf drei Monate veranschlagt. Für diese Frist spricht immerhin Art. 39 I GG. Danach wird der Bundestag auf vier Jahre gewählt. Die Neuwahl findet im Normalfall einer vollen Wahlperiode gemäß Art. 39 I 2 GG frühestens 45 Monate, spätestens 47 Monate nach Beginn der Wahlperiode statt. Anders zu entscheiden sein kann aber im Falle der vorzeitigen Auflösung des Bundestages nach Art. 68 GG, wenn der Politikerbesuch bereits vorher geplant und eine entsprechende Einladung schon ausgesprochen war. Die Absichten der Beteiligten gingen dann nämlich zunächst mehr dahin, ein Thema von betrieblichem Interesse zu behandeln.

— Der Betriebsrat kann eine solche Einladung an einen Politiker zu einer Betriebsversammlung allein aussprechen, solange dadurch keine Kosten entstehen wie etwa für eine Sachverständigentätigkeit nach § 80 III BetrVG; dann nämlich wäre eine nähere Vereinbarung mit dem Arbeitgeber erforderlich[113]. Einer Zustimmung des Arbeitgebers bedarf es deshalb nicht, weil der Betriebsrat in der Gestaltung der Tagesordnung grundsätzlich frei ist.

— Ein Paritätsgebot[114], sowohl Politiker der Regierung als auch der Opposition einzuladen, läßt sich rechtlich nicht begründen. Erhalten

---

[111] Oben 3 a—h.

[112] *Löwisch*, DB 1976, 676.

[113] So BAG AP Nr. 1 zu § 42 BetrVG 1972.

[114] Vgl. *Löwisch*, DB 1976, 676.

allerdings wiederholt Politiker der gleichen Partei Gelegenheit zu Auftritten in der Betriebsversammlung, kann sich dies zum Indiz entwikkeln, einen Verstoß gegen das Verbot anzunehmen.

— Ein Zwang zur Teilnahme an der Betriebsversammlung besteht ohnehin nicht. Die Arbeitnehmer haben zwar ein Teilnahmerecht[115], aber keine entsprechende Pflicht.

— Die Möglichkeit, der Parteipolitik dadurch mehr Raum im Betrieb zu geben, indem man auf sog. Belegschaftsversammlungen ausweicht, besteht deshalb nicht, weil auch dort für die Betriebspartner das Verbot des § 74 II 3 BetrVG gilt[116].

— Ist ein Politiker für ein bestimmtes Thema besonders ausgewiesen. spricht diese fachliche Kompetenz im Zweifel dagegen, daß mit einem Besuch ein Verstoß gegen das Verbot parteipolitischer Betätigung einhergeht.

Liegen mehrere der genannten Kriterien vor, muß darauf abgestellt werden, welche Faktoren dem Sachverhalt das Gepräge geben. Dabei müssen im Rahmen einer Gesamtabwägung die einzelnen relevanten Kriterien gewichtet werden, ob sie für oder gegen einen Verstoß gegen das Verbot parteipolitischer Betätigung sprechen. Die Rechtsunsicherheit ist danach angesichts der Vielzahl der Kriterien und dem Fehlen eines klärenden Spruches des BAG immer noch beträchtlich.

VII. Ergebnis

Auf der Betriebsversammlung dürfen Themen einschließlich solcher tarifpolitischer, sozialpolitischer und wirtschaftlicher Art behandelt werden. Allgemeinpolitische Themen sind nicht generell ausgeschlossen, scheitern aber in der Regel am fehlenden unmittelbaren Betriebsbezug. Die Anwendung der Grundsätze des § 74 II BetrVG bedeutet für die Betriebsversammlung zunächst, daß das Thema selbst nicht parteipolitischer Art sein darf. Auch bei den zulässigen Themen dürfen keine werbenden Stellungnahmen für oder gegen Parteien abgegeben werden. Problemlösungsvorschläge, wie etwa Sanierungskonzepte von Parteien für einen bestimmten Wirtschaftszweig, können jedoch in sachlicher Weise vorgetragen werden. In der Betriebsversammlung dürfen keine Anträge gestellt oder Beschlüsse gefaßt werden, die Stellungnahmen für oder gegen politische Parteien beinhalten. Wegen der Bedeutung des Forums ist die Betriebsversammlung hinsichtlich parteipoliti-

[115] Vgl. *Dietz / Richardi*, § 42 Rn. 6.

[116] *Hanau*, Anm. zu BAG EzA § 45 Nr. 1, S. 23.

scher Betätigung besonders gefährdet. Deshalb erstreckt sich das Verbot auf alle Teilnehmer der Betriebsversammlung, insbesondere auch auf die einzelnen Arbeitnehmer.

Auf sog. Belegschaftsversammlungen finden die §§ 42 ff. BetrVG keine Anwendung, jedoch sind Arbeitgeber und Betriebsrat durch § 74 II 3 BetrVG direkt an das Verbot gebunden. § 74 II 3 BetrVG unterliegt nicht der Disposition der Betriebspartner, kann also nicht abbedungen werden, da das Verbot parteipolitischer Betätigung zu den Leitprinzipien der Betriebsverfassung gehört.

Politikerbesuche in Betrieben sind nicht grundsätzlich unzulässig und bedeuten insbesondere auch keinen Verstoß gegen den Grundsatz der Nichtöffentlichkeit von Betriebsversammlungen (§ 42 I 2 BetrVG). Der Betriebsrat kann die Einladung an den Politiker ohne Zustimmung des Arbeitgebers aussprechen. Spricht der Politiker auf einer Betriebsversammlung, muß sich das Thema im Rahmen des § 45 Satz 1 BetrVG halten. Anhaltspunkte, ob mit dem Politikerauftritt ein Verstoß gegen das Verbot parteipolitischer Betätigung einhergeht, bieten regelmäßig die fachliche Kompetenz des Politikers zu dem jeweiligen Thema und der Umstand, ob der Besuch während eines Wahlkampfes stattfindet. Weitere Kriterien können sich aus den Umständen des Einzelfalles ergeben. Erst in einer Gesamtabwägung aller relevanten Kriterien des jeweiligen Falles kann festgestellt werden, ob der Politikerbesuch gegen das Verbot aus § 74 II 3 BetrVG verstößt.

§ 9 Besonderheiten des Tendenzbetriebes

I. Problemstellung

Gemäß § 118 I 1 BetrVG gelten für die im Normtext genannten Betriebe und Unternehmen — sog. Tendenzbetriebe — die Vorschriften des BetrVG insoweit nicht, als dies mit Rücksicht auf deren Eigenart notwendig ist. Demgegenüber nimmt § 118 II BetrVG die Religionsgemeinschaft einschließlich ihrer karitativen und erzieherischen Einrichtungen von der Geltung des BetrVG überhaupt aus. Der Sinn und Zweck des § 118 BetrVG besteht darin, die im Grundgesetz enthaltenen Grundrechte, etwa Art. 4, 5 I, 9 III, 21 I GG, nicht durch das Mitbestimmungsrecht der Arbeitnehmerschaft beeinflussen zu lassen und somit die Grundrechtsentfaltungen für die Unternehmen, die politische sowie geistig-ideelle Ziele verfolgen, zu gewährleisten[1]. Zu den hier interessierenden Unternehmen mit politischen Zielen gehören in erster Linie die Betriebe der politischen Parteien in all ihren Erscheinungsformen wie Parteibüros und sonstige von den Parteien getragene Einrichtungen[2]. Von Belang sind weiter die Unternehmen mit koalitionspolitischen Zielen, wozu neben den Gewerkschaften auch die Arbeitgeberverbände zählen[3].

Die in § 118 I 1 BetrVG enthaltene sog. Eigenarts-[4] oder Relativklausel[5], wonach lediglich bei entgegenstehender Eigenart des Tendenzbetriebes das BetrVG keine oder beschränkte Anwendung findet, wirft nun die Frage auf, ob das Verbot parteipolitischer Betätigung aus § 74 II 3 BetrVG in Tendenzbetrieben keine oder nur in modifizierter Weise Geltung erlangt (II). Darüber hinaus soll noch geklärt werden, ob im Tendenzbetrieb rechtliche Besonderheiten bei parteipolitischer Betätigung des einzelnen Arbeitnehmers[6] bestehen. Dies sowohl, was die entsprechende Verhaltenspflicht des Arbeitnehmers angeht, als auch hin-

---

[1] *Dietz / Richardi,* § 118 Rn. 13; *Fitting / Auffarth / Kaiser,* § 118 Rn. 2; *v. Hoyningen-Huene,* § 3 II 7 a.

[2] Vgl. *Dietz / Richardi,* § 118 Rn. 44; *Kammann / Hess / Schlochauer,* § 118 Rn. 14.

[3] *Fitting / Auffarth / Kaiser,* § 118 Rn. 10; *v. Hoyningen-Huene,* § 3 II 7 a.

[4] *GK-Fabricius,* § 118 Rn. 125; *Otto,* AuR 1980, 289 (299).

[5] *Dietz / Richardi,* § 118 Rn. 103.

[6] Vgl. oben § 5 I 2, § 6 V 4.

sichtlich einer auf die parteipolitische Betätigung des Arbeitnehmers gestützte Kündigung (III).

II. Geltung des § 74 II 3 BetrVG im Tendenzbetrieb

1. Anwendbarkeit

Zu der Frage, ob der Vorschrift des § 74 II 3 BetrVG die Eigenartsklausel des § 118 I 1 BetrVG entgegensteht, finden sich in der Literatur nur wenig konkrete Stellungnahmen. Zum Teil heißt es, bei den allgemeinen Vorschriften des Gesetzes über die Beteiligung des Betriebsrats, wozu auch § 74 II 3 BetrVG gehört, werde sich kaum[7] oder gar keine[8] Einschränkung durch § 118 I 1 BetrVG ergeben. Grundsätze über die Zusammenarbeit, wie sie in § 74 BetrVG enthalten seien, müßten sein und könnten der Tendenz nicht zuwiderlaufen[9]. Andere[10] betonen diesen Ausgangspunkt ebenfalls, jedoch mit der Einschränkung, die Pflicht zur Gleichbehandlung aus § 75 I 1 BetrVG werde durch die geistig-ideelle Zielsetzung des Unternehmens relativiert, so daß ggfs. auch eine Ungleichbehandlung in Betracht komme. So dürfe die Geschäftsstelle einer Partei verlangen, daß die Arbeitnehmer dieser Partei angehören[11]. Auch bei der Einstellung von Nichttendenzträgern könne die Parteimitgliedschaft den Ausschlag geben, weil eine derartige Auswahlentscheidung bezwecke, den Charakter der Einrichtung zu bewahren[12]. Eine dritte Auffassung geht davon aus, in Betrieben einer politischen Partei könne für eben diese Partei das Verbot nicht gelten[13]. Auch dürften sich Betriebsrat und Betriebsratsmitglieder unter Beachtung der politischen Tendenz parteipolitisch betätigen[14]. Beispielsweise könne der Betriebsratsvorsitzende eines Zeitungsverlages der A-Partei für diese politische Propaganda treiben[15].

Der zuletzt genannten Meinung wird man bei politischen Tendenzbetrieben zustimmen müssen. In einem solchen Betrieb haben die Ar-

---

7 *Fitting / Auffarth / Kaiser*, § 118 Rn. 22 b.

8 *Gnade / Kehrmann / Schneider / Blanke*, § 118 Rn. 38.

9 *Frey*, S. 63.

10 *Dietz / Richardi*, § 118 Rn. 123; *Galperin / Löwisch*, § 118 Rn. 60; *Schaub*, § 214 III 5.

11 *Dietz / Richardi*, § 118 Rn. 123.

12 *Dietz / Richardi*, § 118 Rn. 123; *Hueck / Nipperdey* II/2, S. 1349 mit Fn. 73.

13 *Galperin / Löwisch*, § 118 Rn. 60.

14 *Gnade*, ArbRdGgw 1977 (Bd. 14), S. 59 (76); *Neumann-Duesberg*, Betriebsverfassungsrecht, S. 106; *ders.*, NJW 1964, 1967 (1701).

15 So *Neumann-Duesberg*, NJW 1964, 1697 (1701).

beitnehmer eine Tendenzförderungspflicht, deren Intensität proportional zur Stellung des Arbeitnehmers im Betrieb zunimmt[16]. Der Arbeitgeber wird ohnehin um eine optimale Verwirklichung der Tendenz bemüht sein und vielleicht während eines Wahlkampfes auch eine Ansteckplakette am Revers tragen. Sollen die Betriebsratsmitglieder hier durch § 74 II 3 BetrVG wirklich zur parteipolitischen Abstinenz angehalten sein? Einfachere parteipolitische Betätigungen wie das Tragen von Plaketten kann man den Betriebsratsmitgliedern gestatten. Hierdurch wird auch weder der Betriebsfrieden gefährdet noch ein Meinungsdruck auf die sonstigen Mitarbeiter ausgeübt.

2. Anwendbarkeit der §§ 45 Satz 1, Hs. 2, 74 II 3 BetrVG

Auch für die Betriebsversammlung beeinflußt die Eigenartsklausel des § 118 I 1 BetrVG die Geltung der das Verbot enthaltenden Normen. In einem politischen Tendenzbetrieb, man denke an eine Parteizentrale, hat der Arbeitgeber etwa bei seinem Lagebericht gemäß § 43 II 3 BetrVG auch Auskünfte zu geben über den Mitgliederbestand und die Schwerpunkte der Parteiarbeit. Da Gegenstand dieses Tendenzbetriebes Parteipolitik schlechthin ist, kann ein gesetzlich angeordneter Bericht über die Lage des Tendenzbetriebes kein Verstoß gegen das Verbot parteipolitischer Betätigung sein.

III. Exkurs: Parteipolitische Betätigung des Arbeitnehmers im Tendenzbetrieb

1. Tendenzförderungspflicht

In Tendenzbetrieben, die eine politische Richtung vertreten, besteht eine Pflicht zur Unterstützung dieser Ziele[17]. Diese Verpflichtung findet ihre Grundlage im Arbeitsvertrag, nicht etwa in § 118 BetrVG, denn das Darstellen und Repräsentieren einer Tendenz kann zum Inhalt einer Arbeitspflicht gemacht werden[18]. Dabei wird differenziert zwischen sog. Tendenzträgern, deren Tätigkeit gerade auf die Realisierung der besonderen Zielsetzung gerichtet ist und sog. „Nichttendenzträgern“[19], also den sonstigen Arbeitnehmern mit tendenzneutralen Aufgaben[20].

---

[16] Vgl. nur *Galperin / Löwisch*, § 118 Rn. 86.
[17] *Fitting / Auffarth / Kaiser*, § 74 Rn. 9.
[18] *Buchner*, ZfA 1982, 49 (68); *G. Hueck*, in: Hueck, KSchG, § 1 Rn. 96 b.
[19] So *Buchner*, ZfA 1979, 335 (348).
[20] Vgl. *G. Hueck*, in: Hueck, KSchG, § 1 Rn. 96 b.

a) Tendenzträger

Bei den Tendenzträgern erfaßt die Bindung an die Tendenz sowohl das dienstliche als auch das außerdienstliche Verhalten. Auch in ihrem Privatleben sind die Tendenzträger zu einem Verhalten verpflichtet, das dieser Tendenz nicht zuwiderläuft[21]. Damit würden sie sich gegen die Bestrebungen ihres Arbeitgebers richten und sich für ihre Position disqualifizieren, worunter auch die Glaubwürdigkeit des Arbeitgebers zu leiden hätte[22].

Als weiterer Gesichtspunkt muß auf den Grad der Tendenznähe abgestellt werden. Je bedeutender die Tätigkeit des Tendenzträgers für den Betrieb, um so intensiver die Bindung an die Tendenz[23]. Danach haben die Mitarbeiter einer Partei grundsätzlich alles zu tun, um der parteipolitischen Zielsetzung des Betriebes zum Erfolg zu verhelfen, etwa entsprechende parteipolitische Stellungnahmen aktiv zu vertreten[24]. Jedoch kann richtigerweise nicht jede einzelne tendenzwidrige Maßnahme eine Pflichtverletzung darstellen. Solange klar zu verstehen gegeben wird, daß nur in einer einzelnen Frage die Auffassung des Tendenzbetriebes nicht geteilt wird — trotz ansonsten grundsätzlicher Zustimmung zu den Zielen des Tendenzbetriebes — wird darin nicht ohne weiteres eine Pflichtverletzung liegen können[25], will man nicht die Grundsätze innerparteilicher Demokratie (vgl. Art. 21 I 3 GG, § 10 ParteiG) völlig vernachlässigen. Zuzustimmen ist daher dem BAG[26], das wegen der Mitgliedschaft einer Gewerkschaftssekretärin im „Kommunistischen Bund Westdeutschland" (KBW) das Arbeitsverhältnis unmittelbar berührt[27] sah und wegen dieser Pflichtverletzung eine darauf gestützte Kündigung für rechtmäßig erachtete. Ein bei der Gewerkschaft beschäftigter Rechtsschutzsekretär sei Tendenzträger, weil er nicht nur rein fachlich Rechtskenntnisse anzuwenden, sondern die gewerkschaftliche Vertrauensstellung gegenüber dem Mitglied wahrzunehmen habe. Zwischen dem DGB und dem KBW könne es aber angesichts der sich widersprechenden Zielsetzung keine Duldung oder Gemeinschaft, sondern nur Gegnerschaft geben, da sich der DGB zur freiheitlich-demo-

---

[21] BAG AP Nr. 2 zu § 1 KSchG 1969 Verhaltensbedingte Kündigung; *G. Hueck*, in: Hueck, KSchG, § 1 Rn. 96 b; *Meisel*, RdA 1976, 38 (44); *Schaub*, RdA 1979, 137 (142).

[22] *Hoechst*, AuR 1960, 134 (137); *Otto*, AuR 1980, 289 (292); *Rüthers*, Anm. zu BAG EzA § 1 KSchG Nr. 5 Tendenzbetrieb, S. 62.

[23] *Fitting / Auffarth / Kaiser*, § 118 Rn. 26; *Galperin / Löwisch*, § 118 Rn. 86; *G. Hueck*, in: Hueck, § 1 KSchG Rn. 96 b.

[24] *Buchner*, ZfA 1982, 49 (68); *Gnade*, ArbRdGgw 1977 (Bd. 14), S. 59 (76).

[25] So *Vollmer*, S. 146.

[26] BAG AP Nr. 2 zu § 1 KSchG 1969 Verhaltensbedingte Kündigung.

[27] Zu diesem Gesichtspunkt vgl. oben § 5 I 2 b.

kratischen Grundordnung der Bundesrepublik Deutschland bekenne, während der KBW „die Zerschlagung des bürgerlichen Staatsapparates" und „die Eroberung der Gewerkschaften für den Kommunismus" erstrebe.

b) *„Nichttendenzträger"*

Sonstige Arbeitnehmer mit tendenzneutralen Aufgaben unterliegen weniger strengen Anforderungen. Zwar bleibt auch bei ihnen die Anstellung in einem Tendenzbetrieb nicht völlig außer Betracht. Jedoch wird von ihnen nicht generell ein tendenzgemäßes außerdienstliches Verhalten gefordert werden können. Nur gezielte Angriffe von einiger Erheblichkeit gegen die Tendenz des Arbeitgebers bilden eine Pflichtverletzung, die das Arbeitsverhältnis unmittelbar berührt. Zu denken wäre an ein öffentliches Eintreten eines Arbeitnehmers aus einem Parteibüro für eine gegnerische Partei[28]. Die in einem Parteibüro tätige Putzfrau darf daher im privaten Gespräch zur Wahl der Konkurrenzpartei aufrufen[29]. Nach hier vertretener Auffassung wird daher das Arbeitsverhältnis einer beim Bundesvorstand der IG Bau-Steine-Erden beschäftigten Locherin, die einen „Anti-Strauß-Aufkleber" auf einem Kartenlocher befestigt hatte und sich weigerte, diesen zu entfernen, nicht unmittelbar berührt[30]. Ein von einer Gewerkschaft an untergeordneter Stelle beschäftigter Arbeitnehmer gefährdet mit dieser persönlichen Aktion nicht die von der Gewerkschaft verfolgte Strategie parteipolitischer Neutralität und damit deren Tendenz[31]. Viel zu weit geht es, wenn namentlich *Buchner*[32] eine „Tendenzförderungspflicht" des Arbeitnehmers auch in anderen als Tendenzbetrieben annimmt, wenn auch in geringerem Umfang. Dies kommt nicht nur dem aus dem Gesinderecht stammenden Rechtsgrundsatz „Wes Brot ich eß', des Lied ich sing'"[33] bedenklich nahe[34], sondern bedeutet die Wiedereinführung einer den Arbeitnehmer „total in die Pflicht nehmenden"[35] Treuepflicht mittels eines anderen gedanklichen Ansatzpunktes der Tendenzförderungspflichten und ist deshalb abzulehnen[36].

---

[28] Vgl. zum ganzen *G. Hueck*, in: Hueck, KSchG, § 1 Rn. 96 b.

[29] *Vollmer*, S. 146.

[30] Vgl. zu diesem Fall: Der Spiegel vom 3. 3. 1980, S. 68 (70).

[31] *Otto*, AuR 1980, 289 (294 mit Fn. 50 und S. 296); a. A. *Söllner*, in: Festschrift für Herschel, S. 389 (400).

[32] In ZfA 1979, 335 ff.

[33] Vgl. die Nachweise bei *Söllner*, in: Festschrift für Herschel, S. 389.

[34] So *Söllner*, in: Festschrift für Herschel, S. 389 (390).

[35] *Schwerdtner*, JZ 1973, 377 (380).

[36] Vgl. schon oben § 5 III 2 a und c cc zur Kritik der Treuepflicht.

2. Besonderheiten bei der Kündigung

Bei der Kündigung eines Tendenzträgers auch im politischen Tendenzbetrieb gilt es einige Besonderheiten zu beachten, die durch die Eigenartsklausel des § 118 I 1 BetrVG bedingt sind. Die Kündigung kann gestützt werden auf die Verletzung der Pflicht zur Tendenzförderung[37]. Es genügt aber im politischen Tendenzbetrieb bereits der Austritt aus der Partei[38], wenn die Mitgliedschaft ausdrücklich oder zumindest eindeutig erkennbar Voraussetzung für die Beschäftigung war. Der Eigenartsklausel des § 118 I 1 BetrVG steht es nicht entgegen, daß der Betriebsrat auch vor der tendenzbedingten Kündigung gemäß § 102 I 1 BetrVG zu hören ist[39]. Weiter muß der Arbeitgeber dem Betriebsrat alle, auch die tendenzbedingten Gründe für die Kündigung mitteilen. Die vollständige Informationspflicht des Arbeitgebers bleibt also auch im Tendenzbetrieb bestehen[40]. Hingegen kann bei einer tendenzbedingten ordentlichen Kündigung dem Betriebsrat nicht in vollem Umfang die Möglichkeit zustehen, die mit einem Widerspruch gegen die Kündigung gemäß § 102 III BetrVG verbundenen Rechtsfolgen zu erreichen. Zwar entfällt nicht schon das Widerspruchsrecht des § 102 III BetrVG als solches[41]. Richtigerweise hat der Widerspruch des Betriebsrats nur zur Folge, daß der Arbeitgeber dem gekündigten Arbeitnehmer gemäß § 102 IV BetrVG eine Abschrift der Stellungnahme des Betriebsrats zuleiten muß. Die Rechtsfolge des § 102 V BetrVG, der Anspruch auf Weiterbeschäftigung, tritt jedoch nicht ein[42], weil dies zumindest zu einer Verzögerung der tendenzbedingten Kündigung führen würde, was mit dem besonderen Tendenzcharakter des Betriebes gerade nicht vereinbar ist[43].

IV. Ergebnis

Das Verbot parteipolitischer Betätigung gilt grundsätzlich auch im Tendenzbetrieb. Ausnahmsweise dürfen sich Arbeitnehmer in Tendenzbetrieben der politischen Parteien unter Beachtung der Tendenz parteipolitisch betätigen.

---

[37] Vgl. für den koalitionspolitischen Tendenzbetrieb BAG AP Nr. 2 zu § 1 KSchG 1969 Verhaltensbedingte Kündigung.

[38] *G. Hueck*, in: Hueck, KSchG, § 1 Rn. 96 b.

[39] Ganz h. M., vgl. *Dietz / Richardi*, § 118 Rn. 142; *Fitting / Auffarth / Kaiser*, § 118 Rn. 124 b; a. A. *Kammann / Hess / Schlochauer*, § 118 Rn. 40.

[40] BAG AP Nr. 4 zu § 118 BetrVG 1972; *Otto*, AuR 1980, 289 (300).

[41] So aber *Fitting / Auffarth / Kaiser*, § 118 Rn. 24 a.

[42] *Dietz / Richardi*, § 118 Rn. 144; *Otto*, AuR 1980, 289 (300).

[43] So *Galperin / Löwisch*, § 118 Rn. 79.

Den Arbeitnehmern im Tendenzbetrieb obliegt eine Tendenzförderungspflicht. Tendenzträger dürfen sich weder dienstlich noch außerdienstlich in einer der Tendenz zuwiderlaufenden Weise parteipolitisch betätigen. An Nichttendenzträger sind geringere Anforderungen zu stellen. Nur wenn die parteipolitische Betätigung gezielte Angriffe von einiger Erheblichkeit gegen die Tendenz enthält, wird das Arbeitsverhältnis unmittelbar berührt.

Auch eine Kündigung kann auf die Tendenzverletzung gestützt werden, jedoch müssen dem Betriebsrat diese tendenzbedingten Kündigungsgründe mitgeteilt werden.

Zusammenfassung in Thesen

Die wichtigsten in den einzelnen Abschnitten gewonnenen Ergebnisse sollen im folgenden thesenartig[1] zusammengefaßt werden.

1. Der *Normzweck* des Verbots parteipolitischer Betätigung besteht allein darin, den *Betriebsfrieden* in einem nach Auffassung des Gesetzgebers besonders gefährdeten Bereich zu *schützen*. Das Verbot aus § 74 II 3 BetrVG dient nicht dazu, die Meinungs- und Wahlfreiheit der Arbeitnehmer zu sichern. Ebenso besteht kein unmittelbarer Bezug zu dem in § 75 BetrVG enthaltenen Diskriminierungsverbot sowie dem Grundsatz der Gleichbehandlung. Das Verbot parteipolitischer Betätigung bildet also einen konkret ausgestanzten und hervorgehobenen Unterfall der Pflicht aus § 74 II 2 BetrVG, den Betriebsfrieden und den Arbeitsablauf nicht zu beeinträchtigen.

2. Das Verbot parteipolitischer Betätigung ist eine *Verhaltenspflicht*, die sich als ein Grundsatz der Zusammenarbeit der Betriebspartner auf alle dem Betriebsrat zugewiesenen Aufgaben bezieht. Das Verbot parteipolitischer Betätigung enthält *keine negative Kompetenzzuweisung*.

3. Der *Begriff* der *Parteipolitik* ist *eng* auszulegen. Hierunter fällt jede bezugnehmende Stellungnahme für oder gegen eine politische Partei im Sinne von Art. 21 I GG, § 2 I ParteiG, deren organisatorische Untergliederungen oder führende Repräsentanten. Der Begriff Parteipolitik kann nicht mit der „allgemeinen Politik" gleichgesetzt werden.

4. Den vom Verbot parteipolitischer Betätigung betroffenen *Adressatenkreis* bilden Arbeitgeber, Betriebsrat sowie die Betriebsratsmitglieder in Ausübung ihres Amtes. Kraft Verweisung gilt das Verbot auch für den Gesamtbetriebsrat und den Konzernbetriebsrat. In der Betriebs- und Jugendversammlung gilt das Verbot auch für die Arbeitnehmer und sonstigen Teilnehmer. § 74 II 3 BetrVG gilt analog nur für den Wahlvorstand, nicht auch für sonstige betriebsverfassungsrechtliche Funktionsträger.

---

[1] Vgl. auch die jeweilige Zusammenfassung der Ergebnisse am Ende der §§ 2—9.

5. Die Thementrias der *tarifpolitischen, sozialpolitischen und wirtschaftlichen Angelegenheiten* bildet keine bereichsspezifische Ausnahme vom Verbot parteipolitischer Betätigung. Dem Betriebsrat werden damit keine zusätzlichen Aufgaben zugewiesen. Es wird lediglich ermöglicht, bei anderen Betriebsratsaufgaben auch das rechtspolitische Umfeld zu behandeln. Dabei dürfen auch Konzepte der politischen Parteien in sachlicher Weise erörtert werden. Ein Verstoß gegen das Verbot parteipolitischer Betätigung liegt nur bei werbenden, unsachlichen oder agitatorischen Stellungnahmen für oder gegen eine Partei vor.

6. Seiner *Rechtsnatur* nach stellt das Verbot parteipolitischer Betätigung bei isolierter Betrachtung von § 74 II 3 BetrVG ein *absolutes Verbot* dar. In der praktischen Rechtsanwendung ändert sich dies namentlich bei der Betrachtung der bei einem Verstoß gegen das Verbot möglichen Sanktionen des Ausschlusses aus dem Betriebsrat (§ 23 I BetrVG) und der außerordentlichen Kündigung (§§ 15 I KSchG, 626 BGB). Die ausfüllungsbedürftigen Rechtsbegriffe der „groben Verletzung" (§ 23 I BetrVG) und des „wichtigen Grundes" (§ 626 BGB) lassen Raum für die Berücksichtigung der zu Art. 5 GG entwickelten Grundsätze der Wechselwirkung und der Güterabwägung. Die genannten Sanktionen sind deshalb im Ergebnis nicht schon bei jedem leichten Verstoß gegen § 74 II 3 BetrVG gerechtfertigt, sondern erst bei einem Verstoß von einiger Erheblichkeit, insbesondere bei einer Beeinträchtigung des Betriebsfriedens oder des Arbeitsablaufs. Damit wird das Verbot parteipolitischer Betätigung *im praktischen Ergebnis* dem *relativen Verbot* des § 74 II 2 BetrVG *angenähert.*

Literaturverzeichnis

Arbeitsgemeinschaft selbständiger Unternehmer: Stellungnahme der Arbeitsgemeinschaft selbständiger Unternehmer zu dem Regierungsentwurf vom 5. September 1950 eines Betriebsverfassungsgesetzes über die Neuordnung der Beziehungen in den Betrieben von Arbeitnehmern und Arbeitgebern, 1951

Bäumer, Hans-Otto: Parteipolitik im Betrieb, AuR 1960, 225

Bäumer, Hartmut: Die Meinungsfreiheit im Arbeitsverhältnis, BlStSozArbR 1981, 337

Becker, Friedrich / *Etzel*, Gerhard (Hrsg.): Gemeinschaftskommentar zum Kündigungsschutzgesetz und sonstige kündigungsschutzrechtliche Vorschriften, 1981

Becker, Friedrich / *Leimert*, Dirk: Die Stellung der Gewerkschaften nach dem neuen Betriebsverfassungsgesetz, BlStSozArbR 1972, 53

Behnes, Rudolf: Die politische Tätigkeit im Arbeitsverhältnis unter Berücksichtigung der öffentlichen Dienstverhältnisse, Diss. Würzburg, 1967

Berg, Peter / *Bobke*, Manfred / *Wolter*, Henner: Frieden und Abrüstung im Betrieb, BlStSozArbR 1983, 353

Besson, Waldemar: Artikel Politik in Evangelisches Staatslexikon, herausgegeben von Hermann Kunst, Roman Herzog und Wilhelm Schneemelcher, 2. Aufl. 1975

Bieback, Karl-Jürgen: Arbeitsverhältnis und Betriebsratsamt bei der außerordentlichen Kündigung von Betriebsratsmitgliedern, RdA 1978, 82

Birk, Rolf: Die arbeitsrechtliche Leitungsmacht, 1973

Blanke, Thomas / *Erd*, Rainer / *Mückenberger*, Ulrich / *Stascheit*, Ulrich: Kollektives Arbeitsrecht, Quellentexte zur Geschichte des Arbeitsrechts in Deutschland, Bd. I, 1975

Bley, Helmar: Sozialrecht, 4. Aufl. 1982

Blomeyer, Wolfgang: Die rechtliche Bewertung des Betriebsfriedens im Individualarbeits- und Betriebsverfassungsrecht, ZfA 1972, 85

Blüm, Norbert: Überparteilichkeit von Betriebsräten, Gewerkschaftsreport 1978, Heft 4, S. 3

Bohn, Hans: Anmerkung zu BAG SAE 1979, 59 in SAE 1979, 67

Brecht, Hans-Theo: Kommentar zum Betriebsverfassungsgesetz, 1972

Brill, Werner: Die Betriebsversammlung in der Rechtsprechung, DB 1980, 736

Brox, Hans: Grundbegriffe des Arbeitsrechts, 6. Aufl. 1983

Buchner, Herbert: Zentrale Punkte des neuen Betriebsverfassungsrechts, Die AG 1973, 13 (Teil 1), 58 (Teil 2)

— Fälle zum Wahlfach Mitbestimmungs-, Betriebsverfassungs-, Personalvertretungsrecht, 1978

— Tendenzförderung als arbeitsrechtliche Pflicht — Zur Bindung des Arbeitnehmers an die Unternehmenszielsetzung —, ZfA 1979, 335

— Die persönliche Verantwortlichkeit der Betriebsratsmitglieder für rechtswidrige Betriebsratsbeschlüsse in: Festschrift für Gerhard Müller, 1981, S. 93

— Meinungsfreiheit im Arbeitsrecht, ZfA 1982, 49

Büchmann, Georg: Geflügelte Worte, 1959

Burkhardt, Heinz: Die Handlungsmöglichkeiten des Betriebsrats, 1979

Däubler, Wolfgang: Das Arbeitsrecht Bd. 1, 5. Aufl. 1982

— Das Arbeitsrecht Bd. 2, 2. Aufl. 1981

— Die Betriebsversammlung — ein Forum freier Meinungsäußerung? AiB 1982, 51

— Gewerkschaftsrechte im Betrieb, 3. Aufl. 1983

— Friedensarbeit im Betrieb — unerlaubte parteipolitische Betätigung? AiB 1983, 27

Depenbrock, Johannes: Mitgliedschaften bei politischen Parteien als Kündigungsgründe, RdA 1961, 186

Der Große Brockhaus: in zwölf Bänden, 18. Aufl. 1980, Bd. 9

Derleder, Peter: Betriebliche Mitbestimmung ohne vorbeugenden Rechtsschutz? AuR 1983, 289

Dersch, Hermann: Das Gesetz zur Ordnung der nationalen Arbeit, Kommentar, 1934

DGB-Bundesvorstand: Grundsätze des Deutschen Gewerkschaftsbundes zur Weiterentwicklung des Betriebsverfassungsrechts, 1983

— Grundsätze des Deutschen Gewerkschaftsbundes zur Weiterentwicklung des Bundespersonalvertretungsrechts, 1983

Dieckhoff, Ludwig: Zur parteipolitischen Betätigung im Betrieb, AuR 1958, 238

Dietz, Rolf: Kommentar zum Betriebsverfassungsgesetz, 4. Aufl. 1967

— Anmerkung zu BAG AP Nr. 1 zu § 44 BetrVG

Dietz, Rolf / *Richardi*, Reinhard: Betriebsverfassungsgesetz mit Wahlordnungen, 5. Aufl. 1973

— / — Bundespersonalvertretungsgesetz mit Wahlordnungen, Kommentar, 2. Aufl. Bd. 1, 1978, Bd. 2, 1978

— / — Kommentar zum Betriebsverfassungsgesetz mit Wahlordnung, 6. Aufl., Bd. 1, 1981, Bd. 2, 1982

Dürig, Günter: Grundrechte und Zivilrechtsprechung, in: Festschrift für Hans Nawiasky, 1956, S. 157 ff.

Dütz, Wilhelm: Erzwingbare Verpflichtungen des Arbeitgebers gegenüber dem Betriebsrat, DB 1984, 115

— Anmerkung zu BAG EzA Nr. 2 zu § 611 BGB Beschäftigungspflicht

Engler, Herbert: Kommentar zum Betriebsräte-Gesetz für das Land Hessen, 1949

Erichsen, Hans-Uwe / *Martens*, Wolfgang (Hrsg.): Allgemeines Verwaltungsrecht, 6. Aufl. 1983

Etzel, Gerhard: Betriebsverfassungsrecht, 2. Aufl. 1983

Fabricius, Fritz: Zur Thematik von Betriebs- und Abteilungsversammlungen, BlStSozArbR 1973, 369

Fabricius, Fritz / *Kraft*, Alfons / *Thiele*, Wolfgang / *Wiese*, Günther: Betriebsverfassungsgesetz — Gemeinschaftskommentar Neuwied, Stand: Januar 1984

Federlein, Gerd / *Fuchs*, Dieter / *Halberstadt*, Gerhard / *Hunold*, Wolf / *Ristau*, Walter: Musterbetriebsvereinbarungen und Vordrucke für den Betriebsrat und die Personalabteilung, 1982

Fikentscher, Wolfgang: Schuldrecht, 6. Aufl. 1976

Fitting, Karl / *Kraegeloh*, Walter / *Auffarth*, Fritz: Betriebsverfassungsgesetz, Handkommentar, 8. Aufl. 1968

Fitting, Karl / *Auffarth*, Fritz / *Kaiser*, Heinrich: Betriebsverfassungsgesetz, Handkommentar, 14. Aufl. 1984

Flatow, Georg: Anmerkung zu RAG ARS 7, 444 in ARS 7, 446

— Betriebsrätegesetz, Kommentar, 12. Aufl. 1927

Flatow, Georg / *Kahn-Freund*, Otto: Betriebsrätegesetz, Kommentar, 13. Aufl. 1931

Flohr, Bernd: Arbeiter nach Maß — Die Disziplinierung der Fabrikarbeiterschaft während der Industrialisierung Deutschlands im Spiegel von Arbeitsordnungen, 1981

Föhr, Horst: Arbeitsrecht für Arbeitnehmer, 2. Aufl. 1980

Forsthoff, Ernst: Lehrbuch des Verwaltungsrechts, 7. Aufl. 1958

— Lehrbuch des Verwaltungsrechts, 10. Aufl. 1973

Frauenkron, Karl-Peter: Betriebsverfassungsgesetz mit Wahlordnung, Kommentar, 1972

Frey, Erich: Der soziale Schutzgedanke sowie § 51 Satz 1 BetrVG als versuchte Dogmatisierung des Gleichbehandlungsgrundsatzes im Arbeitsrecht, AuR 1961, 43

— Der Tendenzschutz im Betriebsverfassungsgesetz 1972, 1974

Frick, Jörg: Zuwendungen politischer Parteien in steuerrechtlicher Sicht, BB 1983, 1336

Galperin, Hans: Der Regierungsentwurf eines neuen Betriebsverfassungsgesetzes, 1971

— Eine neue Betriebsverfassung? BB 1971, 137

— Betriebsverfassungsrecht im Umbruch, DB 1971, 1305

Galperin, Hans / *Löwisch*, Manfred: Kommentar zum Betriebsverfassungsgesetz, 6. Aufl. Bd. 1, 1982, Bd. 2, 1982

Galperin, Hans / *Siebert*, Wolfgang: Kommentar zum Betriebsverfassungsgesetz, 4. Aufl. 1963

Gamillscheg, Franz: Die Grundrechte im Arbeitsrecht, AcP 164, 385

— Arbeitsrecht I, Individualarbeitsrecht, 6. Aufl. 1983

— Arbeitsrecht II, Kollektives Arbeitsrecht, 5. Aufl. 1979

Germelmann, Claas-Hinrich: Der Betriebsfrieden im Betriebsverfassungsrecht, 1972

Geßler, Ernst / *Hefermehl*, Wolfgang / *Eckardt*, Ulrich / *Kropff*, Bruno: Kommentar zum Aktiengesetz, Bd. II, 1973/1974

Gitter, Wolfgang: Sozialrecht, 1981

Glaubitz, Werner: Parteipolitische Betätigung im Betrieb, BB 1972, 1277

Glaubrecht / *Halberstadt* / *Zander*: Betriebsverfassung in Recht und Praxis, Handbuch für Unternehmensleitung, Betriebsrat und Führungskräfte, 1977 ff., Stand 1983

Gnade, Albert: Zur politischen und gewerkschaftlichen Betätigung — insbesondere von Betriebsratsmitgliedern — im Betrieb, ArbRdGgw, Bd. 14 (1977), S. 59

Gnade, Albert / *Kehrmann*, Karl / *Schneider*, Wolfgang / *Blanke*, Hermann: Betriebsverfassungsgesetz, Kommentar für die Praxis, 2. Aufl. 1983

Götzfried, Eva: Das Recht nicht zuhören zu müssen, NJW 1963, 1961

Großkommentar zum Aktiengesetz, 3. Aufl. 1970 ff.: bearbeitet von Barz, Brönner, Klug, Mellerowicz, Meyer-Landrut, Schilling, Wiedemann, Würdinger

Grunsky, Wolfgang: Arbeitsgerichtsgesetz, Kommentar, 4. Aufl. 1981

Hacker, Wolfgang: Parteipolitische Betätigung von Betriebsratsmitgliedern innerhalb und außerhalb des Betriebes, DB 1963, 962

Häberle, Peter: Öffentliches Interesse als Juristisches Problem, 1970

Hanau, Peter: Anmerkung zu BVerfG, AR-Blattei, D-Blatt Betriebsverfassung XIV A, Entsch. 13

— Anmerkung zu BAG EzA § 45 BetrVG 1972, Nr. 1

— Unklarheiten in dem Regierungsentwurf des Betriebsverfassungsgesetzes, BB 1971, 485

— Die neue Rechtsprechung zur gewerkschaftlichen Betätigung im Betrieb, ArbRdGgw, Bd. 17 (1979), S. 37

Hanau, Peter / *Adomeit*, Klaus: Arbeitsrecht, 7. Aufl. 1983

Hanau, Peter / *Ulmer*, Peter: Kommentar zum Mitbestimmungsgesetz, 1981

Heinze, Meinhard: Die betriebsverfassungsrechtlichen Ansprüche des Betriebsrats gegenüber dem Arbeitgeber, DB 1983/Beilage Nr. 9

Herschel, Wilhelm: Die zeitliche Lage der Betriebsversammlung, DB 1962, 237

— Die Beratungsgegenstände der Betriebsversammlung, DB 1962, 1110 (Teil I), DB 1962, 1142 (Teil II)

Hesse, Konrad: Grundzüge des Verfassungsrechts der Bundesrepublik Deutschland, 13. Aufl. 1982

Hoechst, Otto: Das Recht der freien Meinungsäußerung im Arbeitsverhältnis, AuR 1960, 134

Höhne, Gerhard: Der Beratungsgegenstand der Betriebsversammlung nach dem Betriebsverfassungsgesetz, BB 1953, 770

Hoffmann, Dietrich / *Lehmann*, Jürgen / *Weinmann*, Heinz: Kommentar zum Mitbestimmungsgesetz, 1978

Hoffmann, Reinhard: Ein Urteil und seine Folgen — Analyse des BAG-Urteils zum Fall Knecht / Honeywell, KJ 1969, 71 (78)

Hohn, Hannsjosef: Werbung für die Gewerkschaften auf dem Betriebsgelände, BB 1965, 545

— Parteipolitik und Betriebsversammlung, BB 1975, 376

v. Hoyningen-Huene, Gerrick: Der Schutz des Individualwillens in der Betriebsverfassung, ZRP 1978, 181

— Die Information der Belegschaft durch Aufsichtsrats- und Betriebsratsmitglieder, DB 1979, 2422

— Die Haftung des Arbeitnehmers in der Bundesrepublik Deutschland, in: Manfred Rehbinder (Hrsg.), Die Haftung des Arbeitnehmers, S. 23 ff., 1981

— Betriebsverfassungsrecht, 1983

— Der Betriebsrat als Führungsinstrument, Manager-Magazin, Heft 5/1983, S. 158

v. Hoyningen-Huene, Gerrick / *Hofmann*, Reinhard: Politische Plaketten im Betrieb, BB 1984, 1050

Hromadka, Wolfgang: Die Arbeitsordnung im Wandel der Zeiten, 1979

Hueck, Alfred / *Nipperdey*, Hans Carl: Lehrbuch des Arbeitsrechts, Erster Band, 7. Aufl. 1963

— / — Lehrbuch des Arbeitsrechts, Zweiter Band, 2. Halbband, 7. Aufl. 1970

Hueck, Alfred / *Nipperdey*, Hans Carl / *Dietz*, Rolf: Gesetz zur Ordnung der nationalen Arbeit, Kommentar, 4. Aufl. 1943

Hueck, Götz: Gesellschaftsrecht, 18. Aufl. 1983

Hueck, Götz / unter Mitwirkung von *v. Hoyningen-Huene*, Gerrick: Kommentar zum Kündigungsschutzgesetz, 10. Aufl. 1980

Hupe, Rainer: Reihenweise auf die Nase gefallen, Manager-Magazin, Heft 5/1983, S. 18

Jacobi, Erwin: Grundlehren des Arbeitsrechts, 1927

Jauernig, Othmar (Hrsg.): Bürgerliches Gesetzbuch mit Erläuterungen, 3. Aufl. 1984

— Zivilprozeßrecht, 20. Aufl. 1983

Joachim, Hans G.: Freie politische und gewerkschaftliche Betätigung im Betrieb und am Arbeitsplatz, in: Posser / Wassermann (Hrsg.), Freiheit in der sozialen Demokratie, 1975, S. 255 ff.

Johannson, Kurt: Der Betriebsrat, 2. Aufl. 1977

Kammann, Karl-Udo / *Hess*, Harald / *Schlochauer*, Ursula: Kommentar zum Betriebsverfassungsgesetz, 1979

Kaskel, Walter: Das neue Arbeitsrecht, 1920

Klein, Franz / *Flockermann*, Paul / *Kühr*, Christian: Kommentar zum Einkommensteuergesetz, 3. Aufl. 1982

Koch, Jürgen: Die Arbeitsordnung, Muster und Erläuterungen, 1954

König, Wilhelm: Zur näheren Bestimmung des wichtigen Grundes bei der außerordentlichen Kündigung durch den Arbeitgeber, RdA 1969, 8

Kohte, Wolfhard: Anmerkung zu BAG AuR 1984, 122, AuR 1984, 125

Konzen, Horst: Anmerkung zu BAG AP Nr. 1 zu § 87 BetrVG 1972 Betriebsbuße

— Koalitionsfreiheit und gewerkschaftliche Werbung im Betrieb, ArbRdGgw, Bd. 18 (1980), S. 19

— Politische Radikalität und Privatautonomie, in: Festschrift für Otto Mühl, 1981, S. 365 ff.

Kraft, Alfons: Probleme im Spannungsfeld zwischen Betriebsverfassungsrecht und Koalitionsfreiheit, ZfA 1973, 243

Kreutz, Peter: Grundsätze der Zusammenarbeit zwischen Arbeitgeber und Betriebsrat nach dem neuen Betriebsverfassungsgesetz, BlStSozArbR 1972, 60

Küchenhoff, Günther: Betriebsverfassungsrecht, Kommentar, 3. Aufl. 1979

Kuhlendahl, Franz: Politik im Betrieb und Betriebsversammlung, MitB 1961, 98

Kunze, Otto: Die Verteilung von Gewerkschaftszeitungen im Betrieb, in: Festschrift für das BAG, 1979, S. 315 ff.

Ladeur, Karl-Heinz: Anmerkung zu ArbG Hamburg KJ 1970, 225, KJ 1970, 231

Larenz, Karl: Methodenlehre der Rechtswissenschaft, 5. Aufl. 1983

Leibholz, G. / *Rinck*, H. J. / *Hesselberger*, D.: Grundgesetz-Kommentar, 6. Aufl. 1979 ff.

Lepke, Achim: Zur politischen Meinungsäußerung und Betätigung des Arbeitnehmers, DB 1968, 1990 ff. (Teil 1), DB 1968, 2037 ff. (Teil 2)

Löffler, Martin: Die Meinungs- und Pressefreiheit im Abhängigkeitsverhältnis, NJW 1964, 1100

Löwisch, Manfred: Anmerkung zu BAG, EzA § 74 BetrVG 1972, Nr. 3

— Anmerkung zu BAG AP Nr. 1 zu § 74 BetrVG 1972

— Schutz und Förderung der freien Entfaltung der Persönlichkeit der im Betrieb beschäftigten Arbeitnehmer (§ 75 Abs. 2 BetrVG 1972), AuR 1972, 359

— Betriebsauftritte von Politikern, DB 1976, 676

— Die Herausgabe schriftlicher Informationen für die Belegschaft durch den Betriebsrat, in: Festschrift für Marie Luise Hilger und Hermann Stumpf, 1983, S. 429

Löwisch, Manfred / *Schönfeld*, Thorleif: Anmerkung zu BAG EzA Art. 5, Nr. 10

Lopau, Eberhard: Rechtsprobleme der Betriebsversammlung, BlStSozArbR 1979, 230

Mager, Ernst-Günther / *Wisskirchen*, Alfred: Betriebsverfassungsgesetz mit Erläuterungen, Stand 1971

Mansfeld, Werner: Betriebsrätegesetz, Kommntar, 3. Aufl. 1930

— Die Ordnung der nationalen Arbeit, Kommentar, 2. Aufl. 1943

Martens, Wolfgang: Öffentlich als Rechtsbegriff, 1969

Martini, Bernd: Maulkorb für Betriebsräte, in: Sonntag Aktuell (Sonntagsausgabe der Stuttgarter Zeitung) vom 24. 7. 1983, S. 8

Maunz, Theodor / *Dürig*, Günter (Hrsg.): Grundgesetz-Kommentar, Stand April 1983

Mayer-Maly, Theo: Arbeitsverhältnis und Privatsphäre, AuR 1968, 1

— Tendenzbetrieb, AR-Blattei, D-Blatt Tendenzbetrieb I, 1974

— Das Rechtsverhältnis zwischen Arbeitnehmern (bei traditioneller Einzelarbeit), in: Theodor Tomandl, Innerbetriebliche Arbeitnehmerkonflikte aus rechtlicher Sicht, 1977, S. 59 ff.

Meisel, Peter: Politik im Betrieb, RdA 1976, 38

— Anmerkung zu BAG SAE 1977, 88, SAE 1977, 91

Meissinger, Hermann / *Raumer*, Konrad: Das Bayerische Betriebsrätegesetz, Kommentar, 2. Aufl. 1951

Meyer, Franz-Josef: Bestandsschutz der Arbeitsverhältnisse von Betriebsratsmitgliedern, 1981

Molitor, Erich: Über die Rechtsnatur der Betriebsvertretungen, in: Festschrift für Wilhelm Herschel zum 60. Geburtstag, 1955, S. 105 ff.

Molitor, Karl: Betätigung für außerbetriebliche Vereinigungen und Propaganda im Betrieb, BB 1954, 134

— Was ist eine parteipolitische Betätigung im Betrieb? BB 1955, 167

Müller, Friedrich: Juristische Methodik, 2. Aufl. 1976

— Rechtsstaatliche Form — Demokratische Politik, 1977

Müller-Guercke, Petra: Gewerkschaftliche Betätigung in den Betrieben? 1980

Münch, Ingo von (Hrsg.): Grundgesetz-Kommentar, Bd. 1, 2. Aufl. 1981

— Grundgesetz-Kommentar, Bd. 2, 2. Aufl. 1983

— Besonderes Verwaltungsrecht, 6. Aufl. 1982

Mummenhoff, Winfried: Plaketten im Betrieb, DB 1981, 2539

Neuloh, Otto: Die deutsche Betriebsverfassung und ihre Sozialformen bis zur Mitbestimmung, 1956

Neumann, Dirk: Die Behandlung sozial- und tarifpolitischer Fragen in der Betriebsversammlung, BB 1966, 89

Neumann-Duesberg, Horst: Betriebsverfassungsrecht, ein Lehrbuch, 1960

— Betriebsverfassungsrechtliche Zulässigkeitsschranken der Mitgliederwerbung für eine Gewerkschaft durch Betriebsratsmitglieder, ArbRdGgw, Bd. 3 (1965), S. 101

— Freie Meinungsäußerung in Tendenzbetrieben, NJW 1964, 1697

Niedenhoff, Horst-Udo: Die Betriebsräte von 1981 bis 1984, 1981 (zit.: Betriebsräte)

— Handbuch für Betriebsversammlungen, 1981 (zit.: Betriebsversammlungen)

— Praxis der betrieblichen Mitbestimmung, 1979 (zit.: Mitbestimmung)

Nikisch, Arthur: Arbeitsrecht, Erster Band, 3. Aufl. 1961

— Arbeitsrecht, Dritter Band, 2. Aufl. 1966

Nipperdey, Karin / *Seifert*, Reinhardt: Arbeitsrecht, 1983

Oehmann, Werner / *Bürger*, Karlheinz / *Matthes*, Hanns-Christoph: Handwörterbuch des Arbeitsrechts für die tägliche Praxis, 5. Aufl., 14. Nachtrag 1983

Oetker, Hartmut: Parteipolitische Betätigung von Betriebsräten im Spannungsfeld zwischen betriebsverfassungsrechtlicher Friedenspflicht und verfassungsrechtlich garantierter Meinungsfreiheit, BlStSozArbR 1983, 321

Otto, Hansjörg: Toleranz in den Arbeitsbeziehungen, AuR 1980, 289

— Anmerkung zu ArbG Hamburg, EzA Nr. 3 zu Art. 5 GG, S. 8

— Anmerkung zu ArbG Iserlohn, EzA Art. 5, Nr. 4

— Personale Freiheit und soziale Bindung, 1978

Palandt, Otto: Bürgerliches Gesetzbuch, Kommentar, 43. Aufl. 1984

Pauly, Hans-Joachim: Parteipolitische Betätigung eines Betriebsratsmitglieds, JuS 1978, 163

Pfarr, Heide: Anmerkung zu BAG AP Nr. 1 zu § 1 KSchG 1969 Verhaltensbedingte Kündigung

Plander, Harro: Verteidigungsauftrag, Meinungsfreiheit und politische Betätigung im Kasernenbereich (§ 15 II SoldG), DVBl. 1980, 581

Potthoff, Heinz: Probleme des Arbeitsrechts, 1912

Radke, Olaf: Über die Grenzen der Diskussionsfreiheit in der Betriebsversammlung, AuR 1957, 129

— Parteipolitische Betätigung im Betrieb, BB 1957, 1112

Rebmann, Kurt / *Säcker*, Franz-Jürgen (Hrsg.): Münchener Kommentar zum Bürgerlichen Gesetzbuch in sieben Bänden, Bd. 3: Schuldrecht, Besonderer Teil, 1. Halbband, 1980

Rehbinder, Manfred: Betriebsverfassungsrecht, dargestellt in 23 Schaubildern, 1976

Reuß, Max: Erläuternde Bemerkungen zur preußischen Berggesetznovelle vom 28. 7. 1909, ZfBergR 50 (1909), S. 533

Reuter, Dieter: Anmerkung zu BVerfG, JuS 1976, 681

Richardi, Reinhard: Gewerkschaftliche und politische Betätigung im Betrieb, NJW 1962, 1374

Rischar, Klaus: Konfliktfälle aus der betrieblichen Praxis, 2. Aufl. 1975

Ritter, Michael: Vom Betriebsverfassungsgesetz 1972 abweichende Regelungen durch Tarifvertrag und Betriebsvereinbarung, Diss. Heidelberg, 1974

Rittner, Fritz: Unternehmensspenden an politische Parteien, in: Festschrift für Alexander Knur, 1972, S. 205 ff.

Roemheld, Bernhard: Anmerkung zu BAG SAE 1984, 158, SAE 1984, 162

Rothe, Hans: Parteipolitik im Betrieb, BlStSozArbR 1959, 189

Rüthers, Bernd: Anmerkung zu BAG EzA § 1 KSchG Nr. 5 Tendenzbetrieb

— Politik im Betrieb? Wirtschaftswoche 1970, Heft 48, S. 81

— Die Betriebsverfassung im Nationalsozialismus, AuR 1970, 97

— Rechtsprobleme der Organisation und Thematik von Betriebsversammlungen, ZfA 1974, 207

— Die unbegrenzte Auslegung, 1968

— Das Verbot parteipolitischer Betätigung im Betrieb, BB 1958, 778

Rüttgers, Jürgen: Das Verbot parteipolitischer Betätigung im Betrieb, Diss. Köln, 1979

Säcker, Franz-Jürgen: Inhalt und Grenzen des gewerkschaftlichen Zutrittsrechts zum Betrieb unter besonderer Berücksichtigung der Verhältnisse in der Seeschiffahrt, 1975
(zit.: Zutrittsrecht)

— Informationsrechte der Betriebs- und Aufsichtsratsmitglieder und Geheimsphäre des Unternehmens, 1979
(zit.: Informationsrechte)

— Anmerkung zu BAG AR-Blattei D-Blatt Berufsverbände, Entsch. 14/16

— Gewerkschaftliches Zutrittsrecht zum Betrieb, AuR 1979, 39

— Betriebs- und unternehmensbezogene Verhaltenspflichten des Arbeitnehmers und des Betriebsrates bei parteipolitischer Betätigung i. S. des § 51 Satz 2 BetrVG, AuR 1965, 353

— Rechtsfragen der außerordentlichen Kündigung von Betriebsratsmitgliedern, DB 1967, 2072

— Anmerkung zu BVerfG AR-Blattei Vereinigungsfreiheit, Entsch. 6

Sahmer, Heinz: Betriebsverfassungsgesetz — Der Wirtschaftskommentar —, Stand August 1983

Semrau, Hans-Jürgen: Zur Funktion des Begriffs der Unmittelbarkeit im Bürgerlichen Gesetzbuch, Diss. Hamburg, 1968

Siebert, Gerd / *Degen*, Barbara / *Becker*, Knut: Betriebsverfassungsgesetz 1972, Kommentar für die Praxis, 5. Aufl. 1981

Sinzheimer, Hugo: Grundzüge des Arbeitsrechts, 2. Aufl. 1927

Söllner, Alfred: Betriebsverfassungsrechtliche Fragen im Lichte der Rechtsprechung zum Personalvertretungsgesetz, AcP 161 (1962), 408

— Arbeitsrecht, 8. Aufl. 1984

— „Wes Brot ich eß', des Lied ich sing'" — Meinungsäußerungen im Arbeitsverhältnis, in: Festschrift für Wilhelm Herschel zum 85. Geburtstag, 1982, S. 389 ff.

Schäcker, Hanns: Sind Hinweise auf die betriebliche Stellung bei politischer Betätigung außerhalb des Betriebes unzulässig? BB 1963, 856

Schaub, Günter: Arbeitsrechtliche Formularsammlung und Arbeitsgerichtsverfahren, 3. Aufl. 1982

— Arbeitsrechtshandbuch, 5. Aufl. 1983
— Die Freiheit der Meinungsäußerung im Individualarbeits- und Betriebsverfassungsrecht, RdA 1979, 137

Scherer, Werner: Kommentar zum Soldatengesetz, 5. Aufl. 1976

Schlink, Bernhard: Die Amtshilfe, 1982

Schmidt-Bleibtreu, Bruno / *Klein*, Franz: Kommentar zum Grundgesetz für die Bundesrepublik Deutschland, 6. Aufl. 1983

Schmittner, Konrad: Meinungsfreiheit und Arbeitsverhältnis, AuR 1968, 353

Schneider, Wolfgang: BAG zur Teilnahme von Politikern an Betriebsversammlungen, Die Quelle 1978, 95
— Politische Betätigung von Betriebsräten, Die Quelle 1976, 359

Schwerdtner, Peter: Fürsorgetheorie und Entgelttheorie im Recht der Arbeitsbedingungen, 1970
— Juristischer Studienkurs, Arbeitsrecht I, Individualarbeitsrecht, 1976 (zit.: Studienkurs)
— Anmerkung zu BAG JZ 1973, 375 in JZ 1973, 377

Stahlhacke, Eugen: Kündigung und Kündigungsschutz im Arbeitsverhältnis, 4. Aufl. 1982

Stege, Dieter / *Weinspach*, F. K.: Kommentar zum Betriebsverfassungsgesetz, 4. Aufl. 1981

Stern, Klaus: Das Staatsrecht der Bundesrepublik Deutschland, Bd. I, 2. Aufl. 1984

Stober, Rolf: Der Ehrenbeamte in Verfassung und Verwaltung, 1981

Teuteberg, Hans-Jürgen: Geschichte der industriellen Mitbestimmung in Deutschland, 1961

Thiele, Willi: Politische Betätigung der Gewerkschaften, BB 1973, 1

Treichel, Heinrich: Praktisches Handbuch des Betriebsräterechts, 1. Aufl. 1950
— Praktisches Handbuch zum Betriebsverfassungsgesetz, 2. Aufl. 1953

Vogt, Aloys: Die Betriebs- und Abteilungsversammlung, 3. Aufl. 1977

Voll, Ludwig: Meinungsfreiheit und Treuepflicht. Zum rechtlichen Verständnis der Einordnung im Arbeitsverhältnis, Diss. Mannheim, 1975

Vollmer, Herbert: Grenzen der politischen Betätigung im Betrieb, 1977

Weber, Hansjörg: Anmerkung zu BAG AP Nr. 5 zu § 611 BGB Beschäftigungspflicht

Weisemann, Ulrich / *Spieker*, Ulrich: Abmahnungen und Betriebsbußen, BlSt-SozArbR 1983, 337

Weiss, Manfred: Betriebsverfassungsgesetz, Kommentar, 2. Aufl. 1980

Weitnauer, Hermann: Der Schutz des Schwächeren im Zivilrecht, 1975
— Anmerkung zu BAG, SAE 1978, 126 in SAE 1978, 130

Wiedemann, Herbert: Das Arbeitsverhältnis als Austausch- und Gemeinschaftsverhältnis, 1966

Wölbling, Paul / *Schultz*, Ludwig / *Sell*, Karl: Betriebsrätegesetz, Kommentar, 2. Aufl. 1929

Wolff, Hans Julius / *Bachof*, Otto: Verwaltungsrecht I, 9. Aufl. 1974

— / — Verwaltungsrecht II, 4. Aufl. 1976

Zachert, Ulrich: Betriebliche Mitbestimmung, 1979

— Anmerkung zu BAG AuR 1978, 220 in AuR 1978, 222

— Ein Stück Plastik und der provozierte Geist des Obrigkeitsstaates, AiB 1984, 27

Zöllner, Wolfgang: Arbeitsrecht, 3. Aufl. 1983

FSC
www.fsc.org
MIX
Papier | Fördert
gute Waldnutzung
FSC® C083411

Kolibri 360 GmbH
Ferdinand-Jühlke-Straße 7
99095 Erfurt, Deutschland
produktsicherheit@kolibri360.de

Druck:
CPI Druckdienstleistungen GmbH
im Auftrag der
Kolibri 360 GmbH
Ferdinand-Jühlke-Str. 7
99095 Erfurt